本书编委会

主　　编　许安标　左　力

副主编　梁　鹰　周院生　刘海涛　徐运凯

参编人员　宋　芳　陈碧文　李　蕊　王欣林　母光栋
　　　　　　周玉超　马建帅　林明民　林大山　张　涛
　　　　　　齐　冰　李　辉　卢家婧　迟　涛　李慎秋
　　　　　　贺佐琪　丁新航

中华人民共和国法律释义丛书

中华人民共和国行政复议法

释 义

主 编◎许安标 左 力

中国民主法制出版社

图书在版编目（CIP）数据

《中华人民共和国行政复议法》释义／许安标等主编．—北京：中国民主法制出版社，2023.9

ISBN 978-7-5162-3389-4

Ⅰ.①中… Ⅱ.①许… Ⅲ.①行政复议法—法律解释—中国 Ⅳ.①D925.35

中国国家版本馆 CIP 数据核字（2023）第 174585 号

图书出品人：刘海涛
责 任 编 辑：贾萌萌
图 书 策 划：刘　卫

书　　名／《中华人民共和国行政复议法》释义
作　　者／许安标　左　力　主编

出版·发行／中国民主法制出版社
地址／北京市丰台区右安门外玉林里 7 号（100069）
电话／010–57258080　57200301（系统发行）　63292520（编辑室）
传真／010–84815841
http：//www.npcpub.com
E-mail：mzfz@npcpub.com
经销／新华书店
开本／16 开　710 毫米×1000 毫米
印张／20.5　　**字数**／314 千字
版本／2023 年 11 月第 1 版　2023 年 11 月第 1 次印刷
印刷／北京飞帆印刷有限公司

书号／ISBN 978-7-5162-3389-4
定价／68.00 元
出版声明／版权所有，侵权必究。

前　言

2023 年 9 月 1 日，国家主席习近平签署第九号主席令，公布十四届全国人大常委会第五次会议修订通过的行政复议法。修订后的行政复议法自 2024 年 1 月 1 日起施行。修订行政复议法，是贯彻落实习近平法治思想和党中央决策部署的重要举措，是坚持以人民为中心的发展思想，增强人民法治获得感、幸福感、安全感的生动实践，是完善多元纠纷解决机制、提升社会治理效能的有力保障，是监督依法行政、推动法治政府建设的迫切需要。新修订的行政复议法，贯彻落实党中央关于行政复议体制改革的决策部署，完善立法目的和工作原则，扩大行政复议受案范围，增加行政复议便民举措，完善受理及审理程序，对于更好发挥行政复议公正高效、便民为民的制度优势和化解行政争议的主渠道作用，维护公民、法人和其他组织合法权益，推进法治政府建设，具有十分重要的意义。

为配合学习和宣传修订后的行政复议法工作，帮助广大读者更好理解立法原意和法律规定，推动法律顺利有效实施，我们编写了这本《〈中华人民共和国行政复议法〉释义》，供大家学习参考。本书由许安标、左力同志任主编，梁鹰、周院生、刘海涛、徐运凯同志任副主编。本书力求简明扼要，通俗易懂，准确反映行政复议法的立法原意，特别是此次修订的背景和考虑，但由于时间和水平有限，难免有不妥和疏漏之处，敬请广大读者批评指正。

编　者

2023 年 10 月

目　　录

中华人民共和国主席令

第九号

《中华人民共和国行政复议法》已由中华人民共和国第十四届全国人民代表大会常务委员会第五次会议于 2023 年 9 月 1 日修订通过，现予公布，自 2024 年 1 月 1 日起施行。

中华人民共和国主席　习近平

2023 年 9 月 1 日

中华人民共和国行政复议法

(1999 年 4 月 29 日第九届全国人民代表大会常务委员会第九次会议通过 根据 2009 年 8 月 27 日第十一届全国人民代表大会常务委员会第十次会议《关于修改部分法律的决定》第一次修正 根据 2017 年 9 月 1 日第十二届全国人民代表大会常务委员会第二十九次会议《关于修改〈中华人民共和国法官法〉等八部法律的决定》第二次修正 2023 年 9 月 1 日第十四届全国人民代表大会常务委员会第五次会议修订)

目　　录

第一章　总　则

第一条　为了防止和纠正违法的或者不当的行政行为，保护公民、法人和其他组织的合法权益，监督和保障行政机关依法行使职权，发挥行政复议化解行政争议的主渠道作用，推进法治政府建设，根据宪法，制定本法。

第二条　公民、法人或者其他组织认为行政机关的行政行为侵犯其合法权益，向行政复议机关提出行政复议申请，行政复议机关办理行政复议案件，适用本法。

前款所称行政行为，包括法律、法规、规章授权的组织的行政行为。

第三条　行政复议工作坚持中国共产党的领导。

行政复议机关履行行政复议职责，应当遵循合法、公正、公开、高效、便民、为民的原则，坚持有错必纠，保障法律、法规的正确实施。

第四条　县级以上各级人民政府以及其他依照本法履行行政复议职责的行政机关是行政复议机关。

行政复议机关办理行政复议事项的机构是行政复议机构。行政复议机构同时组织办理行政复议机关的行政应诉事项。

行政复议机关应当加强行政复议工作，支持和保障行政复议机构依法履行职责。上级行政复议机构对下级行政复议机构的行政复议工作进行指导、监督。

国务院行政复议机构可以发布行政复议指导性案例。

第五条　行政复议机关办理行政复议案件，可以进行调解。

调解应当遵循合法、自愿的原则，不得损害国家利益、社会公共利益和他人合法权益，不得违反法律、法规的强制性规定。

第六条　国家建立专业化、职业化行政复议人员队伍。

行政复议机构中初次从事行政复议工作的人员，应当通过国家统一法律职业资格考试取得法律职业资格，并参加统一职前培训。

国务院行政复议机构应当会同有关部门制定行政复议人员工作规范，加强对行政复议人员的业务考核和管理。

第七条　行政复议机关应当确保行政复议机构的人员配备与所承担的工

作任务相适应，提高行政复议人员专业素质，根据工作需要保障办案场所、装备等设施。县级以上各级人民政府应当将行政复议工作经费列入本级预算。

第八条 行政复议机关应当加强信息化建设，运用现代信息技术，方便公民、法人或者其他组织申请、参加行政复议，提高工作质量和效率。

第九条 对在行政复议工作中做出显著成绩的单位和个人，按照国家有关规定给予表彰和奖励。

第十条 公民、法人或者其他组织对行政复议决定不服的，可以依照《中华人民共和国行政诉讼法》的规定向人民法院提起行政诉讼，但是法律规定行政复议决定为最终裁决的除外。

第二章　行政复议申请

第一节　行政复议范围

第十一条 有下列情形之一的，公民、法人或者其他组织可以依照本法申请行政复议：

（一）对行政机关作出的行政处罚决定不服；

（二）对行政机关作出的行政强制措施、行政强制执行决定不服；

（三）申请行政许可，行政机关拒绝或者在法定期限内不予答复，或者对行政机关作出的有关行政许可的其他决定不服；

（四）对行政机关作出的确认自然资源的所有权或者使用权的决定不服；

（五）对行政机关作出的征收征用决定及其补偿决定不服；

（六）对行政机关作出的赔偿决定或者不予赔偿决定不服；

（七）对行政机关作出的不予受理工伤认定申请的决定或者工伤认定结论不服；

（八）认为行政机关侵犯其经营自主权或者农村土地承包经营权、农村土地经营权；

（九）认为行政机关滥用行政权力排除或者限制竞争；

（十）认为行政机关违法集资、摊派费用或者违法要求履行其他义务；

（十一）申请行政机关履行保护人身权利、财产权利、受教育权利等合法权益的法定职责，行政机关拒绝履行、未依法履行或者不予答复；

（十二）申请行政机关依法给付抚恤金、社会保险待遇或者最低生活保障等社会保障，行政机关没有依法给付；

（十三）认为行政机关不依法订立、不依法履行、未按照约定履行或者违法变更、解除政府特许经营协议、土地房屋征收补偿协议等行政协议；

（十四）认为行政机关在政府信息公开工作中侵犯其合法权益；

（十五）认为行政机关的其他行政行为侵犯其合法权益。

第十二条 下列事项不属于行政复议范围：

（一）国防、外交等国家行为；

（二）行政法规、规章或者行政机关制定、发布的具有普遍约束力的决定、命令等规范性文件；

（三）行政机关对行政机关工作人员的奖惩、任免等决定；

（四）行政机关对民事纠纷作出的调解。

第十三条 公民、法人或者其他组织认为行政机关的行政行为所依据的下列规范性文件不合法，在对行政行为申请行政复议时，可以一并向行政复议机关提出对该规范性文件的附带审查申请：

（一）国务院部门的规范性文件；

（二）县级以上地方各级人民政府及其工作部门的规范性文件；

（三）乡、镇人民政府的规范性文件；

（四）法律、法规、规章授权的组织的规范性文件。

前款所列规范性文件不含规章。规章的审查依照法律、行政法规办理。

第二节　行政复议参加人

第十四条 依照本法申请行政复议的公民、法人或者其他组织是申请人。

有权申请行政复议的公民死亡的，其近亲属可以申请行政复议。有权申请行政复议的法人或者其他组织终止的，其权利义务承受人可以申请行政复议。

有权申请行政复议的公民为无民事行为能力人或者限制民事行为能力人的，其法定代理人可以代为申请行政复议。

第十五条 同一行政复议案件申请人人数众多的，可以由申请人推选代表人参加行政复议。

代表人参加行政复议的行为对其所代表的申请人发生效力，但是代表人变更行政复议请求、撤回行政复议申请、承认第三人请求的，应当经被代表的申请人同意。

第十六条 申请人以外的同被申请行政复议的行政行为或者行政复议案件处理结果有利害关系的公民、法人或者其他组织，可以作为第三人申请参加行政复议，或者由行政复议机构通知其作为第三人参加行政复议。

第三人不参加行政复议，不影响行政复议案件的审理。

第十七条 申请人、第三人可以委托一至二名律师、基层法律服务工作者或者其他代理人代为参加行政复议。

申请人、第三人委托代理人的，应当向行政复议机构提交授权委托书、委托人及被委托人的身份证明文件。授权委托书应当载明委托事项、权限和期限。申请人、第三人变更或者解除代理人权限的，应当书面告知行政复议机构。

第十八条 符合法律援助条件的行政复议申请人申请法律援助的，法律援助机构应当依法为其提供法律援助。

第十九条 公民、法人或者其他组织对行政行为不服申请行政复议的，作出行政行为的行政机关或者法律、法规、规章授权的组织是被申请人。

两个以上行政机关以共同的名义作出同一行政行为的，共同作出行政行为的行政机关是被申请人。

行政机关委托的组织作出行政行为的，委托的行政机关是被申请人。

作出行政行为的行政机关被撤销或者职权变更的，继续行使其职权的行政机关是被申请人。

第三节　申请的提出

第二十条　公民、法人或者其他组织认为行政行为侵犯其合法权益的，可以自知道或者应当知道该行政行为之日起六十日内提出行政复议申请；但是法律规定的申请期限超过六十日的除外。

因不可抗力或者其他正当理由耽误法定申请期限的，申请期限自障碍消除之日起继续计算。

行政机关作出行政行为时，未告知公民、法人或者其他组织申请行政复议的权利、行政复议机关和申请期限的，申请期限自公民、法人或者其他组织知道或者应当知道申请行政复议的权利、行政复议机关和申请期限之日起计算，但是自知道或者应当知道行政行为内容之日起最长不得超过一年。

第二十一条　因不动产提出的行政复议申请自行政行为作出之日起超过二十年，其他行政复议申请自行政行为作出之日起超过五年的，行政复议机关不予受理。

第二十二条　申请人申请行政复议，可以书面申请；书面申请有困难的，也可以口头申请。

书面申请的，可以通过邮寄或者行政复议机关指定的互联网渠道等方式提交行政复议申请书，也可以当面提交行政复议申请书。行政机关通过互联网渠道送达行政行为决定书的，应当同时提供提交行政复议申请书的互联网渠道。

口头申请的，行政复议机关应当当场记录申请人的基本情况、行政复议请求、申请行政复议的主要事实、理由和时间。

申请人对两个以上行政行为不服的，应当分别申请行政复议。

第二十三条　有下列情形之一的，申请人应当先向行政复议机关申请行政复议，对行政复议决定不服的，可以再依法向人民法院提起行政诉讼：

（一）对当场作出的行政处罚决定不服；

（二）对行政机关作出的侵犯其已经依法取得的自然资源的所有权或者使用权的决定不服；

（三）认为行政机关存在本法第十一条规定的未履行法定职责情形；

（四）申请政府信息公开，行政机关不予公开；

（五）法律、行政法规规定应当先向行政复议机关申请行政复议的其他情形。

对前款规定的情形，行政机关在作出行政行为时应当告知公民、法人或者其他组织先向行政复议机关申请行政复议。

第四节　行政复议管辖

第二十四条　县级以上地方各级人民政府管辖下列行政复议案件：

（一）对本级人民政府工作部门作出的行政行为不服的；

（二）对下一级人民政府作出的行政行为不服的；

（三）对本级人民政府依法设立的派出机关作出的行政行为不服的；

（四）对本级人民政府或者其工作部门管理的法律、法规、规章授权的组织作出的行政行为不服的。

除前款规定外，省、自治区、直辖市人民政府同时管辖对本机关作出的行政行为不服的行政复议案件。

省、自治区人民政府依法设立的派出机关参照设区的市级人民政府的职责权限，管辖相关行政复议案件。

对县级以上地方各级人民政府工作部门依法设立的派出机构依照法律、法规、规章规定，以派出机构的名义作出的行政行为不服的行政复议案件，由本级人民政府管辖；其中，对直辖市、设区的市人民政府工作部门按照行政区划设立的派出机构作出的行政行为不服的，也可以由其所在地的人民政府管辖。

第二十五条　国务院部门管辖下列行政复议案件：

（一）对本部门作出的行政行为不服的；

（二）对本部门依法设立的派出机构依照法律、行政法规、部门规章规定，以派出机构的名义作出的行政行为不服的；

（三）对本部门管理的法律、行政法规、部门规章授权的组织作出的行政行为不服的。

第二十六条　对省、自治区、直辖市人民政府依照本法第二十四条第二款的规定、国务院部门依照本法第二十五条第一项的规定作出的行政复议决定不服的，可以向人民法院提起行政诉讼；也可以向国务院申请裁决，国务院依照本法的规定作出最终裁决。

第二十七条 对海关、金融、外汇管理等实行垂直领导的行政机关、税务和国家安全机关的行政行为不服的，向上一级主管部门申请行政复议。

第二十八条 对履行行政复议机构职责的地方人民政府司法行政部门的行政行为不服的，可以向本级人民政府申请行政复议，也可以向上一级司法行政部门申请行政复议。

第二十九条 公民、法人或者其他组织申请行政复议，行政复议机关已经依法受理的，在行政复议期间不得向人民法院提起行政诉讼。

公民、法人或者其他组织向人民法院提起行政诉讼，人民法院已经依法受理的，不得申请行政复议。

第三章　行政复议受理

第三十条 行政复议机关收到行政复议申请后，应当在五日内进行审查。对符合下列规定的，行政复议机关应当予以受理：

（一）有明确的申请人和符合本法规定的被申请人；

（二）申请人与被申请行政复议的行政行为有利害关系；

（三）有具体的行政复议请求和理由；

（四）在法定申请期限内提出；

（五）属于本法规定的行政复议范围；

（六）属于本机关的管辖范围；

（七）行政复议机关未受理过该申请人就同一行政行为提出的行政复议申请，并且人民法院未受理过该申请人就同一行政行为提起的行政诉讼。

对不符合前款规定的行政复议申请，行政复议机关应当在审查期限内决定不予受理并说明理由；不属于本机关管辖的，还应当在不予受理决定中告知申请人有管辖权的行政复议机关。

行政复议申请的审查期限届满，行政复议机关未作出不予受理决定的，审查期限届满之日起视为受理。

第三十一条 行政复议申请材料不齐全或者表述不清楚，无法判断行政复议申请是否符合本法第三十条第一款规定的，行政复议机关应当自收到申请之日起五日内书面通知申请人补正。补正通知应当一次性载明需要补正的事项。

申请人应当自收到补正通知之日起十日内提交补正材料。有正当理由不能按期补正的，行政复议机关可以延长合理的补正期限。无正当理由逾期不补正的，视为申请人放弃行政复议申请，并记录在案。

行政复议机关收到补正材料后，依照本法第三十条的规定处理。

第三十二条 对当场作出或者依据电子技术监控设备记录的违法事实作出的行政处罚决定不服申请行政复议的，可以通过作出行政处罚决定的行政机关提交行政复议申请。

行政机关收到行政复议申请后，应当及时处理；认为需要维持行政处罚决定的，应当自收到行政复议申请之日起五日内转送行政复议机关。

第三十三条 行政复议机关受理行政复议申请后，发现该行政复议申请不符合本法第三十条第一款规定的，应当决定驳回申请并说明理由。

第三十四条 法律、行政法规规定应当先向行政复议机关申请行政复议、对行政复议决定不服再向人民法院提起行政诉讼的，行政复议机关决定不予受理、驳回申请或者受理后超过行政复议期限不作答复的，公民、法人或者其他组织可以自收到决定书之日起或者行政复议期限届满之日起十五日内，依法向人民法院提起行政诉讼。

第三十五条 公民、法人或者其他组织依法提出行政复议申请，行政复议机关无正当理由不予受理、驳回申请或者受理后超过行政复议期限不作答复的，申请人有权向上级行政机关反映，上级行政机关应当责令其纠正；必要时，上级行政复议机关可以直接受理。

第四章　行政复议审理

第一节　一般规定

第三十六条 行政复议机关受理行政复议申请后，依照本法适用普通程序或者简易程序进行审理。行政复议机构应当指定行政复议人员负责办理行政复议案件。

行政复议人员对办理行政复议案件过程中知悉的国家秘密、商业秘密和个人隐私，应当予以保密。

第三十七条 行政复议机关依照法律、法规、规章审理行政复议案件。

行政复议机关审理民族自治地方的行政复议案件，同时依照该民族自治地方的自治条例和单行条例。

第三十八条 上级行政复议机关根据需要，可以审理下级行政复议机关管辖的行政复议案件。

下级行政复议机关对其管辖的行政复议案件，认为需要由上级行政复议机关审理的，可以报请上级行政复议机关决定。

第三十九条 行政复议期间有下列情形之一的，行政复议中止：

（一）作为申请人的公民死亡，其近亲属尚未确定是否参加行政复议；

（二）作为申请人的公民丧失参加行政复议的行为能力，尚未确定法定代理人参加行政复议；

（三）作为申请人的公民下落不明；

（四）作为申请人的法人或者其他组织终止，尚未确定权利义务承受人；

（五）申请人、被申请人因不可抗力或者其他正当理由，不能参加行政复议；

（六）依照本法规定进行调解、和解，申请人和被申请人同意中止；

（七）行政复议案件涉及的法律适用问题需要有权机关作出解释或者确认；

（八）行政复议案件审理需要以其他案件的审理结果为依据，而其他案件尚未审结；

（九）有本法第五十六条或者第五十七条规定的情形；

（十）需要中止行政复议的其他情形。

行政复议中止的原因消除后，应当及时恢复行政复议案件的审理。

行政复议机关中止、恢复行政复议案件的审理，应当书面告知当事人。

第四十条 行政复议期间，行政复议机关无正当理由中止行政复议的，上级行政机关应当责令其恢复审理。

第四十一条 行政复议期间有下列情形之一的，行政复议机关决定终止行政复议：

（一）申请人撤回行政复议申请，行政复议机构准予撤回；

（二）作为申请人的公民死亡，没有近亲属或者其近亲属放弃行政复议权利；

（三）作为申请人的法人或者其他组织终止，没有权利义务承受人或者其权利义务承受人放弃行政复议权利；

（四）申请人对行政拘留或者限制人身自由的行政强制措施不服申请行政复议后，因同一违法行为涉嫌犯罪，被采取刑事强制措施；

（五）依照本法第三十九条第一款第一项、第二项、第四项的规定中止行政复议满六十日，行政复议中止的原因仍未消除。

第四十二条 行政复议期间行政行为不停止执行；但是有下列情形之一的，应当停止执行：

（一）被申请人认为需要停止执行；

（二）行政复议机关认为需要停止执行；

（三）申请人、第三人申请停止执行，行政复议机关认为其要求合理，决定停止执行；

（四）法律、法规、规章规定停止执行的其他情形。

第二节　行政复议证据

第四十三条 行政复议证据包括：

（一）书证；

（二）物证；

（三）视听资料；

（四）电子数据；

（五）证人证言；

（六）当事人的陈述；

（七）鉴定意见；

（八）勘验笔录、现场笔录。

以上证据经行政复议机构审查属实，才能作为认定行政复议案件事实的根据。

第四十四条 被申请人对其作出的行政行为的合法性、适当性负有举证责任。

有下列情形之一的，申请人应当提供证据：

（一）认为被申请人不履行法定职责的，提供曾经要求被申请人履行法定职责的证据，但是被申请人应当依职权主动履行法定职责或者申请人因正当理由不能提供的除外；

（二）提出行政赔偿请求的，提供受行政行为侵害而造成损害的证据，但是因被申请人原因导致申请人无法举证的，由被申请人承担举证责任；

（三）法律、法规规定需要申请人提供证据的其他情形。

第四十五条 行政复议机关有权向有关单位和个人调查取证，查阅、复制、调取有关文件和资料，向有关人员进行询问。

调查取证时，行政复议人员不得少于两人，并应当出示行政复议工作证件。

被调查取证的单位和个人应当积极配合行政复议人员的工作，不得拒绝或者阻挠。

第四十六条 行政复议期间，被申请人不得自行向申请人和其他有关单位或者个人收集证据；自行收集的证据不作为认定行政行为合法性、适当性的依据。

行政复议期间，申请人或者第三人提出被申请行政复议的行政行为作出时没有提出的理由或者证据的，经行政复议机构同意，被申请人可以补充证据。

第四十七条 行政复议期间，申请人、第三人及其委托代理人可以按照规定查阅、复制被申请人提出的书面答复、作出行政行为的证据、依据和其他有关材料，除涉及国家秘密、商业秘密、个人隐私或者可能危及国家安全、公共安全、社会稳定的情形外，行政复议机构应当同意。

第三节 普通程序

第四十八条 行政复议机构应当自行政复议申请受理之日起七日内，将行政复议申请书副本或者行政复议申请笔录复印件发送被申请人。被申请人应当自收到行政复议申请书副本或者行政复议申请笔录复印件之日起十日内，提出书面答复，并提交作出行政行为的证据、依据和其他有关材料。

第四十九条 适用普通程序审理的行政复议案件，行政复议机构应当当面或者通过互联网、电话等方式听取当事人的意见，并将听取的意见记录在案。因当事人原因不能听取意见的，可以书面审理。

第五十条 审理重大、疑难、复杂的行政复议案件，行政复议机构应当组织听证。

行政复议机构认为有必要听证，或者申请人请求听证的，行政复议机构可以组织听证。

听证由一名行政复议人员任主持人，两名以上行政复议人员任听证员，一名记录员制作听证笔录。

第五十一条 行政复议机构组织听证的，应当于举行听证的五日前将听证的时间、地点和拟听证事项书面通知当事人。

申请人无正当理由拒不参加听证的，视为放弃听证权利。

被申请人的负责人应当参加听证。不能参加的，应当说明理由并委托相应的工作人员参加听证。

第五十二条 县级以上各级人民政府应当建立相关政府部门、专家、学者等参与的行政复议委员会，为办理行政复议案件提供咨询意见，并就行政复议工作中的重大事项和共性问题研究提出意见。行政复议委员会的组成和开展工作的具体办法，由国务院行政复议机构制定。

审理行政复议案件涉及下列情形之一的，行政复议机构应当提请行政复议委员会提出咨询意见：

（一）案情重大、疑难、复杂；

（二）专业性、技术性较强；

（三）本法第二十四条第二款规定的行政复议案件；

（四）行政复议机构认为有必要。

行政复议机构应当记录行政复议委员会的咨询意见。

第四节　简易程序

第五十三条　行政复议机关审理下列行政复议案件，认为事实清楚、权利义务关系明确、争议不大的，可以适用简易程序：

（一）被申请行政复议的行政行为是当场作出；

（二）被申请行政复议的行政行为是警告或者通报批评；

（三）案件涉及款额三千元以下；

（四）属于政府信息公开案件。

除前款规定以外的行政复议案件，当事人各方同意适用简易程序的，可以适用简易程序。

第五十四条　适用简易程序审理的行政复议案件，行政复议机构应当自受理行政复议申请之日起三日内，将行政复议申请书副本或者行政复议申请笔录复印件发送被申请人。被申请人应当自收到行政复议申请书副本或者行政复议申请笔录复印件之日起五日内，提出书面答复，并提交作出行政行为的证据、依据和其他有关材料。

适用简易程序审理的行政复议案件，可以书面审理。

第五十五条　适用简易程序审理的行政复议案件，行政复议机构认为不宜适用简易程序的，经行政复议机构的负责人批准，可以转为普通程序审理。

第五节　行政复议附带审查

第五十六条　申请人依照本法第十三条的规定提出对有关规范性文件的附带审查申请，行政复议机关有权处理的，应当在三十日内依法处理；无权处理的，应当在七日内转送有权处理的行政机关依法处理。

第五十七条　行政复议机关在对被申请人作出的行政行为进行审查时，认为其依据不合法，本机关有权处理的，应当在三十日内依法处理；无权处理的，应当在七日内转送有权处理的国家机关依法处理。

第五十八条 行政复议机关依照本法第五十六条、第五十七条的规定有权处理有关规范性文件或者依据的，行政复议机构应当自行政复议中止之日起三日内，书面通知规范性文件或者依据的制定机关就相关条款的合法性提出书面答复。制定机关应当自收到书面通知之日起十日内提交书面答复及相关材料。

行政复议机构认为必要时，可以要求规范性文件或者依据的制定机关当面说明理由，制定机关应当配合。

第五十九条 行政复议机关依照本法第五十六条、第五十七条的规定有权处理有关规范性文件或者依据，认为相关条款合法的，在行政复议决定书中一并告知；认为相关条款超越权限或者违反上位法的，决定停止该条款的执行，并责令制定机关予以纠正。

第六十条 依照本法第五十六条、第五十七条的规定接受转送的行政机关、国家机关应当自收到转送之日起六十日内，将处理意见回复转送的行政复议机关。

第五章 行政复议决定

第六十一条 行政复议机关依照本法审理行政复议案件，由行政复议机构对行政行为进行审查，提出意见，经行政复议机关的负责人同意或者集体讨论通过后，以行政复议机关的名义作出行政复议决定。

经过听证的行政复议案件，行政复议机关应当根据听证笔录、审查认定的事实和证据，依照本法作出行政复议决定。

提请行政复议委员会提出咨询意见的行政复议案件，行政复议机关应当将咨询意见作为作出行政复议决定的重要参考依据。

第六十二条 适用普通程序审理的行政复议案件，行政复议机关应当自受理申请之日起六十日内作出行政复议决定；但是法律规定的行政复议期限少于六十日的除外。情况复杂，不能在规定期限内作出行政复议决定的，经行政复议机构的负责人批准，可以适当延长，并书面告知当事人；但是延长期限最多不得超过三十日。

适用简易程序审理的行政复议案件，行政复议机关应当自受理申请之日起三十日内作出行政复议决定。

第六十三条 行政行为有下列情形之一的，行政复议机关决定变更该行政行为：

（一）事实清楚，证据确凿，适用依据正确，程序合法，但是内容不适当；

（二）事实清楚，证据确凿，程序合法，但是未正确适用依据；

（三）事实不清、证据不足，经行政复议机关查清事实和证据。

行政复议机关不得作出对申请人更为不利的变更决定，但是第三人提出相反请求的除外。

第六十四条 行政行为有下列情形之一的，行政复议机关决定撤销或者部分撤销该行政行为，并可以责令被申请人在一定期限内重新作出行政行为：

（一）主要事实不清、证据不足；

（二）违反法定程序；

（三）适用的依据不合法；

（四）超越职权或者滥用职权。

行政复议机关责令被申请人重新作出行政行为的，被申请人不得以同一事实和理由作出与被申请行政复议的行政行为相同或者基本相同的行政行为，但是行政复议机关以违反法定程序为由决定撤销或者部分撤销的除外。

第六十五条 行政行为有下列情形之一的，行政复议机关不撤销该行政行为，但是确认该行政行为违法：

（一）依法应予撤销，但是撤销会给国家利益、社会公共利益造成重大损害；

（二）程序轻微违法，但是对申请人权利不产生实际影响。

行政行为有下列情形之一，不需要撤销或者责令履行的，行政复议机关确认该行政行为违法：

（一）行政行为违法，但是不具有可撤销内容；

（二）被申请人改变原违法行政行为，申请人仍要求撤销或者确认该行政行为违法；

（三）被申请人不履行或者拖延履行法定职责，责令履行没有意义。

第六十六条 被申请人不履行法定职责的，行政复议机关决定被申请人在一定期限内履行。

第六十七条 行政行为有实施主体不具有行政主体资格或者没有依据等重大且明显违法情形，申请人申请确认行政行为无效的，行政复议机关确认该行政行为无效。

第六十八条 行政行为认定事实清楚，证据确凿，适用依据正确，程序合法，内容适当的，行政复议机关决定维持该行政行为。

第六十九条 行政复议机关受理申请人认为被申请人不履行法定职责的行政复议申请后，发现被申请人没有相应法定职责或者在受理前已经履行法定职责的，决定驳回申请人的行政复议请求。

第七十条 被申请人不按照本法第四十八条、第五十四条的规定提出书面答复、提交作出行政行为的证据、依据和其他有关材料的，视为该行政行为没有证据、依据，行政复议机关决定撤销、部分撤销该行政行为，确认该行政行为违法、无效或者决定被申请人在一定期限内履行，但是行政行为涉及第三人合法权益，第三人提供证据的除外。

第七十一条 被申请人不依法订立、不依法履行、未按照约定履行或者违法变更、解除行政协议的，行政复议机关决定被申请人承担依法订立、继续履行、采取补救措施或者赔偿损失等责任。

被申请人变更、解除行政协议合法，但是未依法给予补偿或者补偿不合理的，行政复议机关决定被申请人依法给予合理补偿。

第七十二条 申请人在申请行政复议时一并提出行政赔偿请求，行政复议机关对依照《中华人民共和国国家赔偿法》的有关规定应当不予赔偿的，在作出行政复议决定时，应当同时决定驳回行政赔偿请求；对符合《中华人民共和国国家赔偿法》的有关规定应当给予赔偿的，在决定撤销或者部分撤销、变更行政行为或者确认行政行为违法、无效时，应当同时决定被申请人依法给予赔偿；确认行政行为违法的，还可以同时责令被申请人采取补救措施。

申请人在申请行政复议时没有提出行政赔偿请求的，行政复议机关在依法决定撤销或者部分撤销、变更罚款，撤销或者部分撤销违法集资、没收财物、征收征用、摊派费用以及对财产的查封、扣押、冻结等行政行为时，应当同时责令被申请人返还财产，解除对财产的查封、扣押、冻结措施，或者赔偿相应的价款。

第七十三条　当事人经调解达成协议的，行政复议机关应当制作行政复议调解书，经各方当事人签字或者签章，并加盖行政复议机关印章，即具有法律效力。

调解未达成协议或者调解书生效前一方反悔的，行政复议机关应当依法审查或者及时作出行政复议决定。

第七十四条　当事人在行政复议决定作出前可以自愿达成和解，和解内容不得损害国家利益、社会公共利益和他人合法权益，不得违反法律、法规的强制性规定。

当事人达成和解后，由申请人向行政复议机构撤回行政复议申请。行政复议机构准予撤回行政复议申请、行政复议机关决定终止行政复议的，申请人不得再以同一事实和理由提出行政复议申请。但是，申请人能够证明撤回行政复议申请违背其真实意愿的除外。

第七十五条　行政复议机关作出行政复议决定，应当制作行政复议决定书，并加盖行政复议机关印章。

行政复议决定书一经送达，即发生法律效力。

第七十六条　行政复议机关在办理行政复议案件过程中，发现被申请人或者其他下级行政机关的有关行政行为违法或者不当的，可以向其制发行政复议意见书。有关机关应当自收到行政复议意见书之日起六十日内，将纠正相关违法或者不当行政行为的情况报送行政复议机关。

第七十七条　被申请人应当履行行政复议决定书、调解书、意见书。

被申请人不履行或者无正当理由拖延履行行政复议决定书、调解书、意见书的，行政复议机关或者有关上级行政机关应当责令其限期履行，并可以约谈被申请人的有关负责人或者予以通报批评。

第七十八条　申请人、第三人逾期不起诉又不履行行政复议决定书、调解书的，或者不履行最终裁决的行政复议决定的，按照下列规定分别处理：

（一）维持行政行为的行政复议决定书，由作出行政行为的行政机关依法强制执行，或者申请人民法院强制执行；

（二）变更行政行为的行政复议决定书，由行政复议机关依法强制执行，或者申请人民法院强制执行；

（三）行政复议调解书，由行政复议机关依法强制执行，或者申请人民法院强制执行。

第七十九条　行政复议机关根据被申请行政复议的行政行为的公开情况，按照国家有关规定将行政复议决定书向社会公开。

县级以上地方各级人民政府办理以本级人民政府工作部门为被申请人的行政复议案件，应当将发生法律效力的行政复议决定书、意见书同时抄告被申请人的上一级主管部门。

第六章　法律责任

第八十条　行政复议机关不依照本法规定履行行政复议职责，对负有责任的领导人员和直接责任人员依法给予警告、记过、记大过的处分；经有权监督的机关督促仍不改正或者造成严重后果的，依法给予降级、撤职、开除的处分。

第八十一条　行政复议机关工作人员在行政复议活动中，徇私舞弊或者有其他渎职、失职行为的，依法给予警告、记过、记大过的处分；情节严重的，依法给予降级、撤职、开除的处分；构成犯罪的，依法追究刑事责任。

第八十二条　被申请人违反本法规定，不提出书面答复或者不提交作出行政行为的证据、依据和其他有关材料，或者阻挠、变相阻挠公民、法人或者其他组织依法申请行政复议的，对负有责任的领导人员和直接责任人员依法给予警告、记过、记大过的处分；进行报复陷害的，依法给予降级、撤职、开除的处分；构成犯罪的，依法追究刑事责任。

第八十三条　被申请人不履行或者无正当理由拖延履行行政复议决定书、调解书、意见书的，对负有责任的领导人员和直接责任人员依法给予警告、记过、记大过的处分；经责令履行仍拒不履行的，依法给予降级、撤职、开除的处分。

第八十四条　拒绝、阻挠行政复议人员调查取证，故意扰乱行政复议工作秩序的，依法给予处分、治安管理处罚；构成犯罪的，依法追究刑事责任。

第八十五条　行政机关及其工作人员违反本法规定的，行政复议机关可以向监察机关或者公职人员任免机关、单位移送有关人员违法的事实材料，接受移送的监察机关或者公职人员任免机关、单位应当依法处理。

第八十六条　行政复议机关在办理行政复议案件过程中，发现公职人员涉嫌贪污贿赂、失职渎职等职务违法或者职务犯罪的问题线索，应当依照有关规定移送监察机关，由监察机关依法调查处置。

第七章　附　　则

第八十七条　行政复议机关受理行政复议申请，不得向申请人收取任何费用。

第八十八条　行政复议期间的计算和行政复议文书的送达，本法没有规定的，依照《中华人民共和国民事诉讼法》关于期间、送达的规定执行。

本法关于行政复议期间有关"三日"、"五日"、"七日"、"十日"的规定是指工作日，不含法定休假日。

第八十九条　外国人、无国籍人、外国组织在中华人民共和国境内申请行政复议，适用本法。

第九十条　本法自 2024 年 1 月 1 日起施行。

第一部分

导　读

行政复议法修改情况与内容介绍

2023 年 9 月 1 日，国家主席习近平签署第九号主席令，公布十四届全国人大常委会第五次会议修订通过的行政复议法。修订后的行政复议法自 2024 年 1 月 1 日起施行。

一、修改的主要过程

行政复议是政府系统自我纠错的监督制度和解决"民告官"行政争议的救济制度，是推进法治政府建设的重要抓手，也是维护公民、法人和其他组织合法权益的重要渠道。1999 年 4 月 29 日，九届全国人大常委会第九次会议通过行政复议法，自 1999 年 10 月 1 日起施行。2009 年和 2017 年先后两次采用修正形式，对个别条文作了修改。此次采用修订形式对行政复议法进行第三次修改，是一次全面修改。主要过程如下：

（一）研究起草

行政复议法自 1999 年颁布施行以来，对防止和纠正违法的或者不当的行政行为，保护公民、法人和其他组织的合法权益，保障和监督行政机关依法行使职权发挥了重要作用。20 多年来，行政复议作为有效解决行政争议的法定机制，发挥其方便群众、快捷高效、方式灵活等优势，成为化解行政争议和维护人民群众合法权益的重要渠道，同时也存在一些问题，比如行政复议案件管辖体制过于分散、吸纳行政争议的入口偏窄、案件审理机制不够健全等。党的十八大以来，以习近平同志为核心的党中央高度重视行政复议工作，作出一系列重大决策部署。党的十八届三中全会提出，改革行政复议体制，健全行政复议案件审理机制，纠正违法或不当行政行为。2020 年 2 月，习近平总书记主持召开中央全面依法治国委员会第三次会议，审议通过了《行政复议体制改革方案》。习近平总书记指出，要发挥行政复议公正高效、便民为民的制度优势和化解行政争议的主渠道作用。《法治中国建设规划（2020—2025年）》和《法治政府建设实施纲要（2021—2025年）》对推进行政复议体制改革、整合行政复议职责等提出明确要求。

当前，我国进入新发展阶段，需要不断加强和改进行政复议工作，解决制约行政复议发挥监督、救济作用的突出问题，满足人民群众对实质性化解行政争议的新要求、新期待。为贯彻落实习近平总书记重要指示和党中央决策部署，巩固改革成果，完善、优化行政复议制度，有效发挥行政复议化解行政争议的主渠道作用，有必要对行政复议法进行全面修改。司法部在充分调研、认真论证的基础上，起草了行政复议法修订草案。2022年9月，国务院将修订草案提请全国人大常委会审议。

（二）审议修改

2022年10月，十三届全国人大常委会第三十七次会议对行政复议法修订草案进行了第一次审议。2023年6月，十四届全国人大常委会第三次会议对行政复议法修订草案进行了第二次审议。2023年8月28日至9月1日，十四届全国人大常委会第五次会议对行政复议法修订草案进行了第三次审议，并通过了修订后的行政复议法。

审议修改过程中，全国人大常委会法制工作委员会将修订草案印发部分全国人大代表、中央有关部门和单位、31个省（自治区、直辖市）人大常委会和部分设区的市人大常委会、基层立法联系点以及部分高等院校、科研单位等征求意见，两次在中国人大网全文公布修订草案征求社会公众意见。全国人大宪法和法律委员会、全国人大常委会法制工作委员会会同司法部先后到北京、江苏、广东、湖南、山东等地进行调研，赴地方行政复议机构蹲点调研，多次召开座谈会，听取部分全国人大代表、中央有关部门和单位、地方人大、基层立法联系点、专家学者、律师等的意见，实地了解行政复议体制改革试点、行政复议案件办理、行政复议机构运行、行政复议信息化建设等情况；通过专题研究、委托研究、专题论证等方式，认真研究相关问题，并就修订草案中的主要问题与司法部等有关方面交换意见、共同研究。根据常委会组成人员的审议意见和各方面的意见，不断修改完善修订草案。

二、修改的重要意义

行政复议法是行政领域的一部重要法律，是行政系统内部化解行政争议和自我纠错的监督机制，是公民、法人和其他组织向行政机关申请行政救济、解决行政争议、维护自身合法权益的法治保障。在新的历史时期和新的发展阶段，对行政复议法进行修改完善，构建公正、权威、高效的中国特色社会主义行政复议制度，具有重要意义。

1. 修改行政复议法，是贯彻落实习近平法治思想和党中央决策部署的重要举措。修改行政复议法，将习近平总书记关于行政复议工作的重要指示和党的二十大精神、党中央关于行政复议工作的重要决策部署充分体现到行政复议法的立法目的、主要原则和具体规定中，是坚决贯彻落实习近平新时代中国特色社会主义思想特别是习近平法治思想的重要举措。修改行政复议法，准确把握行政复议体制改革有关要求，坚持党对行政复议工作的领导，整合地方行政复议职责，健全配套工作机制，强化行政复议机构和行政复议委员会的作用，是通过法定程序使党的主张转化为国家意志，坚持立法决策与改革决策相衔接、相统一的必然要求。

2. 修改行政复议法，是立法工作坚持以人民为中心的生动实践。行政复议是维护人民群众合法权益的重要渠道，是解决人民群众急难愁盼问题的重要途径。法律修改过程中，始终将人民是否得到实惠、人民权益是否得到保障作为检验立法工作的标尺。修改行政复议法，强化行政复议吸纳行政争议的能力，方便人民群众申请和参加行政复议，促进行政复议案件公正审理，优化行政复议决定体系，充分发挥行政复议公正高效、便民为民的制度优势，将有力促进社会公平正义，使人民群众的法治获得感、幸福感、安全感更加充实、更有保障、更可持续。

3. 修改行政复议法，是完善多元纠纷解决机制、提升社会治理效能的有力保障。修改行政复议法，强化调解、和解、听证、听取意见等方式在办理行政复议案件中的运用，提升行政复议解决行政争议的能力，有利于实质性化解行政争议，真正解决人民群众合理诉求，并与行政诉讼、行政裁决、行政调解等手段有机衔接，对于创新有效预防和化解社会矛盾体制，完善多元化纠纷解决机制，提升社会治理效能具有十分重要的意义。

4. 修改行政复议法，是监督依法行政、推动法治政府建设的迫切需要。行政复议是政府系统自我纠错的重要监督制度，纠正违法的或者不当的行政行为是行政复议的主要功能之一。修改行政复议法，构建统一、科学的行政复议体制，完善规范、高效的行政复议工作机制，有效发挥行政复议监督纠错功能，完善行政复议对行政行为所依据的规定的审查机制，加大对行政复议决定书、调解书及行政复议意见书履行的监督力度，有利于深入推进法治政府建设，充分发挥行政复议监督依法行政的制度目标，为监督行政机关及其工作人员依法行政，推进国家治理体系和治理能力现代化提供有力法治保障。

三、修改的指导思想和主要考虑

行政复议法修改坚持以习近平新时代中国特色社会主义思想特别是习近平法治思想为指导，深入贯彻落实习近平总书记关于行政复议工作的重要指示和党的二十大精神、党中央关于行政复议的重要决策部署，充分总结改革经验，吸收和巩固改革成果，注重提升行政复议的公信力和权威性，重点解决制约行政复议发挥化解行政争议主渠道作用的突出矛盾问题，进一步将行政复议的制度优势转化为治理效能，推动法治政府建设，推进国家治理体系和治理能力现代化。

行政复议法修改主要把握以下原则：一是坚持党的领导。将习近平总书记关于行政复议工作的重要指示精神作为方向和遵循，将党中央关于行政复议体制改革的各项要求全面、完整、准确体现到法律规定中，在总则中增加规定"行政复议工作坚持中国共产党的领导"。二是坚持人民至上。将保护公民、法人和其他组织的合法权益作为立法的出发点和落脚点。紧紧围绕"便民为民"制度要求，在提出申请、案件受理、案件审理等各个阶段增加便民举措，方便人民群众及时通过行政复议渠道解决行政争议，打造行政复议便捷高效的制度"名片"。三是坚持问题导向。着力提升行政复议公正性和公信力，针对制约行政复议发展的主要矛盾，实施"靶向治理"。整合地方行政复议职责，落实管辖体制改革要求；引入外部监督机制，增设行政复议委员会制度；加强对听取意见、听证、调查取证等的要求，力促案件公正审理，努力让人民群众在每一个行政复议案件中感受到公平正义。四是坚持守正创新。一方面，立足行政复议内部监督的制度属性，坚持免费受理、高效办理、深度审理，做到"不忘本来"。另一方面，抓住实质性化解行政争议的目标导向，在强化调解运用、完善复议范围、增设提级审理、优化决定体系等方面，作出了若干制度创新，做到"面向未来"。

四、修改的主要内容

此次修改立足新阶段、直面新情况、解决新问题、适应新要求，改革体制机制，作出制度创新，完善行政复议制度，规范行政复议工作。主要修改内容如下：

（一）明确行政复议原则和要求

一是明确行政复议工作坚持中国共产党的领导；行政复议机关履行行政复议职责，应当遵循合法、公正、公开、高效、便民、为民的原则。

二是规定行政复议机关办理行政复议案件，可以进行调解。调解应当遵循合法、自愿的原则，不得损害国家利益、社会公共利益和他人合法权益，不得违反法律、法规的强制性规定。

三是提出国家建立专业化、职业化行政复议人员队伍，国务院行政复议机构应当会同有关部门制定行政复议人员工作规范，加强对行政复议人员的业务考核和管理。

四是要求行政复议机关应当加强行政复议工作，支持和保障行政复议机构依法履行职责。行政复议机关应当确保行政复议机构的人员配备与所承担的工作任务相适应，提高行政复议人员专业素质，根据工作需要保障办案场所、装备等设施。

五是规定上级行政复议机构对下级行政复议机构的行政复议工作进行指导、监督，国务院行政复议机构可以发布行政复议指导性案例。

（二）优化行政复议管辖体制

行政复议管辖体制是行政复议的制度基础，此次行政复议法修改，将构建统一、科学的行政复议管辖体制作为重要内容，主要作了以下规定：

一是明确县级以上地方各级人民政府统一行使行政复议职责，原则上不再保留地方各级人民政府工作部门的行政复议职责。

二是规定海关、金融、外汇管理等实行垂直领导的行政机关、税务和国家安全机关，保留行政复议职责。

三是规定国务院部门管辖本部门及其派出机构、授权组织作为被申请人的行政复议案件。

四是对直辖市、设区的市人民政府工作部门依法设立的派出机构作为被申请人的行政复议案件管辖，作出相对灵活的制度安排。

五是规定对履行行政复议机构职责的地方人民政府司法行政部门的行政行为不服的，申请人可以向本级人民政府申请行政复议，也可以向上一级司法行政部门申请行政复议。

总的来说，管辖制度最主要修改是，除垂直领导等特殊情形外，对县级以上地方各级人民政府工作部门及其派出机构、授权组织等作出的行政行为不服的，以前是由申请人选择向本级人民政府申请行政复议或者向上一级主管部门申请行政复议，今后原则上是向本级人民政府申请行政复议。

（三）强化行政复议吸纳行政争议的能力

行政复议法主要从扩大行政复议范围、完善行政复议前置范围两个方面，对强化行政复议吸纳行政争议的能力作了规定。

1. 为充分发挥行政复议化解行政争议的主渠道作用，结合行政复议工作实际，同时与行政诉讼受案范围做好衔接，扩大了行政复议范围。

一是在行政复议范围中增加有关情形，即对行政机关作出的赔偿决定或者不予赔偿决定不服，认为行政机关滥用行政权力排除或者限制竞争，对行政机关作出的不予受理工伤认定申请决定或者工伤认定结论不服，认为行政机关不依法订立、不依法履行、未按照约定履行或者违法变更、解除政府特许经营协议、土地房屋征收补偿协议等行政协议，认为行政机关在政府信息公开工作中侵犯其合法权益等。

二是明确不属于行政复议范围的事项，即国防、外交等国家行为，行政法规、规章或者行政机关制定、发布的具有普遍约束力的决定、命令等规范性文件，行政机关对行政机关工作人员的奖惩、任免等决定，行政机关对民事纠纷作出的调解。

2. 在原行政复议法的规定基础上，结合现行法律法规有关行政复议前置的规定，总结行政复议与行政诉讼衔接的有关实践，完善行政复议前置范围，明确行政机关的告知义务。

一是将对当场作出的行政处罚决定不服、认为行政机关未依法履行法定职责、申请政府信息公开但行政机关不予公开的情形纳入行政复议前置范围。

二是将行政复议前置其他情形的设定权限由"法律、法规"修改为"法律、行政法规"。

三是规定对行政复议前置情形，行政机关在作出行政行为时应当告知公民、法人或者其他组织先向行政复议机关申请行政复议。

（四）方便公民、法人和其他组织申请、参加行政复议

新修订的行政复议法规定了多项便民举措，为当事人申请、参加行政复议提供便利，保障当事人在行政复议中的各项权利，主要作了以下规定：

一是申请人、第三人可以委托一至二名律师、基层法律服务工作者或者其他代理人代为参加行政复议。申请人、第三人变更或者解除代理人权限的，应当书面告知行政复议机构。

二是符合法律援助条件的行政复议申请人申请法律援助的，法律援助机构应当依法为其提供法律援助。

三是书面申请的，可以通过邮寄或者行政复议机关指定的互联网渠道等方式提交行政复议申请书，也可以当面提交行政复议申请书。行政机关通过互联网渠道送达行政行为决定书的，应当同时提供提交行政复议申请书的互联网渠道。

四是行政复议申请材料不齐全或者表述不清楚，行政复议机关无法判断是否符合受理条件的，应当在五日内书面通知申请人补正。补正通知应当一次性载明需要补正的事项。

五是对当场作出或者依据电子技术监控设备记录的违法事实作出的行政处罚决定不服申请行政复议的，可以通过作出行政处罚决定的行政机关提交行政复议申请。行政机关收到行政复议申请后，应当及时处理；认为需要维

持行政处罚决定的，应当自收到行政复议申请之日起五日内转送行政复议机关。

（五）完善行政复议审理程序

提高行政复议公信力，关键在于提升行政复议审理的公正性，使行政复议取信于民。行政复议法着重完善行政复议审理程序，主要作了以下规定：

1. 完善行政复议审理的一般要求。

一是规定上级行政复议机关根据需要，可以审理下级行政复议机关管辖的行政复议案件。下级行政复议机关对其管辖的行政复议案件，认为需要由上级行政复议机关审理的，可以报请上级行政复议机关决定。

二是规定行政复议中止、终止程序的具体适用情形，对行政复议期间停止执行行政行为的情形作出规定。

三是完善行政复议证据制度，规定被申请人对其作出的行政行为的合法性、适当性负有举证责任，并对申请人在特定情形下的举证责任作出规定，明确行政复议机关的调查取证权。

四是增加简易程序，促进行政复议案件的"繁简分流"，规定对部分事实清楚、权利义务关系明确、争议不大的行政复议案件，可以适用简易程序。简易程序可以书面审理，也可以按规定转为普通程序。

2. 对行政复议普通程序提出更高要求。

一是规定适用普通程序审理的行政复议案件，行政复议机构应当当面或者通过互联网、电话等方式听取当事人的意见，并将听取的意见记录在案。因当事人原因不能听取意见的，可以书面审理。

二是规定审理重大、疑难、复杂案件，行政复议机构应当组织听证。行政复议机构认为有必要听证，或者申请人请求听证的，行政复议机构可以组织听证。

三是规定县级以上各级人民政府应当建立行政复议委员会，为办理行政复议案件提供咨询意见，并就行政复议工作中的重大事项和共性问题研究提出意见。行政复议委员会的咨询意见是作出行政复议决定的重要参考依据。

（六）优化行政复议决定体系和监督手段

行政复议决定的质量以及行政复议决定的执行，直接影响行政复议的权威性。修改后的行政复议法，优化行政复议决定体系，强化对行政复议决定执行的监督，主要作了以下规定：

1. 优化行政复议决定体系。

一是按照变更、撤销、确认违法、限期履行、确认无效、维持、驳回的先后顺序，重新调整行政复议决定体系。

二是进一步细化变更决定、撤销决定和确认违法决定，强化变更决定的运用，增加变更决定的适用情形。

三是对行政协议的决定类型作特殊规定，规定被申请人不依法订立、不依法履行、未按照约定履行或者违法变更、解除行政协议的，行政复议机关决定被申请人承担依法订立、继续履行、采取补救措施或者赔偿损失等责任。

四是对调解、和解作出具体规定。当事人经调解达成协议的，行政复议机关应当制作行政复议调解书，经各方当事人签字或者签章，并加盖行政复议机关印章，即具有法律效力。当事人在行政复议决定作出前可以自愿达成和解，当事人达成和解后，由申请人向行政复议机构撤回行政复议申请。

五是行政复议机关在办理行政复议案件过程中，发现被申请人或者其他下级行政机关的有关行政行为违法或者不当的，可以向其制发行政复议意见书。

2. 强化对行政复议决定履行的监督。

一是规定被申请人不履行或者无正当理由拖延履行行政复议决定书、调解书、意见书的，行政复议机关或者有关上级行政机关应当责令其限期履行，并可以约谈被申请人的有关负责人或者予以通报批评。

二是规定申请人、第三人逾期不起诉又不履行行政复议决定书、调解书，或者不履行最终裁决的行政复议决定的，根据不同的决定类型，分别由有关机关强制执行。

三是针对被申请人不履行或者无正当理由拖延履行行政复议决定书、调解书、意见书的行为，规定相应法律责任。

第二部分

释　义

第一章　总　　则

第一条　为了防止和纠正违法的或者不当的行政行为，保护公民、法人和其他组织的合法权益，监督和保障行政机关依法行使职权，发挥行政复议化解行政争议的主渠道作用，推进法治政府建设，根据宪法，制定本法。

【释义】本条是关于立法宗旨和立法依据的规定。

行政复议法于 1999 年制定，2009 年、2017 年分别经过两次修正，2023 年 9 月 1 日第十四届全国人民代表大会常务委员会第五次会议进行了全面修订。关于立法宗旨，此次修订进一步丰富完善了立法目的，增加规定"发挥行政复议化解行政争议的主渠道作用"和"推进法治政府建设"。

一、关于防止和纠正违法的或者不当的行政行为

行政机关作出行政行为，应当遵循合法性原则和合理性原则。合法行政，要求行政机关实施行政管理，应当依照法律、法规、规章的规定进行；没有法律、法规、规章的规定，行政机关不得作出影响公民、法人和其他组织合法权益或者增加公民、法人和其他组织义务的决定。合理行政，要求行政机关实施行政管理，应当遵循公平、公正的原则，平等对待行政管理相对人，不偏私、不歧视；行使自由裁量权应当符合法律目的，排除不相关因素的干扰；所采取的措施和手段应当必要、适当；行政机关实施行政管理可以采用多种方式实现行政目的的，应当避免采用减损当事人权益的方式。如行政处罚法规定，公民、法人或者其他组织违反行政管理秩序的行为，应当给予行政处罚的，依照本法由法律、法规、规章规定，并由行政机关依照本法规定的程序实施；设定和实施行政处罚必须以事实为依据，与违法行为的事实、性质、情节以及社会危害程度相当。

行政复议制度基于层级监督关系，上级行政机关有权对下级行政机关的

行政行为进行全面审查，既包括合法性审查，也包括合理性审查。根据本法规定，行政复议机关履行行政复议职责，应当遵循合法、公正、公开、高效、便民、为民的原则，坚持有错必纠，保障法律、法规、规章的正确实施；被申请人对其作出的行政行为的合法性、适当性负有举证责任；行政复议机关可以对违法或者不当的行政行为作出变更决定。

二、关于保护公民、法人和其他组织的合法权益

行政复议和行政诉讼一样，是解决"民告官"行政争议的救济制度，是保障公民、法人和其他组织合法权益的重要途径。在行政管理中，行政机关需要对行政相对人实施行政行为以实现行政管理目的，如对违法的公民、法人等给予行政处罚；为制止违法行为、防止证据损毁、避免危害发生、控制危险扩大等，对公民、法人等的人身和财物实施行政强制措施；根据公民、法人或者其他组织的申请，经依法审查，准予其从事特定活动。这些行政行为都涉及公民、法人的人身权、财产权和其他权益，而且行政行为一经作出即产生确定力、拘束力和执行力，行政相对人必须服从，否则行政机关将依法予以制裁或予以强制执行。正是因为行政行为具有这样的特点，所以在行政争议中，行政相对人一方往往处于弱势的地位，他们的合法权益有可能受到违法实施的行政行为的侵害。行政复议作为对行政相对人进行救济的渠道，通过行政机关的内部监督来保护公民、法人和其他组织的合法权益，使他们受损害的权益得到救济和恢复，这是行政复议的重要目的。

三、关于监督和保障行政机关依法行使职权

行政复议是政府系统自我纠错的监督制度。行政复议制度的作用之一，就是通过上下级行政机关的领导关系所形成的监督关系，由行政机关自己改正违法的和不当的行政行为。本次修订将原法中"保障和监督行政机关依法行使职权"中的"保障和监督"顺序作了调整，突出行政复议对于监督依法行政、推进法治政府建设的重要作用。一方面，通过发挥监督作用，促使行政机关依法履行职责；另一方面，对于合法的行政行为予以维持，保障行政机关依法行政职权。

四、关于发挥行政复议化解行政争议的主渠道作用

习近平总书记指出，要发挥行政复议公正高效、便民为民的制度优势和化解行政争议的主渠道作用。将行政复议打造成化解行政争议的主渠道，需要充分发挥行政复议的制度优势，实现化解行政争议的主渠道，要求行政复议案件数量合理增长、质量有效提升和效能持续强化。此次修订，全面巩固和深化行政复议体制改革成果，形成公正权威、统一高效的行政复议体制；扩大行政复议范围，调整行政复议前置范围，解决行政复议吸纳行政争议入口偏窄的问题；健全行政复议案件审理机制，发挥行政复议委员会的作用，提升行政复议公信力；加强行政复议调解，将调解作为一项工作原则规定在总则中，不但适用于各种类型的行政争议，而且贯穿案前、案中、案后审理的全过程。同时，更加强调变更决定的作用等。通过一系列制度，争取实现绝大多数行政争议被吸纳到行政复议程序中，并且能够实质性化解在行政复议阶段。

五、关于推进法治政府建设

法治政府建设是全面依法治国的重点任务和主体工程，是推进国家治理体系和治理能力现代化的重要支撑，在推进法治中国建设过程中必须率先取得突破。法治政府建设要求形成监督合力，积极发挥审计监督、财会监督、统计监督、执法监督、行政复议等监督作用。中共中央、国务院印发的《法治政府建设实施纲要（2021—2025 年)》提出，全面深化行政复议体制改革，整合地方行政复议职责，按照"事编匹配、优化节约、按需调剂"的原则，合理调配编制资源，形成公正权威、统一高效的行政复议体制。全面推进行政复议规范化、专业化、信息化建设，不断提高办案质量和效率。健全优化行政复议审理机制。县级以上各级政府建立行政复议委员会，为重大、疑难、复杂的案件提供咨询意见。建立行政复议决定书以及行政复议意见书、建议书执行监督机制，实现个案监督纠错与倒逼依法行政的有机结合。行政复议作为政府系统自我纠错的监督制度，通过切实纠正侵犯公民、法人和其他组织合法权益的违法或不当行政行为，提高政府依法行政水平和公信力，是推动法治政府建设的一个重要抓手。此次修订，完善了行政复议

的体制机制，优化了案件审理的程序，加强行政复议决定书、调解书、建议书的履行监督，有利于进一步规范行政执法，确保行政权力始终在法治轨道上运行。

六、关于"根据宪法"

本条规定"根据宪法，制定本法"。宪法第 5 条第 4 款规定，一切国家机关和武装力量、各政党和各社会团体、各企业事业组织都必须遵守宪法和法律。一切违反宪法和法律的行为，必须予以追究。第 41 条第 1 款规定，中华人民共和国公民对于任何国家机关和国家工作人员，有提出批评和建议的权利；对于任何国家机关和国家工作人员的违法失职行为，有向有关国家机关提出申诉、控告或者检举的权利，但是不得捏造或者歪曲事实进行诬告陷害。第 89 条规定，国务院有权改变或者撤销各部、各委员会发布的不适当的命令、指示和规章，改变或者撤销地方各级国家行政机关的不适当的决定和命令。第 108 条规定，县级以上的地方各级人民政府领导所属各工作部门和下级人民政府的工作，有权改变或者撤销所属各工作部门和下级人民政府的不适当的决定。宪法的以上规定和其他相关的规定，是制定本法的重要依据。

第二条　公民、法人或者其他组织认为行政机关的行政行为侵犯其合法权益，向行政复议机关提出行政复议申请，行政复议机关办理行政复议案件，适用本法。

前款所称行政行为，包括法律、法规、规章授权的组织的行政行为。

【释义】 本条是关于本法适用范围的规定。

一、关于申请人的范围

本法第 14 条规定，依照本法申请行政复议的公民、法人或者其他组织是申请人。有权申请行政复议的公民死亡的，其近亲属可以申请行政复议。有权申请行政复议的法人或者其他组织终止的，其权利义务承受人可以申请行政复议。有权申请行政复议的公民为无民事行为能力人或者限制民事行为能力人的，其法定代理人可以代为申请行政复议。据此，行政复议申请人是公民、法人或者其他组织。

二、关于行政行为的类型

本法第 11 条对侵犯公民、法人和其他组织合法权益的行政行为进行了列举。一是行政行为不包括行政机关制定的"规范性文件"。二是行政行为既包括作为，也包括不作为。行政行为侵犯公民、法人或者其他组织的合法权益，既可以由行政机关积极作为引起，也可以由行政机关消极不作为引起。公民、法人或者其他组织既可以对行政处罚、行政强制等行政作为不服申请行政复议，也可以对行政机关拒绝履行、不予答复等行政不作为申请行政复议。合法权益包括但不限于人身权、财产权、受教育权等。

三、关于行政行为的范围

行政机关是国家机构中行使行政权的组织。我国的行政机关包括各级人民政府及其职能部门。行政行为除了行政机关的行政行为外，还包括法律、法规、规章授权的组织的行政行为。行政处罚法第 19 条规定，法律、法规授权的具有管理公共事务职能的组织可以在法定授权范围内实施行政处罚。行政许可法第 23 条规定，法律、法规授权的具有管理公共事务职能的组织，在法定授权范围内，以自己的名义实施行政许可。被授权的组织适用本法有关行政机关的规定。行政强制法第 70 条规定，法律、行政法规授权的具有管理公共事务职能的组织在法定授权范围内，以自己的名义实施行政强制，适用本法有关行政机关的规定。一些授益性的行政行为和服务行为，也可以由规章授权。授权性规定具有以下特点：一是法律、法规、规章授权。这一规定限定了授权的依据，除了法律、法规、规章以外，规范性文件不得授权。二是在法定授权范围内以自己的名义实施行政行为。

第三条　行政复议工作坚持中国共产党的领导。

行政复议机关履行行政复议职责，应当遵循合法、公正、公开、高效、便民、为民的原则，坚持有错必纠，保障法律、法规的正确实施。

【释义】本条是关于行政复议工作坚持党的领导和行政复议机关履行职

责应当遵守的原则的规定。

行政复议工作的指导思想和原则，是立法价值取向和制度构建的重要基础，随着行政复议体制改革和实践发展不断充实和完善。此次修法增加规定"行政复议工作坚持中国共产党的领导"，同时进一步明确高效、为民等履职原则，完整体现行政复议"公正高效、便民为民"的制度优势。

一、坚持中国共产党的领导

党的领导是全面依法治国、建设法治政府的根本保证，必须坚持党总揽全局、协调各方，发挥各级党委的领导作用。党的十八大以来，以习近平同志为核心的党中央高度重视行政复议工作，作出一系列重大决策部署。党的十八届三中全会提出，改革行政复议体制，健全行政复议案件审理机制，纠正违法或不当行政行为。2020 年 2 月，习近平总书记主持召开中央全面依法治国委员会第三次会议，审议通过了《行政复议体制改革方案》。习近平总书记指出，要发挥行政复议公正高效、便民为民的制度优势和化解行政争议的主渠道作用。《法治中国建设规划（2020—2025 年）》和《法治政府建设实施纲要（2021—2025 年）》对推进行政复议体制改革、加强和改进行政复议工作等提出明确要求。做好行政复议工作，必须坚决贯彻党的路线方针政策，始终将党的领导贯穿行政复议工作的全过程和各方面，确保行政复议工作始终在党的领导之下，确保在党的领导下有力发挥建设法治政府的抓手作用。

二、行政复议机关履行行政复议职责应当遵循的原则

1. 合法。行政复议是行政机关行使行政职权的一个具体领域，受到行政合法原则的约束和规范。行政复议机关履行行政复议职责，必须在法定的职权范围内，严格按照法定的程序进行。行政复议机关在处理行政复议案件时，应当以事实为根据，以法律为准绳，在法律框架内履行行政复议各项职责。

2. 公正。提高行政复议公信力，关键在于提升行政复议审理的公正性，使行政复议取信于民。如本法为了提高公正性，一个重要的制度设计是建立了行政复议委员会制度并完善了相关机制。

3. 公开。公开是提升行政复议公信力的保证，本法第 39 条第 3 款规定，

行政复议机关中止、恢复行政复议案件的审理，应当书面告知当事人。第49 条规定，适用普通程序审理的行政复议案件，行政复议机构应当当面或者通过互联网、电话等方式听取当事人的意见，并将听取的意见记录在案。因当事人原因不能听取意见的，可以书面审理。第 79 条第 1 款规定，行政复议机关根据被申请行政复议的行政行为的公开情况，按照国家有关规定将行政复议决定书向社会公开。

4. 高效。高效是行政复议区别于行政诉讼的重要特点。行政复议的时限一般都少于行政诉讼。高效原则要求：一是行政复议机关在受理、审理和作出决定时，要按照法定期限执行，延长期限必须严格按照法律规定。行政复议机关收到行政复议申请后，应当在 5 日内进行审查。行政复议机关受理行政复议申请后，适用普通程序的，行政复议机构应当自行政复议申请受理之日起 7 日内，将行政复议申请书副本或者行政复议申请笔录复印件发送被申请人；适用简易程序进行审理的，行政复议机构应当自受理行政复议申请之日起 3 日内，将行政复议申请书副本或者行政复议申请笔录复印件发送被申请人。适用普通程序审理的行政复议案件，行政复议机关应当自受理申请之日起 60 日内作出行政复议决定；但是法律规定的行政复议期限少于 60 日的除外。情况复杂，不能在规定期限内作出行政复议决定的，经行政复议机构的负责人批准，可以适当延长，并书面告知当事人；但是延长期限最多不得超过 30 日。适用简易程序审理的行政复议案件，行政复议机关应当自受理申请之日起 30 日内作出行政复议决定。二是行政复议机关应当加强信息化建设，运用现代信息技术，提高工作质量和效率。

5. 便民、为民。行政复议是维护人民群众合法权益的重要渠道，是解决人民群众急难愁盼问题的重要方式。充分发挥行政复议公正高效、便民为民的制度优势，有力促进社会公平正义，使人民群众的获得感、幸福感、安全感更加充实、更有保障、更可持续，是本次修法的一个重要考虑。本法规定了一系列便民为民的措施，保护公民、法人和其他组织的合法权益：行政复议机关应当加强信息化建设，运用现代信息技术，方便公民、法人或者其他组织申请、参加行政复议；行政机关通过互联网渠道送达行政行为决定书的，应当同时提供提交行政复议申请书的互联网渠道；对当场作出或者依据电子技术监控设备记录的违法事实作出的行政处罚决定不服申请行政复议的，可以通过作出行政处罚决定的行政机关提交行政复议申请；申请人、第三人可以委托1至2名律师、基层法律服务工作者或者其他代理人代为参加行政复议；符合法律援助条件的行政复议申请人申请法律援助的，法律援助机构应当依法为其提供法律援助；行政复议机关受理行政复议申请，不得向申请人收取任何费用。

6. 坚持有错必纠，保障法律、法规的正确实施。行政复议机关发现行政行为违法或者不当的，应当及时予以纠正；有权机关认为有关规范性文件或者依据不合法的，应当及时予以纠正；有权机关发现复议机关及复议人员在行政复议工作中有违法违纪行为的，也应当及时纠正。上述措施能有效防止违法行政、滥用复议权现象的发生，保证行政复议制度发挥其应有的作用。根据本法规定，行政复议机关的一项重要职责，就是通过办理行政复议案件纠正违法的或者不当的行政行为。同时，修订后的法律加强了行政复议机关和有关人员的责任，规定行政复议机关不依照本法规定履行行政复议职责，对负有责任的领导人员和直接责任人员依法给予警告、记过、记大过的处分，经有权监督的机关督促仍不改正或者造成严重后果的，依法给予降级、撤职、开除的处分。

第四条 县级以上各级人民政府以及其他依照本法履行行政复议职责的行政机关是行政复议机关。

行政复议机关办理行政复议事项的机构是行政复议机构。行政复议机构同时组织办理行政复议机关的行政应诉事项。

行政复议机关应当加强行政复议工作，支持和保障行政复议机构依法履行职责。上级行政复议机构对下级行政复议机构的行政复议工作进行指导、监督。

国务院行政复议机构可以发布行政复议指导性案例。

【释义】 本条是关于行政复议机关、行政复议机构及其职责的规定。

按照行政复议体制改革要求，调整和明确行政复议机关、行政复议机构及其职责，是此次行政复议法修改的重点内容之一。与修订前的行政复议法相比，本条进一步突出了"县级以上各级人民政府"行政复议机关的地位，简化了行政复议机构职责表述，同时规定了行政复议机关支持和保障行政复议机构依法履行职责，上级行政复议机构指导、监督下级行政复议机构的行政复议工作，以及国务院行政复议机构可以发布行政复议指导性案例等内容。

一、行政复议机关及其职责

根据本条第 1 款规定，行政复议机关包括两类：一是县级以上各级人民政府；二是其他依照本法履行行政复议职责的行政机关。在行政复议体制改革前，"条块结合"的体制决定了行政复议机关的层级和数量较多，既包括县级以上各级人民政府，也包括作出行政行为机关的上级主管部门等，确定管辖的规则也相对复杂。此次行政复议体制改革整合地方行政复议职责，明确除实行垂直领导的行政机关、税务和国家安全机关外，县级以上一级地方人民政府原则上只保留一个行政复议机关，由本级人民政府统一行使行政复议职责。根据本法第二章第四节关于管辖的规定，县级以上地方人民政府作为行政复议机关的地位更加凸显，是地方层面开展行政复议工作的重要主体，因此，此次修改突出规定了"县级以上各级人民政府"是行政复议机关。需要说明的是，根据本条规定，县级以上各级人民政府包括了中央人民政府，即国务院。国务院依照本法第 26 条对有关事项作出裁决时，作为行政复议机关履行相应的职责。

此次修法还明确"其他依照本法履行行政复议职责的行政机关是行政复议机关"，主要考虑是按照行政复议体制改革方案和本法规定，除了县级以上各级人民政府外，国务院部门，海关、金融、外汇管理等实行垂直领导的行政机关，税务和国家安全机关，以及履行行政复议机构职责的地方人民政府司法行政部门，也可以依照本法规定，在特定的行政管理领域和特定情形下，作为行政复议机关履行相应的职责。

按照本法有关规定，行政复议机关的职责主要包括：受理行政复议申请、审理行政复议案件、主持行政复议调解、向有关单位和个人调查取证、对有关规范性文件和作出行政行为的依据进行审查、作出行政复议决定、制作行政复议调解书、制发行政复议意见书、责令被申请人履行行政复议决定书等文书、按照有关规定公开行政复议决定书、移送有关人员违法的事实材料、移送职务违法或者职务犯罪的问题线索等。

二、行政复议机构及其职责

本条第 2 款对行政复议机构作了规定。主要包括两个方面的内容：一是行政复议机构与行政复议机关的关系；二是行政复议机构的职责。

1. 行政复议机构与行政复议机关的关系。本条第 2 款规定，行政复议机关办理行政复议事项的机构是行政复议机构。行政复议体制改革后，行政复议机构主要有以下几种情况：一是县级以上地方人民政府的司法行政部门，作为本级人民政府的行政复议机构；二是国务院部门的内设机构，多数是负责法制工作的机构，比如法规司；三是根据本法第 27 条、第 28 条规定履行行政复议机关职责的上一级主管部门和司法行政部门，其内设机构（多数也是负责法制工作的机构），作为本部门的行政复议机构；四是行政复议体制改革后，个别地方人民政府明确由政府办公厅承担本级人民政府的行政复议机构职责；五是国务院行政复议机构。司法部作为国务院组成部门，2018 年机构改革后，承担国务院行政复议机构的职责。

在修法过程中，有些意见建议，进一步明确行政复议机构的地位、性质及其与行政复议机关的关系，如在法律中规定"行政复议机关下设行政复议机构""县级以上各级人民政府设立行政复议局作为行政复议机构"等等。考虑到实践中行政复议机构的设置情况比较复杂，原则规定行政复议机关办理行政复议事项的机构是行政复议机构，可以涵盖目前各种类型的行政复议机构，也为今后行政复议体制进一步改革调整留有空间。本法不仅在总则中原则规定行政复议机构的职责，同时在有关章节对行政复议机构的职责作了具体规定，为各类行政复议机构依法履行职责提供了明确的依据。

2. 行政复议机构的职责。行政复议机构的职责主要有两个方面：一是办理行政复议机关的行政复议事项。行政复议机关履行各项职责，主要由行政复议机构承担具体工作。本法在具体条文中，对行政复议机关和行政复议机构的职责作出区分，有的条款规定行政复议机关的职责，有的条款规定行政复议机构的职责。主要考虑是：受理、调查取证、作出决定、移送线索等对外的职责及审理案件，由行政复议机关以自己的名义行使职责；案件进入审理程序后，发送申请书副本、听取当事人意见、组织听证、提请行政复议委员会提出咨询意见、简易程序转为普通程序、对行政行为进行审查提出意见等具体事项，由行政复议机构办理。二是组织办理行政复议机关的行政应诉事项。这里的行政应诉事项，既包括原告对行政复议机关直接作出的行政行为不服提起的行政诉讼，也包括按照行政诉讼法的规定，以行政复议机关的身份作为被告的行政诉讼。行政复议机构负责组织办理举证、答辩、出庭应诉等具体工作。

三、行政复议机关支持和保障行政复议机构依法履行职责

本条第 3 款规定，行政复议机关应当加强行政复议工作，支持和保障行政复议机构依法履行职责。行政复议体制改革的一个重点内容是，县级以上地方人民政府司法行政部门作为行政复议机构，依法办理本级人民政府的行政复议事项。司法行政部门等行政复议机构在履行职责过程中，代表行政复议机关开展调查取证、案件审理和约谈、移送线索等工作，需要被申请人和其他有关部门的配合，以及行政复议机关的支持和保障。为强化行政复议机构职责，促使其更好开展行政复议工作，本条规定县级以上各级人民政府等各类行政复议机关，应当支持和保障行政复议机构依法履行职责。具体的支持和保障措施包括：加强对行政复议工作的领导，加强行政复议机构建设和能力建设，定期研究和统筹解决行政复议工作中的重大问题，排除有关方面对行政复议工作的干扰，保证行政复议机构依法、公正办理案件，强化行政复议工作在法治政府建设中的作用，为行政复议机构开展工作创造良好的条件和环境等。

四、上级行政复议机构对下级行政复议机构的指导、监督

加强对行政复议工作的监督制约，确保行政复议权在法治轨道上公正有效行使，需要发挥行政复议机构内部层级监督的优势，由上级行政复议机构对下级行政复议机构进行指导和监督。各级行政复议机构要在本级行政复议

机关的领导下，按照职责权限对下级行政复议机构的工作进行监督。上级行政复议机构开展指导和监督有多种方式，比如通过各种方式听取下级行政复议机构的意见和建议，对行政复议工作出现的问题及时加以研究和指导，对下级行政复议机构的请示及时给予答复；在本级行政复议机关的领导下，通过定期组织检查、案件评查等形式，对下级行政复议机构开展行政复议工作情况进行监督。

五、关于行政复议指导性案例

行政复议指导性案例制度是此次修改行政复议法新增的内容。从审判、检察和部分行政执法领域的实践来看，指导性案例在统一司法和执法标准、促进司法执法公正、提升司法执法公信力等方面发挥了积极作用。行政复议指导性案例制度是一项比较新的制度，要立足行政复议工作要求和案件审理特点，参考执法司法领域有关做法，在实践中不断健全完善，包括以下几个方面的内容：一是指导性案例的范围。将行政复议决定已经发生法律效力，认定事实清楚，适用法律正确，论证说理充分，具备较好的法律效果和社会效果，对各级行政复议机关审理类似案件具有普遍指导意义的案例纳入行政复议指导性案例。二是指导性案例的发布主体。按照本法规定，指导性案例的发布主体是国务院行政复议机构。国务院有关部门和县级以上地方人民政府等行政复议机关及其行政复议机构，可以向国务院行政复议机构推荐行政复议指导性案例。三是指导性案例的确定和发布等程序。国务院行政复议机构要做好指导性案例的征集、筛选、审查、发布、研究和编纂等工作。国务院行政复议机构要对各方面报送的行政复议案件进行筛选，严格按程序进行确定后予以发布。四是行政复议指导性案例的作用和效力。指导性案例供各级行政复议机关审理类似案件参考，但不作为作出行政复议决定的依据。

第五条　行政复议机关办理行政复议案件，可以进行调解。

调解应当遵循合法、自愿的原则，不得损害国家利益、社会公共利益和他人合法权益，不得违反法律、法规的强制性规定。

【释义】本条是关于行政复议调解及其原则的规定。

行政复议调解，是指行政复议机关、行政复议机构依照法律、法规规定，在办理行政复议案件过程中，组织申请人和被申请人就行政争议进行协商、化解行政争议的活动。行政复议调解是此次修订新增内容。

一、行政复议调解制度的建立和发展

行政复议中的调解，伴随行政法治的不断健全以及行政诉讼中调解制度的建立和完善，经历了发展转变的过程。1989 年制定的行政诉讼法规定，人民法院审理行政诉讼案件，不适用调解。同时规定"赔偿诉讼可以适用调解"。1990 年国务院制定的《行政复议条例》规定，复议机关审理复议案件，不适用调解。1999 年制定行政复议法时，未对行政复议调解作出规定。2007 年国务院制定的《中华人民共和国行政复议法实施条例》（以下简称《行政复议法实施条例》）第 50 条规定，行政复议机关对两类案件可以进行调解：一是公民、法人或者其他组织对行政机关行使法律、法规规定的自由裁量权作出的具体行政行为不服申请行政复议的；二是当事人之间的行政赔偿或者行政补偿纠纷。该条例同时对调解书的制作和生效作了明确规定。2014 年修改后的行政诉讼法规定，人民法院审理行政案件，不适用调解；但是，行政赔偿、补偿以及行政机关行使法律、法规规定的自由裁量权的案件可以调解；调解应当遵循自愿、合法原则，不得损害国家利益、社会公共利益和他人合法权益。

本条第 1 款规定的行政复议调解，主要从以下两个方面理解：一是行政复议机关办理行政复议案件进行调解的阶段，并不限于案件受理后的审理环节。申请人提出行政复议申请，行政复议机关尚未受理行政复议申请之前，也可以依法进行调解；调解不成的，行政复议机关按照本法第 73 条的规定，依法继续审查决定是否受理。二是行政复议机关"可以"进行调解，而不是"应当"进行调解。在此次修法过程中，有的意见建议将调解明确为必经程序，规定"应当"进行调解。经研究认为，调解制度在行政复议中的运用，应当综合考虑当事人意愿、行政争议性质、相关法律法规规定等因素，宜由行政复议机关根据具体情况，研判和决定案件是否进行调解。

二、行政复议调解应当遵循的原则

行政复议调解应当遵循一定原则，遵守有关规定，确保依法进行、发挥应有功能。主要包括以下两个方面：

1. 合法的原则。合法原则主要包括三个方面的内容：一是当事人在行政复议机关主持下进行的调解，应当按照法律法规规定的程序进行，做到过程合法、程序合法。调解过程违反相关程序规定，将影响到调解协议的效力。二是调解的内容应当符合法律、法规规定，对于法律法规明确规定的行政处罚种类和幅度、行政许可条件等，不得违反法律法规的规定随意增减。三是调解不得损害国家利益、社会公共利益和他人合法权益，不得违反法律、法规的强制性规定。这一要求是行政复议调解合法原则的具体体现和重要内容。比如，行政复议机关主持调解，应在查明事实、分清责任的基础上进行，不能为了达成调解结果，违反有关法定要求或者损害国家利益、社会公共利益和他人合法权益。

2. 自愿的原则。行政复议机关应当尊重当事人的意愿，只有在取得当事人的同意时，才能进行调解。调解自愿原则包括三个方面：一是当事人同意启动调解；二是当事人在调解过程中对实体利益和程序权利的让步是基于自己的意愿；三是当事人自愿接受调解结果。强调行政复议调解必须遵循自愿原则，主要是考虑到被申请人和申请人之间是一种管理和被管理的关系，处于不对等的地位，防止被申请人利用其优势地位，强迫申请人接受调解，损害申请人的合法权益。

第六条　国家建立专业化、职业化行政复议人员队伍。

行政复议机构中初次从事行政复议工作的人员，应当通过国家统一法律职业资格考试取得法律职业资格，并参加统一职前培训。

国务院行政复议机构应当会同有关部门制定行政复议人员工作规范，加强对行政复议人员的业务考核和管理。

【释义】 本条是关于行政复议人员队伍的规定。

行政复议人员队伍是行政复议工作的重要支撑。此次修法对行政复议人员的规定作了较大幅度修改：在原法规定从事行政复议工作的人员应当取得法律职业资格的基础上，增加规定"国家建立专业化、职业化行政复议人员队伍"；将应当取得法律职业资格的人员范围明确为行政复议机构中初次从事行政复议工作的人员，增加应当参加统一职前培训的要求；增加规定行政复议人员工作规范的内容。

一、国家建立专业化、职业化行政复议人员队伍

建设公正、权威的行政复议制度，需要高素质的行政复议人员队伍支撑。打造专业化、职业化的行政复议专门队伍，是行政复议体制改革的重要任务之一。行政复议体制改革以来，一些地方在推进行政复议人员专业化、职业化方面进行了有效探索。比如，杭州市 2022 年 7 月印发《杭州市行政复议员任命管理办法（试行）》，对行政复议员的资格条件、提名和任命、权利和义务、履职要求等作了规定，并要求行政复议机构应当建立以专业能力水平为依据的行政复议员分级管理制度，加强执业规范管理；要求各区、县（市）政府应当加强行政复议员能力建设，探索完善行政复议员激励保障机制，健全行政复议办案辅助机制，为行政复议员依法履职提供必要的工作保障。这些地方的探索增强了行政复议的职业认同感和荣誉感，强化了行政复议岗位吸引力和队伍稳定性，对加强行政复议人员管理，提升行政复议队伍专业能力和行政复议办案成效发挥了积极作用，为国家建立健全行政复议人员专业化、职业化制度积累了有益经验。下一步，要具体落实行政复议体制改革要求，在加强专业化、职业化建设方面加强顶层制度设计，逐步出台行政复议人员队伍建设的具体制度，体现行政复议办案"准司法"的特点和队伍建设的客观需要，将专业化、职业化的有关要求具体化，为打造一支较强专业性、稳定性的行政复议队伍提供有力制度保障。

二、行政复议人员法律职业资格和参加培训的要求

行政复议工作专业性强，从事这项工作的人员需要具备较高的素质，特别是法律专业素养，保证行政复议工作的专业性、连贯性、统一性和权威性。党的十八届四中全会提出，完善法律职业资格准入制度，健全国家统一法律职业资格管理制度。为贯彻落实这一要求，十二届全国人大常委会第二

十九次会议于 2017 年 9 月 1 日通过关于修改《中华人民共和国法官法》等八部法律（含行政复议法）的决定，在原行政复议法第 3 条中增加 1 款，作为第 2 款："行政机关中初次从事行政复议的人员，应当通过国家统一法律职业资格考试取得法律职业资格。"本条规定中的"初次从事行政复议工作的人员"，是指自 2018 年 1 月 1 日修改后的行政复议法实施以来，首次从事行政复议工作的人员，不包括 2018 年以前已经从事行政复议工作的人员，对之前的这些人员实行"老人老办法"，未取得法律职业资格的，可继续从事行政复议工作。

此次修改行政复议法，考虑到"从事行政复议工作的人员"范围较广，既包括具体负责行政复议案件受理、审理的行政复议机构的人员，也包括签发行政复议决定书的行政复议机关负责人等人员，还包括为行政复议案件办理提供辅助服务的人员等。为突出行政复议机构的专业性要求，符合行政复议工作实际的人员配备等要求，将原法"行政机关中初次从事行政复议的人员"修改为"行政复议机构中初次从事行政复议工作的人员"，确保法律规定符合工作实际，更具操作性。

为提高行政复议人员的办案素质，此次修法还增加了行政复议人员应当参加统一职前培训的要求。2022 年 2 月，中央组织部、最高人民法院、最高人民检察院、司法部印发《关于建立法律职业人员统一职前培训制度的指导意见》的通知，要求遵循法律职业人才特殊的职业素养、职业能力、职业操守要求，加大法律职业立场、伦理、技能的培训力度，因地制宜、有序推进初次从事行政复议等工作的人员职前培训工作。职前培训时间由行政复议机关和行政复议机构根据实践需要确定。培训期间，参加培训的人员按照国家规定享受正常工资待遇。通过统一的职前培训，可以有效提高行政复议人员的职业素养和专业水平，使其达到从事行政复议工作所需要的初任标准，尽快投入并更好开展行政复议工作。

三、关于行政复议人员工作规范

行政复议人员应当具备与履行行政复议职责相适应的品行、专业知识和业务能力。建立工作规范，加强培训、考核和管理，是提高队伍政治素质和业务能力、保障行政复议工作规范有效开展的重要措施。此次修改行政复议法，增加规定国务院行政复议机构应当会同有关部门制定行政复议人员工作规范，加强对行政复议人员的业务考核和管理。国务院行政复议机构应当按照法律规定要求，综合行政复议工作实际、办案程序要求和队伍管理特点等因素，及时制定行政复议人员工作规范。通过行政复议工作规范的制定和实施，加强对行政复议人员的业务考核和管理。需要说明的是，国家对公务员的考核和管理已有一套完整的法规政策体系，本条规定的考核和管理，主要侧重于行政复议业务考核和管理，聚焦行政复议工作特点和要求，提高考核管理的针对性和有效性。相关的考核标准和管理要求可在行政复议人员工作规范中予以明确。

第七条　行政复议机关应当确保行政复议机构的人员配备与所承担的工作任务相适应，提高行政复议人员专业素质，根据工作需要保障办案场所、装备等设施。县级以上各级人民政府应当将行政复议工作经费列入本级预算。

【释义】本条是关于行政复议工作保障的规定。

加强对行政复议工作的保障是此次行政复议体制改革的重点任务之一。此次修法新增本条关于行政复议人财物保障的规定，主要包括三个方面：一是行政复议机关应当确保行政复议机构的人员配备与所承担的工作任务相适应，提高行政复议人员专业素质；二是行政复议机关根据工作需要保障办案场所、装备等设施；三是县级以上各级人民政府应当将行政复议工作经费列入本级预算。

一、关于行政复议工作的人员保障

在行政复议体制改革过程中，县级以上地方人民政府按照"事编匹配、优化节约、按需调剂"的原则，合理调配编制资源，通过内部挖潜、部门划转和统筹调剂政法专项编制等方式，充实了行政复议工作力量。本次修法扩大行政复议范围，完善行政复议前置情形，优化行政复议受理审理程序，对行政复议工作的质量和效率提出了更高要求，也对行政复议办案力量和人员素质提出了更高的要求。地方各级人民政府和编制管理部门要综合考虑行政复议工作量和质效标准等情况，及时调整优化行政复议人员数量和结构，确保行政复议机构的人员配备与工作实际相适应；同时，通过招录、调动和培训等多种方式，加强行政复议人员整体的专业素质，确保人岗适应，提高行政复议办案质量和效率，切实发挥行政复议化解行政争议的主渠道作用。

二、关于行政复议办案场所、装备等设施保障

保障行政复议办案场所、装备等设施，是实现行政复议案件办理规范化的一个重要前提。行政复议体制改革后，行政复议范围和前置情形扩大，案件数量增多，行政复议机构除了承担受理审查、案件审查、调查取证、组织听证等工作外，还负责组织办理行政复议机关的行政应诉事项。因此，行政复议机关要根据行政复议工作的实际需要，保障办案车辆、听证场所、信息化设备等设施。行政复议体制改革以来，不少地方推进行政复议规范化建设，在政务大厅、群众来访中心等处设立行政复议申请事项的咨询和收取材料窗口，在行政复议机构设置接待室、阅卷室、调解室、听证室、审理室、档案室等办案专用区，有效保障了行政复议工作顺利开展。下一步，各级行政复议机构还需要按照法律规定，根据工作需要进一步加强保障力度。

三、关于行政复议工作经费保障

行政复议作为政府系统自我纠错的监督制度，受理行政复议申请、审理行政复议案件、作出行政复议决定，是法律赋予行政复议机关的职责。根据本法第87条的规定，行政复议机关受理行政复议申请，不得向申请人收取任何费用。据此，行政复议机关不得以经费不足为由，在受理行政复议申请时向申请人收取任何费用。为确保行政复议机关和行政复议机构依法高效履职，本条规定县级以上各级人民政府应当将行政复议工作经费列入本级预算。预算是国家管理社会经济事务、保障政府和社会正常运转的重要手段之一。通过预算保障行政复议工作经费，对于保障行政复议工作顺利开展，切实维护申请人的合法权益具有十分重要的意义。行政复议工作经费列入本级人民政府预算后，应当及时、足额予以拨付，并不得擅自改变用途。

第八条　行政复议机关应当加强信息化建设，运用现代信息技术，方便公民、法人或者其他组织申请、参加行政复议，提高工作质量和效率。

【释义】本条是关于行政复议机关应当加强信息化建设的规定。

在信息社会，加强行政复议工作的信息化建设，对于改进行政复议工作方式方法、促进行政复议工作经验的共享推广、减少和避免"同案不同判"，提高行政复议工作质量和效率具有重要意义。本条是此次修法新增内容，主要对行政复议机关加强信息化建设的职责作出规定，同时，明确加强信息化建设的目的是方便公民、法人或者其他组织申请、参加行政复议，提高工作质量和效率。本条规定可以从以下两个方面来理解：

首先，在法律中规定加强行政复议信息化建设，是贯彻落实行政复议体制改革有关要求的重要举措。"加强行政复议工作信息化建设"，是行政复议体制改革的一项重要内容，在有关改革方案中有明确要求。总结近年来各级行政复议机关信息化建设的经验成效，在本次修法中规定行政复议机关应当加强信息化建设，将改革措施上升为法律要求，为改革提供法治保障，有利于推动改革任务落地落实。

其次，行政复议机关加强信息化建设应当从几个方面入手：一是加强行政复议平台等信息化建设。比如，国务院行政复议机构加强全国行政复议工作平台建设，实时在线办理行政复议案件，归集全国数据、规范办案流程、方便服务群众。其他行政复议机构要积极运用，提升工作效率。二是应当运用现代信息技术。现代信息技术是借助以微电子学为基础的计算机技术和电信技术的结合而形成的手段，对声音的、图像的、文字的、数字的和各种传感信号的信息进行获取、加工处理、储存、传播和使用的能动技术，其核心是计算机技术和通信技术。运用现代信息技术推动行政复议工作，是为其插上科技的翅膀，有利于行政复议工作高质高效开展。三是行政复议信息化建设既是为了方便公民、法人或者其他组织申请，参加行政复议，也是为了提高工作质量和效率。比如可以建立网上申请和网上听证平台，真正实现"让数据多跑腿，让群众少跑路"。

第九条　对在行政复议工作中做出显著成绩的单位和个人，按照国家有

关规定给予表彰和奖励。

【释义】本条是关于表彰和奖励的规定。

行政复议人员队伍是一支具有良好素质的队伍。行政复议人员需要通过公务员招录和国家统一法律职业资格双重考试，入职门槛较高，培养周期较长，工作负担也相对较重。榜样的力量是无穷的。国家通过各种形式，对在行政复议工作中做出显著成绩的单位和个人给予表彰、奖励，是对这支队伍积极履职尽责的肯定和褒奖，具有积极的意义。一方面，表彰、奖励对提高行政复议人员的社会地位，调动他们的工作积极性，激励他们努力奋斗、积极奉献、建功立业具有重要作用。另一方面，表彰、奖励也是一种宣传，会吸引更多的人才投身行政复议事业、加入行政复议工作队伍，在全社会推动行政复议事业向更好方向发展。同时，参与行政复议工作的主体较多，涉及方方面面，对在行政复议工作中做出显著成绩的有关单位和人员进行表彰奖励，也有利于推进行政复议工作的顺利进行。

这里需要注意几点：一是给予表彰、奖励的对象是"在行政复议工作中做出显著成绩的单位和个人"，不是一般的做出成绩即可成为奖励对象。当然，考虑到行政复议涉及方方面面，奖励的对象不限于行政复议机构和行政复议人员，还有行政复议工作有关的单位和个人。二是给予表彰、奖励的主体，既包括各级人民政府，也包括司法等政府有关部门。三是给予表彰、奖励的方式，既包括物质奖励，如颁发奖金、颁发奖品等；也包括精神方面的表彰，如给予通报表扬、授予荣誉称号等。四是表彰、奖励要"按照国家有关规定"进行。党和国家出台了一系列关于功勋荣誉表彰和评比奖励的有关规定。这些都为如何表彰、奖励在行政复议工作中做出显著成绩的单位和个人提供了具体指导和依据。同时，国务院行政复议机构根据需要，也可以根据行政复议工作本身的特点，对表彰和奖励的条件、程序、方式等作出具体规定。

第十条 公民、法人或者其他组织对行政复议决定不服的，可以依照《中华人民共和国行政诉讼法》的规定向人民法院提起行政诉讼，但是法律规定行政复议决定为最终裁决的除外。

【释义】本条是关于对行政复议决定不服可以依法向人民法院提起行政诉讼的规定。

行政复议是行政系统内部的一项监督工作，同时也是一种行政行为，虽然其具有法律救济的性质，但仍然在行政系统内部运作，属于行政系统内部的一种自我纠错机制。从设计监督机制的角度，对行政复议行为应当设立外部监督机制，提供司法救济途径。对此，本条规定了对行政复议决定不服的救济途径。此次修订对本条内容未作实质性修改。

一、规定不服行政复议决定可以提起行政诉讼的意义

为了防止和纠正违法的或者不当的行政行为，切实保障公民、法人及其他组织的合法权益，监督和保障行政机关依法行使职权，有必要从制度上明确不服行政复议决定的外部监督机制，提供相应的司法救济途径。因此，本条规定，除法律规定行政复议决定为最终裁决的以外，公民、法人或者其他组织对行政复议决定不服的，可以依法向人民法院提起行政诉讼。

行政诉讼是指公民、法人及其他组织对行政机关作出的行政行为不服，或者认为行政机关侵害其合法权益的，可以通过向人民法院提起诉讼而获得法律救济的一种纠纷解决机制。行政诉讼具有以下特点：一是一方当事人是特定的，即被告一定是行使行政权力的行政机关或者法律、法规授权的组织，公民、法人以及其他组织不能成为被告，不行使行政权力的国家机关，如法院、检察院等也不能成为被告。二是行政诉讼争议的内容，主要是行政机关作出的行政行为是否合法。三是人民法院在审理行政诉讼案件中，主要审查行政机关的行政行为，不受理公民、法人或者其他组织对行政法规、规章或者行政机关制定、发布的具有普遍约束力的决定、命令提起的诉讼。人民法院在审理行政案件中，经审查认为行政行为所依据的国务院部门和地方人民政府及其部门制定的除规章以外的规范性文件不合法的，不作为认定行政行为合法的依据，并向制定机关提出处理建议。

二、行政复议与行政诉讼制度的衔接

行政复议与行政诉讼两项法律制度相衔接，是由以下两项法律原则所决

定的：一是司法最终解决原则，即除国务院裁决外行政复议并非终局裁决，行政相对人对行政复议决定不服的，仍然可以提起诉讼。最终对所争议的行政行为究竟如何裁决，由司法机关决定。二是行政复议并非必经阶段原则。对行政争议，除法律有特别规定比如行政复议前置或者行政决定本身就属于最终决定外，一般情况下行政相对人可以进行选择，既可以行政复议，也可以直接向人民法院起诉；还可以先行政复议，对行政复议决定不服时，再向人民法院起诉。

对与行政复议制度的衔接，行政诉讼法作了如下规定：一是对属于人民法院受案范围的行政案件，公民、法人或者其他组织可以先向行政机关申请复议，对复议决定不服的，再向人民法院提起诉讼，也可以直接向人民法院提起诉讼。二是法律、法规规定应当先向行政机关申请复议，对复议决定不服再向人民法院提起诉讼的，依照法律、法规的规定。三是公民、法人或者其他组织不服复议决定的，可以在收到复议决定书之日起15日内向人民法院提起诉讼。复议机关逾期不作决定的，申请人可以在复议期满之日起15日内向人民法院提起诉讼。法律另有规定的除外。上述规定表明了行政诉讼与行政复议的关系。

为了与行政诉讼制度做好衔接，行政复议法也作了衔接性的规定，包括：一是法律、行政法规规定应当先向行政复议机关申请行政复议、对行政复议决定不服再向人民法院提起行政诉讼的，行政复议机关决定不予受理、驳回申请或者受理后超过行政复议期限不作答复的，公民、法人或者其他组织可以自收到决定书之日起或者行政复议期限届满之日起15日内，依法向人民法院提起行政诉讼。二是公民、法人或者其他组织申请行政复议，行政复议机关已经依法受理的，在行政复议期间不得向人民法院提起行政诉讼。三是公民、法人或者其他组织向人民法院提起行政诉讼，人民法院已经依法受理的，不得申请行政复议。四是对省、自治区、直辖市人民政府依照本法第24条第2款的规定、国务院部门依照本法第25条第1项的规定作出的行政复议决定不服的，可以向人民法院提起行政诉讼；也可以向国务院申请裁决，国务院依照本法的规定作出最终裁决。

三、关于不得对法律规定为最终裁决的行政复议决定提起行政诉讼

按照本条规定，公民、法人或者其他组织对行政复议决定不服的，可以依法向人民法院提起行政诉讼，但是法律规定行政复议决定为最终裁决的除外。也就是说，公民、法人或者其他组织对法律规定为最终裁决的行政复议决定不服的，不可以向人民法院提起行政诉讼。

这里的"最终裁决"，即按照法律规定，行政机关拥有最终裁决权，其作出行政复议决定，当事人不得提起行政诉讼。最终裁决的行政复议决定有三个特征：一是这种行为体现着行政机关拥有最终裁决权，最终裁决的行政复议决定一经作出，即拥有终局的法律效力。当事人对该行政复议决定不服的，不能向人民法院提起行政诉讼，不能寻求司法救济。二是最终裁决的行政复议决定必须由法律规定，行政法规、地方性法规、规章和其他规范性文件均无权规定。

行政复议法对最终裁决作了以下规定：一是对省、自治区、直辖市人民政府依照本法第24条第2款的规定作出的行政复议决定不服的，可以向人民法院提起行政诉讼；也可以向国务院申请裁决，国务院依照本法的规定作出最终裁决。按照本法第24条第2款规定，省、自治区、直辖市人民政府同时管辖对本机关作出的行政行为不服的行政复议案件。对省、自治区、直辖市人民政府作出的此类行政复议决定不服的，如果向国务院申请裁决，国务院将作出最终裁决。二是对国务院部门依照本法第25条第1项的规定作出的行政复议决定不服的，可以向人民法院提起行政诉讼；也可以向国务院申请裁决，国务院依照本法的规定作出最终裁决。按照本法第25条第1项规定，国务院部门管辖对本部门作出的行政行为不服的行政复议案件。对国务院部门作出的此类行政复议决定不服的，如果向国务院申请裁决，国务院将作出最终裁决。在上述两种情形下，国务院一旦作出最终裁决，当事人即便不服该裁决，也不得提起行政诉讼。

目前还有其他一些法律对终局裁决的行政复议决定作出了规定。如出境入境管理法规定，外国人对依照本法规定对其实施的继续盘问、拘留审查、限制活动范围、遣送出境措施不服的，可以依法申请行政复议，该行政复议决定为最终决定；其他境外人员对依照本法规定对其实施的遣送出境措施不

服，申请行政复议的，适用上述规定。又如，出口管制法规定，有关组织或者个人对国家出口管制管理部门的不予许可决定不服的，可以依法申请行政复议。行政复议决定为最终裁决。

需要注意的是，虽然我国一些法律中规定了最终裁决的行政复议决定，但是从法律制度整体来说，作为最终裁决的行政复议决定还是特殊的和个别的情况。行政复议机关作出最终裁决的行政复议决定的事项范围应控制在必要的范围，这是由行政行为必须受到监督制约这一项法治原则所决定的。

第二章　行政复议申请

第一节　行政复议范围

第十一条　有下列情形之一的，公民、法人或者其他组织可以依照本法申请行政复议：

（一）对行政机关作出的行政处罚决定不服；

（二）对行政机关作出的行政强制措施、行政强制执行决定不服；

（三）申请行政许可，行政机关拒绝或者在法定期限内不予答复，或者对行政机关作出的有关行政许可的其他决定不服；

（四）对行政机关作出的确认自然资源的所有权或者使用权的决定不服；

（五）对行政机关作出的征收征用决定及其补偿决定不服；

（六）对行政机关作出的赔偿决定或者不予赔偿决定不服；

（七）对行政机关作出的不予受理工伤认定申请的决定或者工伤认定结论不服；

（八）认为行政机关侵犯其经营自主权或者农村土地承包经营权、农村土地经营权；

（九）认为行政机关滥用行政权力排除或者限制竞争；

（十）认为行政机关违法集资、摊派费用或者违法要求履行其他义务；

（十一）申请行政机关履行保护人身权利、财产权利、受教育权利等合法权益的法定职责，行政机关拒绝履行、未依法履行或者不予答复；

（十二）申请行政机关依法给付抚恤金、社会保险待遇或者最低生活保障等社会保障，行政机关没有依法给付；

（十三）认为行政机关不依法订立、不依法履行、未按照约定履行或者违法变更、解除政府特许经营协议、土地房屋征收补偿协议等行政协议；

（十四）认为行政机关在政府信息公开工作中侵犯其合法权益；

（十五）认为行政机关的其他行政行为侵犯其合法权益。

【释义】本条是关于行政复议范围的规定。

公民、法人或者其他组织认为行政机关的行政行为侵犯其合法权益，可以依照本法申请行政复议。本条列举了可以申请行政复议的范围，为当事人申请行政复议提供明确指引。这一范围比原行政复议法规定的范围有所扩充。

一、对行政机关作出的行政处罚决定不服

行政处罚是行政机关依法对违反行政管理秩序的公民、法人或者其他组织，以减损权益或者增加义务的方式予以惩戒的行为。行政处罚法对行政处罚的种类作了规定，明确列举了警告、通报批评等五类行政处罚措施，以及法律、行政法规规定的其他行政处罚。同时，行政处罚法对实施行政处罚的管辖、适用、程序、执行等作出规范。行政相对人认为行政机关违反行政处罚法相关规定作出行政处罚决定，或者认为行政处罚决定违反其他法律法规规定的，以及认为行政处罚存在裁量过重等情形的，行政相对人均可以申请行政复议。

二、对行政机关作出的行政强制措施、行政强制执行决定不服

根据行政强制法的规定，行政强制包括行政强制措施和行政强制执行。行政强制措施是指行政机关在行政管理过程中，为制止违法行为、防止证据损毁、避免危害发生、控制危险扩大等情形，依法对公民的人身自由实施暂时性限制，或者对公民、法人或者其他组织的财物实施暂时性控制的行为。行政强制法对行政强制措施的实施程序作了规定，并对行政强制措施中的查封、扣押程序和冻结程序作出专门规定。比如，行政强制法第 29 条规定，冻结存款、汇款应当由法律规定的行政机关实施，其他任何行政机关或者组织不得冻结存款、汇款。据此，对于法律规定的行政机关以外的行政机关实施冻结存款行为的，当事人可以通过申请行政复议保护自身合法权益。行政

强制执行，是指行政机关或者行政机关申请人民法院，对不履行行政决定的公民、法人或者其他组织，依法强制履行义务的行为。具有强制执行权的行政机关可以依照行政强制法的规定实施强制执行，行政机关作出强制执行决定应当符合行政强制法规定的催告、听取意见、复核等严格的程序。当事人对行政强制执行决定及其程序不服的，可以申请行政复议。

三、申请行政许可，行政机关拒绝或者在法定期限内不予答复，或者对行政机关作出的有关行政许可的其他决定不服

行政许可，是指行政机关根据公民、法人或者其他组织的申请，经依法审查，准予其从事特定活动的行为。行政许可法第7条中规定，公民、法人或者其他组织对行政机关实施行政许可，享有陈述、申辩权；有权依法申请行政复议或者提起行政诉讼。根据行政许可法的规定，公民、法人或者其他组织从事特定活动，依法需要取得行政许可的，向行政机关提出申请，申请人应当向行政机关提交有关材料和反映真实情况，行政机关依法作出不受理、允许当事人当场更正、限期补正、受理等处理。行政机关受理申请后，对提交的申请材料进行审查，能够当场作出决定的，应当当场作出书面的行政许可决定，其他情形下在法定期限内按照规定程序作出行政许可决定，作出不予行政许可的书面决定应当说明理由。同时，行政许可法还对行政许可的实施机关、期限、听证、变更和延续等程序作了规定。行政机关拒绝给予行政许可、在法定期限内不予答复，或者作出准予、变更、延续、撤销、撤回、注销行政许可等决定的，行政相对人不服的，可以申请行政复议。本项所称法定期限，是指行政许可法第42条至第44条明确规定的期限，以及依据行政许可法的授权由有关法律、法规规定的期限。

四、对行政机关作出的确认自然资源的所有权或者使用权的决定不服

根据土地管理法、森林法、水法、草原法、渔业法、海域使用管理法等法律规定，相关自然资源的所有权或者使用权应当经行政机关登记确认。例如，土地管理法第12条第1款规定，土地的所有权和使用权的登记，依照有关不动产登记的法律、行政法规执行。森林法第15条第1款中规定，林地和林地上的森林、林木的所有权、使用权，由不动产登记机构统一登记造册，核发证书。矿产资源法第3条第3款中规定，勘查、开采矿产资源，必须依法分别申请、经批准取得探矿权、采矿权，并办理登记。公民、法人或者其他组织认为行政机关确认自然资源的所有权或者使用权的决定不服的，可以申请行政复议。需要注意的是，原行政复议法第30条第2款规定，根据国务院或者省、自治区、直辖市人民政府对行政区划的勘定、调整或者征收土地的决定，省、自治区、直辖市人民政府确认土地、矿藏、水流、森林、山岭、草原、荒地、滩涂、海域等自然资源的所有权或者使用权的行政复议决定为最终裁决。本次修订删去了该规定，此类行政复议决定已不属于最终裁决。

五、对行政机关作出的征收征用决定及其补偿决定不服

土地管理法第2条第4款规定，国家为了公共利益的需要，可以依法对土地实行征收或者征用并给予补偿；第45条规定，为了公共利益的需要，有军事和外交需要用地，以及由政府组织实施的能源、交通、水利、通信、邮政等基础设施建设需要用地等情形，确需征收农民集体所有的土地的，可以依法实施征收。根据土地管理法的规定，征收土地依法由国务院或者省、自治区、直辖市人民政府批准；征收土地应当给予公平、合理的补偿；国家征收土地的，依照法定程序批准后，由县级以上地方人民政府予以公告并组织实施，经过拟征收土地现状调查和社会稳定风险评估、签订补偿安置协议等前期工作后，县级以上地方人民政府方可申请征收土地。民法典第245条规定，因抢险救灾、疫情防控等紧急需要，依照法律规定的权限和程序可以征用组织、个人的不动产或者动产；被征用的不动产或者动产使用后，应当返还被征用人；组织、个人的不动产或者动产被征用或者征用后毁损、灭失的，应当给予补偿。根据法律规定，无论征收还是征用，都应当依法给予权利人相应补偿。公民、法人或者其他组织对征收征用以及征收征用的补偿决定不服的，可以申请行政复议。

六、对行政机关作出的赔偿决定或者不予赔偿决定不服

本项规定是本次修订新增的内容。国家赔偿法第二章规定了行政赔偿的赔偿范围、赔偿请求人、赔偿义务机关和赔偿程序。行政机关及其工作人员行使行政职权时侵犯人身权或者财产权的，受害人有取得赔偿的权利。根据国家赔偿法的规定，赔偿义务机关应当自收到申请之日起 2 个月内，作出是否赔偿的决定。赔偿义务机关决定赔偿的，应当制作赔偿决定书，并自作出决定之日起 10 日内送达赔偿请求人；赔偿义务机关决定不予赔偿的，应当自作出决定之日起 10 日内书面通知赔偿请求人，并说明不予赔偿的理由。国家赔偿法规定，对不服不予赔偿决定或者在规定期限内未作出赔偿决定的，以及对赔偿的方式、项目、数额有异议的，赔偿请求人可以提起诉讼。为妥善保护赔偿请求人的合法权益，本法同时明确，对上述行为不服的，当事人可以申请行政复议。

七、对行政机关作出的不予受理工伤认定申请的决定或者工伤认定结论不服

本项规定是本次修订新增的内容。《工伤保险条例》对工伤认定申请和工伤认定结论作了规定。其第 17 条第 1 款、第 2 款规定，职工发生事故伤害或者按照职业病防治法规定被诊断、鉴定为职业病，所在单位应当向统筹地区社会保险行政部门提出工伤认定申请，用人单位未按前款提出工伤认定申请的，工伤职工或者其近亲属、工会组织在事故伤害发生之日或者被诊断、鉴定为职业病之日起 1 年内，可以直接向用人单位所在地统筹地区社会保险行政部门提出工伤认定申请。第 20 条第 1 款、第 2 款中规定，社会保险行政部门应当自受理工伤认定申请之日起 60 日内作出工伤认定的决定；社会保险行政部门对受理的事实清楚、权利义务明确的工伤认定申请，应当在 15 日内作出工伤认定的决定。根据第 55 条第 1 项、第 2 项规定，申请工伤认定的职工或者其近亲属、该职工所在单位对工伤认定申请不予受理的决定、工伤认定结论不服的，有关单位或者个人可以依法申请行政复议，也可以依法向人民法院提起行政诉讼。第 31 条规定，社会保险行政部门作出认定为工伤的决定后发生行政复议、行政诉讼的，行政复议和行政诉讼期间不停止支

付工伤职工治疗工伤的医疗费用。根据上述规定，当事人对行政机关作出的不予受理工伤认定申请的决定或者工伤认定结论不服的，可以申请行政复议。

八、认为行政机关侵犯其经营自主权或者农村土地承包经营权、农村土地经营权

经营自主权是企业、个体经营者等依法享有的调配使用自己的人财物，自主组织生产经营活动的权利。除法律、法规对投资领域、商品价格、出口管制等事项有明确限制外，行政机关不得干预其生产经营；如果干预，企业和个体经营者可以申请行政复议或者向法院提起行政诉讼。对此，有关法律法规也有规定，如种子法第40条第7款规定，任何单位和个人不得非法干预种子生产经营者的生产经营自主权。

农村土地承包法对农村土地承包经营权、农村土地经营权作了规定。其第9条规定，承包方承包土地后，享有土地承包经营权，可以自己经营，也可以保留土地承包权，流转其承包地的土地经营权，由他人经营。第17条规定，承包方享有下列权利：依法享有承包地使用、收益的权利，有权自主组织生产经营和处置产品；依法互换、转让土地承包经营权；依法流转土地经营权；承包地被依法征收、征用、占用的，有权依法获得相应的补偿；法律、行政法规规定的其他权利。第36条规定，承包方可以自主决定依法采取出租（转包）、入股或者其他方式向他人流转土地经营权，并向发包方备案。第37条规定，土地经营权人有权在合同约定的期限内占有农村土地，自主开展农业生产经营并取得收益。对于上述农村土地承包经营权和农村土地经营权，如果权利人认为乡镇政府或者县级以上地方人民政府有关部门违反有关规定，干涉农村土地承包经营，变更、解除承包经营合同，干涉承包经营当事人依法享有的生产经营自主权，强迫、阻碍承包经营当事人进行土地承包经营权互换、转让或者土地经营权流转等侵害土地承包经营权、土地经营权的，可以依法申请行政复议。

九、认为行政机关滥用行政权力排除或者限制竞争

反垄断法第10条规定，行政机关和法律、法规授权的具有管理公共事

务职能的组织不得滥用行政权力，排除、限制竞争。第39条至第45条规定了滥用行政权力排除或者限制竞争的情形，包括：一是限定或者变相限定单位或者个人经营、购买、使用其指定的经营者提供的商品；二是通过与经营者签订合作协议、备忘录等方式，妨碍其他经营者进入相关市场或者对其他经营者实行不平等待遇，排除、限制竞争；三是实施对外地商品设定歧视性收费项目、实行歧视性收费标准，或者规定歧视性价格等行为，妨碍商品在地区之间的自由流通；四是以设定歧视性资质要求、评审标准或者不依法发布信息等方式，排斥或者限制经营者参加招标投标以及其他经营活动；五是采取与本地经营者不平等待遇等方式，排斥、限制、强制或者变相强制外地经营者在本地投资或者设立分支机构；六是强制或者变相强制经营者从事本法规定的垄断行为；七是制定含有排除、限制竞争内容的规定。经营者认为行政机关违反上述规定，侵犯其合法权益的，可以向行政复议机关申请行政复议。

十、认为行政机关违法集资、摊派费用或者违法要求履行其他义务

本项规定是原行政复议法规定的内容。近年来，随着依法行政深入推进，行政机关向个人、企业乱集资、乱摊派、乱收费等现象得到了有效遏制。但是，此类行为并未完全杜绝。行政机关向公民、法人或者其他组织收取费用或者要求履行义务的，必须有法律、法规的依据。我国民法典、税收征收管理法、突发事件应对法等对行政机关依法向行政相对人集资、摊派费用、要求履行义务等行为作了规定，行政机关可以在法定权限内作出有关行为。对于没有法定依据的，行政相对人可以通过行政复议等法定渠道寻求救济。

十一、申请行政机关履行保护人身权利、财产权利、受教育权利等合法权益的法定职责，行政机关拒绝履行、未依法履行或者不予答复

人身权利是与公民人身相关的权利，包括民法典规定的生命权、肖像权、名誉权、隐私权等人格权，结婚、收养、继承等身份权，以及其他法律法规规定的公民人身权利。财产权利主要是指民法典规定的物权、债权以及其他法律法规规定的知识产权、数据权利等表现为经济利益的权利。受教育权利是教育法、义务教育法等法律法规规定的公民享有的接受教育的权利。这些都是宪法赋予公民的基本权利，行政机关负有保护这些合法权益的职责。公民、法人或者其他组织申请行政机关保护其合法权益时，行政机关不得拒绝；如果行政机关拒绝履行、未依法履行或者不予答复的，公民、法人或者其他组织可以申请行政复议。

十二、申请行政机关依法给付抚恤金、社会保险待遇或者最低生活保障等社会保障，行政机关没有依法给付

抚恤金，是公民因公、因病致残或者死亡后，由有关部门发给其本人或者亲属的生活费用。主要包括因公死亡人员的遗属的死亡抚恤金和因公致伤、致残者本人的伤残抚恤金。公民认为符合条件应当发放抚恤金，行政机关没有发放或者对发放的金额有争议的，可以申请行政复议。

社会保险法规定，国家建立基本养老保险、基本医疗保险、工伤保险、失业保险、生育保险等社会保险制度，保障公民在年老、疾病、工伤、失业、生育等情况下依法从国家和社会获得物质帮助的权利。该法规定，县级以上地方人民政府社会保险行政部门负责本行政区域的社会保险管理工作，县级以上地方人民政府其他有关部门在各自的职责范围内负责有关的社会保险工作；社会保险经办机构应当建立健全业务、财务、安全和风险管理制度，社会保险经办机构应当按时足额支付社会保险待遇。根据该法规定，用人单位或者个人认为社会保险费征收机构的行为侵害自己合法权益的，可以依法申请行政复议或者提起行政诉讼。用人单位或者个人对社会保险经办机构不依法办理社会保险登记、核定社会保险费、支付社会保险待遇、办理社会保险转移接续手续或者侵害其他社会保险权益的行为，可以依法申请行政复议或者提起行政诉讼。

国家对共同生活的家庭成员人均收入低于当地最低生活保障标准，且符合当地最低生活保障家庭财产状况规定的家庭，给予最低生活保障。对批准获得最低生活保障的家庭，县级人民政府民政部门按照共同生活的家庭成员人均收入低于当地最低生活保障标准的差额，按月发给最低生活保障金。行政机关违反相关义务没有支付最低生活保障金的，权利人可以申请行政复议。

十三、认为行政机关不依法订立、不依法履行、未按照约定履行或者违法变更、解除政府特许经营协议、土地房屋征收补偿协议等行政协议

政府特许经营协议是政府通过招标等公平竞争方式许可特许经营者经营某项公共产品或者提供某项公共服务。行政许可法第 12 条第 2 项规定，有限自然资源开发利用、公共资源配置以及直接关系公共利益的特定行业的市场准入等，需要赋予特定权利的事项，可以设定行政许可。这里所称的赋予特定权利的事项，经常采用签订行政协议的方式，也就是政府特许经营协议。《市政公用事业特许经营管理办法》等部门规章规定了政府特许经营的程序，其中规定城市供水、供气、供热、公共交通、污水处理、垃圾处理等行业，依法实施特许经营的，一般采取签订政府特许经营协议的形式。

土地征收补偿协议是政府依法对征收农村集体土地给予补偿时签订的协议。根据土地管理法的规定，国家征收土地的，依照法定程序批准后，由县级以上地方人民政府予以公告并组织实施，经过签订补偿安置协议等前期工作后，县级以上地方人民政府方可申请征收土地。房屋征收补偿是政府征收国有土地上的房屋给予补偿时签订的协议。根据《国有土地上房屋征收与补偿条例》规定：为了公共利益的需要，征收国有土地上单位、个人的房屋，应当对被征收房屋所有权人给予公平补偿；房屋征收部门与被征收人依照本条例的规定，就补偿方式、补偿金额和支付期限、用于产权调换房屋的地点和面积、搬迁费、临时安置费或者周转用房、停产停业损失、搬迁期限、过渡方式和过渡期限等事项，订立补偿协议。

行政协议有关的行为和行政争议是否属于行政复议范围和行政诉讼受案范围，曾经存在争议。有的认为，行政协议属于合同的一种类型，有关争议应当适用民事诉讼程序；有的认为行政协议与民事合同有本质上的不同，应当进入行政救济渠道。2014 年修正行政诉讼法时，认为此类争议中往往伴随着行政权力引起的争议，将其纳入行政诉讼受案范围，有利于争议的一并解决，于是将"政府特许经营协议、土地房屋征收补偿协议等协议"纳入行政诉讼受案范围。从司法实践看，有关行政协议的行政诉讼案件数量逐渐增加，其重要性和影响力逐渐凸显，对于解决有关争议、监督行政机关行使职权具有一定意义。行政协议有关争议出现在签订、履行、变更、解除等各个环节，在这些环节，行政机关均可能违法行使行政权力。为了加强对行政机关依法行政的监督，将政府特许经营协议、土地房屋征收补偿协议等行政协议在签订、履行、变更、解除等环节的行政争议纳入行政复议范围，是有必要的。

十四、认为行政机关在政府信息公开工作中侵犯其合法权益

本项规定是本次修订新增的内容。《中华人民共和国政府信息公开条例》规定，行政机关公开政府信息，采取主动公开和依申请公开的方式。一方面，对涉及公众利益调整、需要公众广泛知晓或者需要公众参与决策的政府信息，行政机关应当主动公开。另一方面，除行政机关主动公开的政府信息外，公民、法人或者其他组织可以向地方各级人民政府、对外以自己名义履行行政管理职能的县级以上人民政府部门申请获取相关政府信息。

《中华人民共和国政府信息公开条例》对依申请公开的程序作了较为详细的规定。行政机关收到政府信息公开申请，能够当场答复的，应当当场予以答复；行政机关不能当场答复的，应当自收到申请之日起 20 个工作日内予以答复；需要延长答复期限的，应当经政府信息公开工作机构负责人同意并告知申请人，延长的期限最长不得超过 20 个工作日。对于政府信息公开申请，行政机关根据不同情况分别作出答复：告知获取信息途径、提供政府信息、决定不予公开、告知该政府信息不存在、告知不属于本行政机关负责公开、告知申请人不予重复处理等。该条例同时规定，公民、法人或者其他组织认为行政机关在政府信息公开工作中侵犯其合法权益的，可以向上一级行政机关或者政府信息公开工作主管部门投诉、举报，也可以依法申请行政复议或者提起行政诉讼。

十五、认为行政机关的其他行政行为侵犯其合法权益

属于行政复议范围的主要标准：一是属于行政行为，二是侵犯申请人合法权益。本条前 14 项列举了常见的可能侵犯公民、法人或者其他组织合法

权益、引发行政争议的具体情形，主要是为公民、法人或者其他组织申请行政复议提供明确指引，但尚未囊括全部情形。比如，按照《工伤保险条例》第55条的规定，除了行政复议法在本条第7项规定的情形外，用人单位对经办机构确定的单位缴费费率不服，签订服务协议的医疗机构、辅助器具配置机构认为经办机构未履行有关协议或者规定，以及工伤职工或者其近亲属对经办机构核定的工伤保险待遇有异议的，也可以申请行政复议。此外，随着经济社会发展，还有一些新出现的或者已经出现但并不常见的情形，虽然符合上述标准，也没有在本条中明确列举，但并不意味着这些情形就不能申请行政复议。因此，为更好保护公民、法人或者其他组织的合法权益，本项作了兜底性规定。

第十二条 下列事项不属于行政复议范围：

（一）国防、外交等国家行为；

（二）行政法规、规章或者行政机关制定、发布的具有普遍约束力的决定、命令等规范性文件；

（三）行政机关对行政机关工作人员的奖惩、任免等决定；

（四）行政机关对民事纠纷作出的调解。

【释义】本条是关于不属于行政复议范围事项的规定。

行政复议的范围，受国家机关之间的职权分工影响，取决于行政复议机关在国家机关中的角色和功能定位，并非行政机关的所有行为都纳入行政复议范围。本条规定了不属于行政复议范围的事项，与原法相比增加了国防、外交等国家行为，以及行政法规、规章或者行政机关制定、发布的具有普遍约束力的决定、命令等规范性文件。

一、国防、外交等国家行为

国防、外交等国家行为，具有高度的政治性，不同于一般的行政行为，不适宜由行政复议机关进行监督。行政诉讼受理范围也明确排除了此类行为。关于国家行为的含义，可以参考最高人民法院2018年颁布的《最高人民法院关于适用〈中华人民共和国行政诉讼法〉的解释》的规定，国家行为，是指国务院、中央军事委员会、国防部、外交部等根据宪法和法律的授权，以国家的名义实施的有关国防和外交事务的行为，以及经宪法和法律授权的国家机关宣布紧急状态等行为。国防行为主要是指国家为了防备和抵抗侵略，制止武装颠覆，保卫国家的主权、领土完整和安全所进行的军事活动，如宣传、发布动员令、戒严令、军事演习、设立军事禁区等。外交行为是指国家之间或者国家与国际组织之间的交往行为，如对外国国家和政府的承认、建交、断交，缔结条约、公约和协定等。上述行为，在我国主要由全国人大及其常委会决定，由国务院执行。行政复议机关无权对此类行为的合法性、合理性作出判断。

二、行政法规、规章或者行政机关制定、发布的具有普遍约束力的决定、命令等规范性文件

制定行政法规、规章是立法行为。根据宪法、立法法的规定，行政法规、规章由全国人大及其常委会和地方人大及其常委会，或者国务院以及省级人民政府进行监督，其监督方式主要是备案审查，不宜纳入行政复议范围。

我国法律中对规范性文件作了规定。地方各级人民代表大会和地方各级人民政府组织法第75条规定，县级以上的地方各级人民政府制定涉及个人、组织权利义务的规范性文件，应当依照法定权限和程序，进行评估论证、公开征求意见、合法性审查、集体讨论决定，并予以公布和备案。立法法第116条规定，对法律、行政法规、地方性法规、自治条例和单行条例、规章和其他规范性文件，制定机关根据维护法制统一的原则和改革发展的需要进行清理。根据上述法律规定，行政机关制定的规范性文件的范围比较宽泛，本项所称的规范性文件是指狭义的行政规范性文件。行政法规、规章之外的由行政机关制定的规范性文件属于狭义的行政规范性文件，是指行政机关制定的涉及个人、组织权利义务的具有普遍约束力的文件，其主要表现形式包括具有普遍约束力的决定、命令等。

现实中，行政规范性文件在行政管理中大量存在，发挥了重要作用，但也存在一些违法问题，侵犯了公民、法人或者其他组织的合法权益。对于行政规范性文件的合法性审查已有相关规定。如宪法规定，国务院有权改变或

者撤销各部、各委员会发布的不适当的命令、指示、规章，改变或者撤销地方各级国家行政机关的不适当的决定和命令；地方各级人民代表大会和地方各级人民政府组织法规定，县级以上的地方各级人民代表大会有权撤销本级人民政府的不适当的决定和命令，县级以上的地方各级人民政府有权改变或者撤销所属各工作部门的不适当的命令、指示和下级人民政府的不适当的决定、命令。《国务院办公厅关于全面推行行政规范性文件合法性审核机制的指导意见》（国办发〔2018〕115号）规定，凡涉及公民、法人和其他组织权利义务的规范性文件，均要纳入合法性审核范围，确保实现全覆盖，做到应审必审；各地区、各部门要根据实际情况确定规范性文件合法性审核程序。根据上述规定，县级以上地方各级人民代表大会、县级以上各级人民政府对规范性文件具有合法性审查权限。

由于行政规范性文件具有普遍约束力，其影响范围不确定，涉及权利义务主体不特定，对规范性文件的合法性审查，一般难以通过行政诉讼、行政复议等需要特定主体提起的救济渠道进行解决。目前，对行政规范性文件进行审查的主要方式是事前合法性审查和事后备案审查。通过直接提起行政复议的方式进行审查，允许不特定多数人都可以提起行政复议，行政复议机关难以判断其利害关系，行政规范性文件的审查处理效果将同时受到影响。因此，行政复议法将规范性文件排除在行政复议范围之外，仅受理在对行政行为申请行政复议时，一并向行政复议机关提出的规范性文件的附带审查申请。

三、行政机关对行政机关工作人员的奖惩、任免等决定

行政机关对行政机关工作人员的奖惩、任免，属于行政机关内部的管理行为，不同于针对行政相对人的外部行政行为，而行政复议制度主要是为了保护行政相对人及有关利害关系人的合法权益，因此这类内部行为不能通过行政复议进行救济。公务员法规定，公务员对涉及本人的处分、辞退或者取消录用、降职、免职等人事处理不服的，可以向原处理机关申请复核；对复核结果不服的，可以按照规定向同级公务员主管部门或者作出该人事处理的机关的上一级机关提出申诉；也可以不经复核直接提出申诉。公务员认为机关及其领导人员侵犯其合法权益的，还可以依法向上级机关或者监察机关提

出控告。可以说，对于公务员的奖惩、任免有相应的救济渠道，无须纳入行政复议范围。

四、行政机关对民事纠纷作出的调解

行政机关对民事纠纷的调解，是指行政机关主持的，以法律法规为依据，以自愿为原则，促使民事纠纷双方互谅互让，达成一致意见的一种活动，可以称作"行政调解"。行政调解是社会矛盾纠纷多元化解机制的重要一环，一些法律法规中对行政调解作了规定。如种子法第72条第2款中规定，县级以上人民政府农业农村、林业草原主管部门，根据当事人自愿的原则，对侵犯植物新品种权所造成的损害赔偿可以进行调解。农村土地承包法第55条第1款规定，因土地承包经营发生纠纷的，双方当事人可以通过协商解决，也可以请求村民委员会、乡（镇）人民政府等调解解决。土壤污染防治法第96条第3款规定，土壤污染引起的民事纠纷，当事人可以向地方人民政府生态环境等主管部门申请调解处理，也可以向人民法院提起诉讼。

经过行政调解，双方达成一致的，一般会形成调解协议或制作调解书。调解的法律后果是双方协商达成的，行政机关在调解中的角色是居中的，其行为不直接影响当事人双方的权利义务。行政调解不属于行政行为，不宜纳入行政复议范围。对于行政调解结果不满意的，仍可以通过民事诉讼、仲裁等其他手段解决争议的事项。比如种子法规定，调解达成协议的，当事人应当履行；当事人不履行协议或者调解未达成协议的，植物新品种权所有人或者利害关系人可以依法向人民法院提起诉讼。

第十三条　公民、法人或者其他组织认为行政机关的行政行为所依据的下列规范性文件不合法，在对行政行为申请行政复议时，可以一并向行政复议机关提出对该规范性文件的附带审查申请：

（一）国务院部门的规范性文件；

（二）县级以上地方各级人民政府及其工作部门的规范性文件；

（三）乡、镇人民政府的规范性文件；

（四）法律、法规、规章授权的组织的规范性文件。

前款所列规范性文件不含规章。规章的审查依照法律、行政法规办理。

【释义】 本条是关于规范性文件附带审查的规定。

根据宪法和有关法律，行政机关有权制定规范性文件。制定规范性文件，是行政机关履行行政管理职责的重要方式，有利于规范依法行政、提高行政效率。规范性文件具有调整对象不特定、涉及面广、影响当事人权利义务等特点，如果出现损害公民、法人或者其他组织合法权益的问题，其影响往往会超过对特定行政相对人作出的行政行为。本条针对规范性文件的这些特点，规定了公民、法人或者其他组织在对行政行为申请行政复议时，可以提出对规范性文件的附带审查申请。

一、规范性文件附带审查的作用

根据我国宪法和有关法律的规定，行政机关制定规范性文件的具体权限包括：国务院根据宪法和法律，有权发布决定和命令；国务院各部、委员会根据法律和国务院的行政法规、决定、命令，在本部门的权限内，发布命令、指示和规章；县级以上地方各级人民政府可以规定行政措施，发布决议和命令；省、自治区、直辖市和设区的市、自治州的人民政府，可以根据法律、行政法规和本省、自治区、直辖市的地方性法规，制定规章；乡、民族乡、镇的人民政府执行本级人民代表大会的决议和上级国家行政机关的决定和命令，发布决定和命令。

规范性文件的合法性和质量，直接影响法制统一和尊严，关乎依法行政的水平。目前，规范性文件的事前合法性审查和事后备案审查均取得积极成效，但仍需要附带审查作为补充。不少行政争议与行政行为所依据的规范性文件有直接关联，规范性文件在具体适用时容易暴露出问题。在行政复议和行政诉讼中，对规范性文件进行附带审查，可以作为备案审查制度的有效补充和衔接，能够及时发现合法性问题，有利于规范性文件进入备案审查视野，同时对于有权处理的规范性文件，行政复议机关还可以及时纠正有关问题。

二、规范性文件附带审查的范围

纳入行政复议附带审查的只是规章以下的规范性文件。主要考虑有：一是，根据有关法律的规定，对国务院制定的行政法规、决定和命令，只能由全国人大常委会行使撤销权。二是，规章由国务院部门或者设区的市级以上地方人民政府制定，有较为严格的制定程序和备案审查要求，立法法、《法规规章备案条例》等对规章的审查均有规定；据此，本条第2款规定，规章的审查依照法律、行政法规办理。三是，规章是行政复议的依据之一，本法第37条第1款规定，行政复议机关依照法律、法规、规章审理行政复议案件。

基于上述考虑，本条明确了规范性文件附带审查的具体范围：一是国务院部门的规范性文件；二是县级以上地方各级人民政府及其工作部门的规范性文件；三是乡、镇人民政府的规范性文件；四是法律、法规、规章授权的组织的规范性文件。需要说明的是，根据地方各级人民代表大会和地方各级人民政府组织法的规定，乡、民族乡、镇设立人民政府；市辖区、不设区的市的人民政府，经上一级人民政府批准，可以设立若干街道办事处，作为它的派出机关。乡、民族乡、镇的人民政府有权发布决定和命令。街道办事处在本辖区内办理派出它的人民政府交办的公共服务、公共管理、公共安全等工作，依法履行综合管理、统筹协调、应急处置和行政执法等职责。地方各级人民代表大会和地方各级人民政府组织法没有概括授予街道办事处制定、发布规范性文件的权限，街道办事处制定规范性文件，需要有法律、法规、规章的依据。因此，本条未明确列举街道办事处的规范性文件。当然，如果行政行为是依据街道办事处的规范性文件作出的，公民、法人或者其他组织认为规范性文件不合法的，同样可以提出附带审查申请。

三、附带审查申请的提出

行政机关制定的规范性文件是针对不特定的多数人作出的，如果不被具体适用于作出行政行为，则不会出现侵犯公民、法人或者其他组织合法权益的情况。如果允许公民、法人或者其他组织对与其相关的规范性文件均可以提出行政复议申请，那么行政机关将陷入不断的纠纷之中。公民、法人或者其他组织在没有受到实际侵害的情况下，认为规范性文件不合法的，可以通过其他途径提出备案审查申请或者其他监督请求。本法规定的能够提出附带审查申请的公民、法人或者其他组织需要具备下列条件：一是认为行政机关的行政行为侵犯其合法权益并提出行政复议申请；二是认为行政机关的行政行为所依据的规范性文件不合法；三是附带审查申请应当一并提出。本法第56条至第60条对附带审查的程序和期限等作了规定，行政复议机关应当遵照执行。

第二节　行政复议参加人

第十四条　依照本法申请行政复议的公民、法人或者其他组织是申请人。

有权申请行政复议的公民死亡的，其近亲属可以申请行政复议。有权申请行政复议的法人或者其他组织终止的，其权利义务承受人可以申请行政复议。

有权申请行政复议的公民为无民事行为能力人或者限制民事行为能力人的，其法定代理人可以代为申请行政复议。

【释义】本条是关于行政复议申请人的规定。

本条主要是对申请人以及特殊情况的申请人和代为申请作出规定，此次修订除了将"承受其权利的法人或者其他组织"修改为"其权利义务承受人"外，对原法未作修改。

一、关于行政复议申请人

行政复议申请人是指认为行政机关的行政行为侵犯其合法权益，依法向行政复议机关提出行政复议申请的公民、法人或者其他组织。本条明确规定行政复议申请人的范围是公民、法人或者其他组织。其中，公民是指具有中华人民共和国国籍的人。法人是指具有民事权利能力和民事行为能力，依法独立享有民事权利和承担民事义务的组织，即依法成立，有自己的名称、组织机构、住所、财产或者经费，独立承担民事责任的组织。法人分为营利法人、非营利法人以及特别法人。营利法人包括有限责任公司、股份有限公司和其他企业法人等。非营利法人包括事业单位、社会团体、基金会、社会服务机构等。特别法人包括机关法人、农村集体经济组织法人、城镇农村的合作经济组织法人、基层群众性自治组织法人。其他组织是指法人之外的其他社会组织，不具有法人资格，但作为行政相对人时，可以提出行政复议申请。同时，本法第89条规定，外国人、无国籍人、外国组织在中华人民共和国境内申请行政复议，适用本法。

二、关于近亲属和权利义务承受人申请行政复议

本条第2款对公民死亡、法人或者其他组织终止的特殊情况下申请行政复议作了明确规定。一是针对有权申请行政复议的公民死亡的，本法赋予了其近亲属申请行政复议的权利，其地位等同于申请人。根据有关法律规定，近亲属包括配偶、父母、子女、兄弟姐妹、祖父母、外祖父母、孙子女、外孙子女。二是针对有权申请行政复议的法人或者其他组织终止的，本法赋予了其权利义务承受人申请行政复议的权利。主要有两种情况：一种是有权申请行政复议的法人或者其他组织合并；另一种是有权申请行政复议的法人或者其他组织分立，分立后新的法人或者其他组织与合法权益有关就可以申请行政复议，可以是分立后的认为侵犯其合法权益的所有法人或者其他组织，也可以是其中的一个法人或者其他组织。

三、关于法定代理人代为申请行政复议

行政复议代理是以申请人的名义，为维护申请人的合法权益进行行政复议活动。本条第3款规定有权申请行政复议的公民为无民事行为能力人或者限制民事行为能力人的，其法定代理人可以代为申请行政复议。作为有权申请行政复议的公民虽是无行为能力人或者是限制行为能力人，其行为能力欠缺，但是在行政复议过程中，该公民仍然是行政复议申请人，其法定代理人只是代为申请和参加行政复议。

根据民法典的规定，不满八周岁的未成年人、不能辨认自己行为的成年人以及八周岁以上不能辨认自己行为的未成年人为无民事行为能力人；八周岁以上的未成年人和不能完全辨认自己行为的成年人为限制民事行为能力人。根据民法典的规定，无行为能力人和限制行为能力人的法定代理人是其监护人，其中，未成年人的父母是代理人；未成年人的父母已经死亡或者没

有代理能力的，祖父母、外祖父母，兄、姐，其他愿意担任监护人的个人或者组织是其代理人；无民事行为能力或者限制民事行为能力的成年人，配偶、父母、子女、其他近亲属以及其他愿意担任监护人的个人或者组织是其代理人。

法定代理人是基于法律规定行使代理权的人，不需要当事人的意思表示，也不需要签订委托代理合同，代理权限是法定的。法定代理人应当主动代理无民事行为能力人或者限制民事行为能力人进行行政复议，代为行使行政复议权利，维护申请行政复议公民的合法权益。在行政复议过程中，法定代理人的行为对其所代表的申请人发生法律效力。

第十五条　同一行政复议案件申请人人数众多的，可以由申请人推选代表人参加行政复议。

代表人参加行政复议的行为对其所代表的申请人发生效力，但是代表人变更行政复议请求、撤回行政复议申请、承认第三人请求的，应当经被代表的申请人同意。

【释义】本条是关于申请人推选代表人参加行政复议的规定。

本条规定是此次修法新增加的内容。实践中，有很多行政复议案件涉及人数众多，如征地拆迁案件，如果所有的申请人均来参加行政复议活动，不利于有效反映申请人的行政复议请求、化解行政争议，也不利于行政复议机关高效审理行政复议案件。本次修法吸纳各方面意见，对同一行政复议案件申请人人数众多的情形，明确可以由申请人推选代表人参加行政复议，主要目的是节约行政复议的人力、物力以及时间成本。行政诉讼法中也有类似的制度设计，行政诉讼法第 28 条规定，当事人一方人数众多的共同诉讼，可以由当事人推选代表人进行诉讼。代表人的诉讼行为对其所代表的当事人发生效力，但代表人变更、放弃诉讼请求或者承认对方当事人的诉讼请求，应当经被代表的当事人同意。需要说明的是，申请人人数众多的同一行政复议案件不是必须要推选代表人进行行政复议的，按照本条规定可以选择是否推选代表人进行行政复议。如果部分或者全部申请人不愿推选代表，而是选择亲自参加行政复议，也是被法律允许的。

一、申请人推选代表人参加行政复议

本条第 1 款明确规定，同一行政复议案件申请人人数众多的，可以由申请人推选代表人参加行政复议。可以看出，推荐代表人参加行政复议应当符合以下条件：一是必须是同一个行政复议案件，这要求申请人之间存在着共同的法律问题或者事实问题，具有共同利益请求，特别是所有的申请人都必须与被申请行政复议的行政行为有利害关系。二是申请人人数众多，可以由申请人推选代表人参加行政复议。在修改行政复议法过程中，有的意见建议，明确申请人人数众多的标准以及推选代表人的人数，以方便法律规定的实施。在这方面，《最高人民法院关于适用〈中华人民共和国行政诉讼法〉的解释》第 29 条明确规定，"人数众多"一般是指 10 人以上；代表人为 2 至 5 人，代表人可以委托 1 至 2 人作为诉讼代理人；《行政复议法实施条例》第 8 条规定，同一行政复议案件申请人超过 5 人的，推选 1 至 5 名代表参加行政复议。考虑到实践中的申请人人数众多的行政复议案件情况比较复杂，且该问题属于具体操作层面的问题，宜由主管部门结合实践情况，在制定相关配套规定时予以明确。三是关于代表人主体适格。推选的代表人必须是行政复议的申请人。作为代表人要具有参加行政复议的民事行为能力，由其他申请人合法推选产生，代表人必须能够维护被代表申请人的合法权益。

二、代表人参加行政复议行为的法律效力

为了保障行政复议高效进行，本条规定同一行政复议案件申请人人数众多的，可以通过推选代表人参加行政复议，这是申请人之间的真实意思表示。为此，推选产生的代表人参加行政复议的行为，对其所代表的申请人发生法律效力。

按照本条规定，代表人参加行政复议的行为，如提出管辖权异议、提供证据、进行听证等，对其所代表的申请人直接发生法律效力，无须征得被代表的申请人同意。但是，为了避免发生代表人与行政机关串通，损害被代表的申请人的合法权益情况，如变更行政复议请求、撤回行政复议申请、承认第三人请求三种影响申请人重要实体权利的情形，应当经被代表的申请人同

意，否则将构成对被代表的申请人权利的侵犯，不对其产生法律效力。

本条规定了行政复议代表人制度，本法第 17 条规定了行政复议代理人制度。两者之间有很多相似之处：一是行政复议代表人和代理人均代表被代表人或者被代理人的利益；二是其代表行为或者代理行为均对被代表人或者被代理人产生法律效力；三是行政复议代表人和代理人要具有民事行为能力；四是行政复议代表人和代理人依法保障被代表人和代理人的合法权益；五是行政复议代表人和代理人在行政复议过程中，可以依法更换。同时二者也有明显区别：一是提出主体不同，代表人推选主体是申请人，而代理人提出主体是申请人和第三人；二是代表人本身就是行政复议申请人之一，而代理人是律师、基层法律服务工作者等，不是申请人或者第三人；三是代表和代理权限不同，通常代表人除变更行政复议请求、撤回行政复议申请、承认第三人请求需要经被代表的申请人同意外，其他可以全权代表，而代理人的权限基于委托合同规定的代理权限；四是代表人还可以委托 1 至 2 名律师、基层法律服务工作者或者其他代理人代为参加行政复议。

第十六条　申请人以外的同被申请行政复议的行政行为或者行政复议案件处理结果有利害关系的公民、法人或者其他组织，可以作为第三人申请参加行政复议，或者由行政复议机构通知其作为第三人参加行政复议。

第三人不参加行政复议，不影响行政复议案件的审理。

【释义】本条是关于行政复议第三人的规定。

此次修法对行政复议第三人制度规定作了进一步完善，增加了同行政复议案件处理结果有利害关系的公民、法人或者其他组织，可以作为第三人参加行政复议；同时，还增加了"第三人不参加行政复议，不影响行政复议案件的审理"的内容。

一、行政复议第三人

行政复议第三人，是指申请人以外的同被申请行政复议的行政行为或者行政复议案件处理结果有利害关系的公民、法人或者其他组织。在行政复议中，第三人与申请人之间有一定的联系，比如在申请人以外的同被申请行政复议的行政行为有利害关系的第三人，可以自己名义申请行政复议，作为申请人。但是在同一行政复议案件中公民、法人或者其他组织不可以既作为第三人，又作为申请人，只能以一种身份出现。修改后的行政复议法将第三人情形区分为两类：一类是申请人以外的同被申请行政复议的行政行为有利害关系的公民、法人或者其他组织；另一类是申请人以外的同行政复议案件处理结果有利害关系的公民、法人或者其他组织。

根据本条第 1 款规定，第三人要具备以下条件：一是同被申请行政复议的行政行为或者行政复议案件处理结果有利害关系。二是参与的时间阶段，是在行政复议受理后，第三人才能参与到行政复议过程中。三是为了保护申请人、第三人的合法权益，需要经过行政复议机构的准予并通知，第三人才能进入行政复议。

本条第 1 款还对第三人参加行政复议的两种方式作出规定：一种方式是申请人以外的同被申请行政复议的行政行为或者行政复议案件处理结果有利害关系的公民、法人或者其他组织，如果没有申请行政复议，其他有利害关系的公民、法人或者其他组织已经提出行政复议申请，可以主动向行政复议机构申请作为第三人参加行政复议。另外一种方式是行政复议机构发现还存在申请人以外的同被申请行政复议的行政行为或者行政复议案件处理结果有利害关系的公民、法人或者其他组织，主动通知其作为第三人参加行政复议案件审理。如果有利害关系的公民、法人或者其他组织不愿意作为第三人参加行政复议，行政复议机构应当尊重第三人的选择。

二、第三人不参加行政复议的法律后果

本条第 2 款对第三人不参加行政复议的法律后果作出了规定，即第三人不参加行政复议，不影响行政复议案件的审理。具体情况可以根据申请参与行政复议情形予以区分：一是申请人以外的同被申请行政复议的行政行为或者行政复议案件处理结果有利害关系的公民、法人或者其他组织没有主动申请参加行政复议，行政复议机构也没有发现的，其没有作为第三人参加行政复议，不影响行政复议机构继续审理行政复议案件。二是行政复议机构主动发现，认为有必要通知申请人以外的同被申请行政复议的行政行为或者行政

复议案件处理结果有利害关系的公民、法人或者其他组织参加行政复议。如果有利害关系的公民、法人或者其他组织接到通知后不愿意参与到行政复议中，行政复议机构不能强迫其参加，应当尊重其意思表示并记录在案，不影响行政复议机构审理行政复议案件。当然，作为有利害关系的公民、法人或者其他组织，可以依法通过申请行政复议、提起行政诉讼等方式维护自身合法权益。

第十七条　申请人、第三人可以委托一至二名律师、基层法律服务工作者或者其他代理人代为参加行政复议。

申请人、第三人委托代理人的，应当向行政复议机构提交授权委托书、委托人及被委托人的身份证明文件。授权委托书应当载明委托事项、权限和期限。申请人、第三人变更或者解除代理人权限的，应当书面告知行政复议机构。

【释义】本条是关于申请人、第三人委托代理人参加行政复议的规定。

委托代理人制度是原行政复议法确定的一项重要制度。此次修订进一步明确了委托代理人的范围，增加了委托代理人的程序、授权委托书内容、变更或者解除代理人权限等内容。

一、申请人、第三人委托代理人参加行政复议

本条规定了行政复议的委托代理制度，主要是基于被代理人授权的意思表示而发生的代理。设置委托代理制度目的是更好地保障申请人、第三人的合法权益，实践中，有的申请人、第三人对行政复议相关法律法规不了解，不熟悉行政复议流程，有时候也存在不便于参加行政复议的情况，这时候允许委托专业的律师等代理人代为参加行政复议，可以充分表达申请人、第三人的主张和理由，有利于查清事实，化解行政争议，也有利于行政复议机关高效审理行政复议案件。从某种意义上说，也有利于监督和保障行政机关依法行使职权，纠正和防止违法或者不当的行政行为。

委托代理人参加行政复议具有以下特征：一是基于申请人、第三人与被代理人的真实意思表示，一般是通过签订书面委托合同来确定委托关系；二

是代理人只能以被代理的申请人或者第三人名义参加行政复议，而不能直接以自己的名义进行行政复议；三是代理人只能在代理权限范围内开展行政复议活动，代理权限内的法律后果由被代理人承担。

本次修法明确了代理人范围，即律师、基层法律服务工作者或者其他代理人。律师是指依法取得律师执业证书，接受委托或者指定，为当事人提供法律服务的执业人员。基层法律服务工作者是指符合《基层法律服务工作者管理办法》规定的执业条件，经司法行政机关核准取得《基层法律服务工作者执业证》，在基层法律服务所执业，为社会提供法律服务的人员。其他代理人是指经行政复议机构同意的其他代理人，属于兜底条款。在修法过程中，有意见提出，行政复议是专业性很强的行政活动，应当参照行政诉讼法第31条第2款规定，明确行政复议代理人是律师、基层法律服务工作者，近亲属或者工作人员和所在社区、单位以及有关社会团体推荐的公民。考虑到行政复议制度具有高效、便民的特点，不宜对委托代理人的范围作过多限定，作为行政复议申请人、第三人因经济困难不能委托律师等专业人员，也没有可以委托的近亲属或者工作人员，所在社区、单位以及有关社会团体推荐的公民，对于这种情况，也可以委托其他代理人代为行政复议。

本次修法明确了代理人的人数，即申请人、第三人可以委托1至2名代理人。对于同一案件的多名申请人，可以共同委托1至2名代理人代为行政复议；如果申请人意见不一致，也可以分别委托1至2名代理人代为行政复议。

二、申请人、第三人委托代理的程序要求

本条第2款对申请人、第三人委托代理的程序要求作了规定。行政复议委托形式只能是书面形式，由申请人、第三人与代理人签订授权委托书，明确双方委托代理关系。授权委托书应当载明委托事项、权限和期限，具体内容由申请人、第三人授权决定。本款未对委托事项作出限制，申请人、第三人可以特别委托代理人处理行政复议活动中的一项或者数项事务，也可以概括委托代理人处理行政复议活动中的一切事务。

申请人、第三人委托代理人的，应当向行政复议机构提交授权委托书、

委托人及被委托人的身份证明文件。行政复议机构应当对提交的授权委托书、委托人及被委托人的身份证明文件进行核查。行政复议机构对于申请人、第三人委托的代理人，应当依其与申请人、第三人签订的授权委托书内容，在授权事项、权限和期限范围内视之为申请人、第三人，代理人在授权范围内所为之行为，视为被代理人的行为，对被代理人产生法律效力。委托代理关系成立后，申请人、第三人可以根据需要变更或者解除代理人权限，应及时用书面形式告知行政复议机构，以便于行政复议机构及时知晓保障申请人、第三人在行政复议的各项权利。

第十八条　符合法律援助条件的行政复议申请人申请法律援助的，法律援助机构应当依法为其提供法律援助。

【释义】本条是关于为符合条件的行政复议申请人提供法律援助的规定。

法律援助是国家建立的保障经济困难公民和特殊案件当事人获得必要的法律咨询、代理、刑事辩护等无偿法律服务，维护当事人合法权益、维护法律正确实施、维护社会公平正义的一项重要法律制度。党的十八届四中全会通过《中共中央关于全面推进依法治国若干重大问题的决定》明确提出，完善法律援助制度，扩大援助范围，健全司法救助体系，保证人民群众在遇到法律问题或者权利受到侵害时获得及时有效法律援助。2015 年，中共中央办公厅、国务院办公厅出台了《关于完善法律援助制度的意见》，提出了新时代法律援助的指导思想和基本原则，明确了扩大法律援助范围、提高法律援助质量、提高法律援助保障能力等具体措施。同时明确要求推进法律援助立法工作，提高法治化水平。为进一步贯彻落实党中央决策部署，完善中国特色社会主义法律援助制度，2021 年 8 月，十三届全国人大常委会第三十次会议审议通过了法律援助法。法律援助法对法律援助机构和人员、形式和范围、程序和实施等作出规定，规范和促进法律援助工作。

本条是此次修法新增加的内容，目的就是充分发挥行政复议制度公正高效、便民为民的制度优势，让老百姓申请、参加行政复议时可以依法获得必要的法律援助服务，充分发挥法律援助制度的兜底和保障作用，让老百姓在每一个行政复议案件中感受到公平、正义。

一、符合法律援助条件的行政复议申请人可以申请法律援助

行政复议机关在办理行政复议案件时，应当提示行政复议申请人享有依法申请法律援助的权利，并告知申请法律援助的条件和程序。按照法律援助法的规定，因经济困难没有委托代理人的，可以向法律援助机关申请法律援助，经济困难的标准，由省、自治区、直辖市人民政府根据本行政区域经济发展状况和法律援助工作需要确定。同时也规定，当事人申请特殊法律援助的，可以不受经济困难条件的限制。据此，符合法律援助条件的行政复议申请人可以申请法律援助。对于无民事行为能力人或者限制民事行为能力人需要法律援助的，可以由其法定代理人代为提出申请。法定代理人侵犯无民事行为能力人、限制民事行为能力人合法权益的，其他法定代理人或者近亲属可以代为提出法律援助申请。

二、法律援助机构应当依法为其提供法律援助

在我国，县级以上人民政府司法行政部门应当设立法律援助机构，名称一般为"法律援助中心"，代表国家和政府来组织实施法律援助。法律援助机构负责组织实施法律援助工作，受理、审查法律援助申请，指派律师、基层法律服务工作者、法律援助志愿者等法律援助人员提供法律援助，支付法律援助补贴。

法律援助机构收到法律援助申请后，首先要进行审核。根据法律援助法规定，法律援助机构应当自收到法律援助申请之日起7日内进行审查，并作出是否给予法律援助的决定。法律援助机构决定给予法律援助的，应当自作出决定之日起3日内指派法律援助人员为申请人提供法律援助。法律援助机构决定不给予法律援助的，应当书面告知申请人，并说明理由。申请人提交的申请材料不齐全的，法律援助机构应当一次性告知申请人需要补充的材料或者要求申请人作出说明。申请人未按要求补充材料或者作出说明的，视为撤回申请。此外，法律援助机构收到法律援助申请后，发现距离法定时效或者期限届满不足7日，需要及时提起行政复议的，可以决定先行提供法律

援助。

法律援助机构作出提供相关法律援助决定后，应当指派法律援助人员向申请人依法提供法律咨询、代拟法律文书等法律援助。法律援助人员应当依法履行职责，无正当理由不得拒绝、拖延或者终止提供法律援助服务，及时为申请人提供符合标准的法律服务，维护受援人的合法权益，不能敷衍了事，出工不出力，应当恪守职业道德和执业纪律，不得向申请人收取任何财物，对提供法律援助过程中知悉的国家秘密、商业秘密和个人隐私应当保密。与此同时，法律援助机构及其工作人员存在拒绝为符合法律援助条件的申请人提供法律援助、指派不符合本法规定的人员提供法律援助等情形的，由设立该法律援助机构的司法行政部门责令限期改正，有违法所得，责令退还或者没收违法所得，对直接负责的主管人员和其他直接责任人员，依法给予处分。

受援助申请人应当向法律援助人员如实陈述与法律援助事项有关的情况，及时提供证据材料，协助、配合办理法院援助事项。受援助申请人有权向法律援助机构、法律援助人员了解法律援助事项办理情况。法律援助机构、法律援助人员未依法履行职责的，申请人可以向司法行政部门投诉，并可以请求法律援助机构更换法律援助人员。与此同时，如果受援助的申请人存在以欺骗或者其他不正当手段获得法律援助等情形，法律援助机构应当作出终止法律援助的决定。由司法行政部门责令其支付已实施法律援助的费用，并处 3000 元以下罚款。法律援助事项办理结束后，法律援助人员应当及时向法律援助机构报告，提交有关法律文书的副本或者复印件、办理情况报告等材料。

第十九条 公民、法人或者其他组织对行政行为不服申请行政复议的，作出行政行为的行政机关或者法律、法规、规章授权的组织是被申请人。

两个以上行政机关以共同的名义作出同一行政行为的，共同作出行政行为的行政机关是被申请人。

行政机关委托的组织作出行政行为的，委托的行政机关是被申请人。

作出行政行为的行政机关被撤销或者职权变更的，继续行使其职权的行

政机关是被申请人。

【释义】本条是关于行政复议被申请人的规定。

本条在原行政复议法基础上，主要增加了法律、法规、规章授权的组织为被申请人，以及行政机关委托的组织作出行政行为的，委托的行政机关是被申请人的规定。

一、被申请人的概念

被申请人是相对于申请人而言，本条第 1 款规定，公民、法人或者其他组织对行政行为不服申请行政复议的，作出行政行为的行政机关或者法律、法规、规章授权的组织是被申请人。行政机关是国家机构中行使行政管理权的组织，主要包括国务院及其组成部门、地方各级人民政府及其所属的各工作部门等。法律、法规、规章授权的组织按照法律、法规、规章规定行使行政管理职权，其行为也属于行政行为，具有被申请人的资格。为此，授权的组织行使有关职权、作出行政行为需要遵守相应的规定。比如，行政处罚法第 19 条规定，法律、法规授权的具有管理公共事务职能的组织可以在法定授权范围内实施行政处罚。据此，规章不能授权组织行使行政处罚权。

根据上述规定作为行政复议被申请人应当具备以下条件：一是作出行政行为的行政机关，包括法律、法规、规章授权的组织。行政机关或者法律、法规、规章授权的组织以自己的名义行使职权，承担相应的法律后果。二是公民、法人或者其他组织对行政机关作出的行政行为不服，申请行政复议，认为行政机关的行政行为侵犯其合法权益。三是行政复议机关受理申请人的行政复议申请后，经核查确定作出行政行为的行政机关和法律、法规、规章授权的组织，并通知其参加行政复议活动，一般需要有正式的法律文书。

二、两个以上行政机关以共同的名义作出同一行政行为的被申请人

通常行政行为是由一个行政机关作出，但是实践中也有很多特殊情况，比如联合执法过程中，由两个或者两个以上行政机关以共同的名义执法，执法结束后作出同一行政行为。在此情况下，共同作出行政行为的行政机关是被申请人，且被申请人具有以下特点：一是行政行为的主体不再是一个行政

机关，而是两个或者两个以上行政机关。二是具有同样的行政复议权利义务。三是共同承担行政复议的法律后果。

三、行政机关委托的组织作出行政行为的被申请人

本条第3款明确规定，行政机关委托的组织作出行政行为的，委托的行政机关是被申请人。即行政机关通过委托，由被委托组织实施其行政职权，但是法律后果由委托的行政机关承担，受委托组织不具有独立承担法律责任的主体资格，受委托的组织不是以自己的名义作出行政行为，不能对受委托作出的行政行为承担法律后果。根据法律有关规定，委托行政机关对受委托组织的行政行为负责监督。如行政处罚法第20条中规定，委托行政机关对受委托组织实施行政处罚的行为应当负责监督，并对该行为的后果承担法律责任。需要注意：一是被委托的组织本身不具有该委托的职权；二是委托组织中包括其他行政机关。三是委托需要依照法律、法规、规章的规定，在法定权限内委托。四是委托行政机关和受委托组织应当签订委托书并将委托书向社会公布。例如，A行政机关委托B组织实施A行政机关的行政处罚权，受到行政处罚的公民、法人或者其他组织不服行政处罚申请行政复议，A行政机关是被申请人。

四、作出行政行为的机关被撤销后的被申请人

在机构改革过程中，有的行政机关被撤销，有的进行了合并，也有的予以分立，所涉及的职权也随之发生了变化。对申请人来说，行政机关被撤销前作出的行政行为仍然具有法律效力，如不服这些行政行为申请行政复议，需要明确由谁作为行政复议被申请人。本条第4款规定，作出行政行为的行政机关被撤销或者职权变更的，继续行使其职权的行政机关是被申请人。主要有以下几种情形：一是作出行政行为的行政机关被撤销，行政管理职权仍然存在，由其他行政机关行使，继续行使其职权的行政机关是被申请人；二是作出行政行为的行政机关职权变更的，继续行使其职权的行政机关是被申请人。此外还有两种情况：一是作出行政行为的行政机关有关职权被取消但行政机关依然存在，仍由该行政机关作为被申请人。二是作出行政行为的行

政机关被撤销，但没有继续行使其职权的行政机关，有意见提出由撤销原行政机关的行政机关作为被申请人。针对这种情况，由行政复议机关结合实际和有关法律规定的精神予以把握。比如，国家赔偿法第7条第5款规定，赔偿义务机关被撤销的，继续行使其职权的行政机关为赔偿义务机关；没有继续行使其职权的行政机关的，撤销该赔偿义务机关的行政机关为赔偿义务机关。

第三节　申请的提出

第二十条　公民、法人或者其他组织认为行政行为侵犯其合法权益的，可以自知道或者应当知道该行政行为之日起六十日内提出行政复议申请；但是法律规定的申请期限超过六十日的除外。

因不可抗力或者其他正当理由耽误法定申请期限的，申请期限自障碍消除之日起继续计算。

行政机关作出行政行为时，未告知公民、法人或者其他组织申请行政复议的权利、行政复议机关和申请期限的，申请期限自公民、法人或者其他组织知道或者应当知道申请行政复议的权利、行政复议机关和申请期限之日起计算，但是自知道或者应当知道行政行为内容之日起最长不得超过一年。

【释义】本条是关于行政复议申请期限的规定。

行政复议申请期限，是申请人向行政复议机关提出行政复议申请，并获得行政复议机关受理的期间，是受理行政复议申请的条件之一。根据本法第30条规定，"在法定申请期限内"提出行政复议申请，是行政复议机关受理的前提。在法律上确定行政复议申请期限的目的，是督促申请人及时启动权利救济程序，避免行政争议长期处于不确定状态。此次修订，在原法行政复议申请期限基础上，增加规定了行政机关未履行相关告知义务时申请期限的起算规则，以及最长申请期限。

一、通常情况下的行政复议申请期限

1. 关于行政复议60日申请期限。1999年制定行政复议法时，考虑当时随着市场经济发展，行政管理方式日趋多样，行政活动内容也更加复杂，行政复议的范围不断扩大，为保证申请人有充足的时间准备行政复议申请，寻求法律上的救济途径，同时也为统一规范单行法中行政复议申请期限的规定，将原《行政复议条例》规定的 15 日行政复议申请期限调整为 60 日。1999 年行政复议法通过后，之前其他法律法规规定申请期限少于 60 日的，应当执行 60 日申请期限的规定。

此次修改行政复议法，对行政复议通常的申请期限未作修改。与行政诉讼 6 个月的起诉期限相比，行政复议的申请期限相对较短，这主要是考虑行政复议作为政府系统自我纠错的监督制度，要遵循行政效率原则。同时，本条第 1 款还规定，法律规定的申请期限超过 60 日的除外，也就是说，其他法律从更好保护申请人期限利益的角度，以及考虑个别特殊的行政管理领域申请行政复议的需要，可以规定超过 60 日的行政复议期限。

2. "知道或者应当知道该行政行为之日"如何把握。关于行政复议申请期限 60 日的起算点，本条第 1 款规定为"知道或者应当知道该行政行为之日"。理解这一规定，可以从以下几个方面进行把握：一是对当场作出的行政行为，自行政行为作出之日起计算；二是载明行政行为的法律文书直接送达的，自受送达人签收之日起计算；三是载明行政行为的法律文书邮寄送达的，自受送达人在邮件签收单上签收之日起计算，没有邮件签收单的，自受送达人在送达回执上签名之日起计算；四是行政行为依法通过公告形式告知受送达人的，自公告规定的期限届满之日起计算；五是行政机关作出行政行为时未告知公民、法人或者其他组织，事后补充告知的，自该公民、法人或者其他组织收到行政机关补充告知的通知之日起计算；六是被申请人能够证明公民、法人或者其他组织知道行政行为的，自证据材料证明其知道行政行为之日起计算。行政机关作出行政行为，依法应当向有关公民、法人或者其他组织送达法律文书而未送达的，视为该公民、法人或者其他组织不知道该行政行为。

二、因不可抗力或者其他正当理由耽误法定申请期限

本条第 2 款规定，因不可抗力或者其他正当理由耽误法定申请期限的，

申请期限自障碍消除之日起继续计算。这是对发生了法定的意外情况，行政复议申请期限可以延期的规定，主要是两种情况：一是因不可抗力的发生耽误法定申请期限。根据我国民法典第180条第2款规定，不可抗力是不能预见、不能避免且不能克服的客观情况，如地震、水灾、台风、军事行动等。二是其他正当理由耽误法定申请期限。如法人处于合并或者改组阶段，行政复议申请人病重等。是否属于因不可抗力或者其他正当理由，由行政复议机关进行审查和判断。出现上述两种情况耽误了法定申请期限，申请期限自障碍消除之日起继续计算。继续计算是指把因不可抗力或者其他正当理由而耽误的期限补足，如法定申请期限为60日，而在期限开始的第21天遭遇了不可抗力事件，申请人在这一障碍消除后，还有40天的申请复议期限。也就是说，在不可抗力或者其他正当理由出现时，申请复议的期限处于中止状态，当这些障碍消除后，申请复议期限是继续计算而不是重新计算。

三、行政机关未履行有关告知义务的申请期限起算及最长期限

实践中，有的行政管理相对人因各种原因不知道自己有申请行政复议的权利，或者不知道行政复议机关或者申请期限，在法定申请期限内没有申请行政复议，权利难以得到保障。为解决这一问题，此次修改行政复议法，参考《最高人民法院关于适用〈中华人民共和国行政诉讼法〉的解释》（法释〔2008〕1号）第64条规定，在本条增加1款作为第3款，对行政机关未履行有关告知义务时申请期限的起算规则予以明确，并规定了此种情形的最长申请期限。

理解第3款的规定应当把握好以下两个方面：一是行政机关在作出行政行为时，应当完整准确告知公民、法人或者其他组织申请行政复议的权利、行政复议机关和行政复议申请期限。如果行政机关只告知其中一项而没有告诉其他信息，比如只告知申请行政复议的权利，而没有告知行政复议机关和行政复议申请期限，申请人可以据此主张延迟申请期限的起算点。二是延迟起算行政复议申请期限也有一定限制，即申请期限自知道或者应当知道行政行为内容之日起最长不得超过1年。也就是说在知道或者应当知道行政行为

内容的情况下，即便行政机关未告知申请行政复议的权利、行政复议机关和申请期限，公民、法人或者其他组织也不能主张无限延迟申请期限的起算点；而是只要知道行政行为的内容，认为其侵犯了自身合法权益，就应当及时寻求救济渠道和途径，超过1年仍未寻求救济则表明其对自身合法权益没有足够重视。为避免法律关系长期处于不稳定状态，鼓励当事人及时维护自身合法权益，本法规定，行政复议的申请期限自申请人知道或者应当知道行政行为内容之日起最长不得超过1年。

在此次行政复议法修订过程中，有意见建议明确行政机关不履行法定职责的行政复议申请期限。考虑到实践中行政机关不履行法定职责的情况比较复杂，法定申请期限的确定不宜一概而论，因此在法律上没有作出统一明确的规定。根据《行政复议法实施条例》和有关实践，目前对公民、法人或者其他组织申请行政机关履行法定职责，行政机关未履行，确定行政复议申请期限，一般从以下三个方面予以把握：一是对履行期限有规定的，自履行期限届满之日起计算；二是对履行期限没有规定的，自行政机关收到申请满60日起计算；三是公民、法人或者其他组织在紧急情况下请求行政机关履行保护人身权、财产权的法定职责，行政机关不履行的，行政复议申请期限不受前述两种情况的限制。

第二十一条　因不动产提出的行政复议申请自行政行为作出之日起超过二十年，其他行政复议申请自行政行为作出之日起超过五年的，行政复议机关不予受理。

【释义】本条是关于最长行政复议期限的规定。

2014年修正的行政诉讼法明确了最长诉讼保护期限，规定："因不动产提起诉讼的案件自行政行为作出之日起超过二十年，其他案件自行政行为作出之日起超过五年提起诉讼的，人民法院不予受理。"原行政复议法及其实施条例均未对行政复议最长申请期限问题作出规定，随着行政复议实践发展，两法不衔接的问题日渐突出。因此，在行政复议法中规定最长行政复议期限是有必要的。

一、最长行政复议申请期限的制度功能

诉讼时效制度起源于民法。在民事权利义务关系中设定诉讼时效，具有不可或缺的制度功能：一是督促权利人及时行使权利，否则义务人的法律地位将长期处于不确定状态。二是避免义务人举证困难。如果允许权利人无论超过多长时间均可以提起诉讼，证据的损毁和灭失将导致义务人很难再提出有利证据。三是减轻法院的审判负担。对于法院来说，过长时间后将难以核实证据、判断事实。四是维持社会稳定，维护社会公共利益。诉讼时效制度限制了权利人主张权利的时机，保护不特定第三人对当事人之间权利义务关系的信赖，从而保护交易安全，维持社会稳定。

民法典将诉讼时效分为一般诉讼时效和最长诉讼保护期限，前者为3年，后者为20年。民法典第188条规定，向人民法院请求保护民事权利的诉讼时效期间为3年。法律另有规定的，依照其规定。诉讼时效期间自权利人知道或者应当知道权利受到损害以及义务人之日起计算。法律另有规定的，依照其规定。但是，自权利受到损害之日起超过20年的，人民法院不予保护，有特殊情况的，人民法院可以根据权利人的申请决定延长。最长诉讼时效的意义在于，权利人对于权利迟迟不予主张，无论是不知道权利存在或者怠于行使权利，都不能因此将不特定第三人的权益置于长期不确定状态，从而对公共利益造成损害。

修订后的行政复议法规定的最长行政复议申请期限，与民法典、行政诉讼法等规定最长诉讼时效的作用是相似的。在行政复议中，超过一段较长时限仍然无人主张行政机关侵害其合法权益的，为了避免行政法律关系长期处于不稳定状态，保证行政行为的公定力，同时也为了维护不特定第三人的权益，有必要设定最长行政复议期限。

二、最长行政复议申请期限的适用

最长行政复议申请期限与行政相对人知道或者应当知道行政行为无关，仅考虑行政行为的作出时间。对于因不动产提出的行政复议申请，自行政行为作出之日起超过20年，行政复议机关不予受理；对于其他行政复议申请，自行政行为作出之日起超过5年，行政复议机关不予受理。关于"因不动产

提出的行政复议申请"的理解，可以参考《最高人民法院关于适用〈中华人民共和国行政诉讼法〉的解释》中的规定，即行政诉讼法第20条规定的"因不动产提起的行政诉讼"是指因行政行为导致不动产物权变动而提起的诉讼。不动产物权变动包括不动产的所有权、用益物权、担保权的变动。民法典第208条中规定，不动产物权的设立、变更、转让和消灭，应当依照法律规定登记。根据本法第11条的规定，因不动产提出的行政复议申请，包括对涉及不动产的所有权或者使用权、征收决定、农村土地承包经营权等行政争议提出的行政复议申请。

第二十二条 申请人申请行政复议，可以书面申请；书面申请有困难的，也可以口头申请。

书面申请的，可以通过邮寄或者行政复议机关指定的互联网渠道等方式提交行政复议申请书，也可以当面提交行政复议申请书。行政机关通过互联网渠道送达行政行为决定书的，应当同时提供提交行政复议申请书的互联网渠道。

口头申请的，行政复议机关应当当场记录申请人的基本情况、行政复议请求、申请行政复议的主要事实、理由和时间。

申请人对两个以上行政行为不服的，应当分别申请行政复议。

【释义】本条是关于行政复议申请方式的规定。

此次修订在原法规定基础上，进一步明确了书面申请的提交方式；增加规定行政机关通过互联网渠道送达行政行为决定的，应当同时提供提交行政复议申请书的互联网渠道；同时，还增加规定申请人对两个以上行政行为不服的，应当分别申请行政复议。

一、行政复议申请包括书面申请和口头申请

书面申请是行政复议申请的主要方式，即申请人通过书面方式向行政复议机关提出启动行政复议程序的请求。采取书面方式提出申请，相比口头申请有一定优势：一是能够确保行政复议申请内容明确具体，使行政复议的理由和请求清晰明了；二是有利于提高行政复议工作的效率，便于行政复议机

关针对行政复议的书面申请进行审理；三是书面申请载体明确，有据可查，有利于对行政复议工作的监督。同时，随着我国经济社会发展，不具备书写能力的公民比例已经大幅降低。实践中，各地推进服务型政府建设，行政复议机关一般会为书面申请提供指导或者样本，方便公民、法人或者其他组织书写行政复议申请书。总的来说，书面申请已经成为主流。

对于不具备书写能力的人民群众，应当为其申请行政复议提供方便，因此口头申请依然具有其存在的必要性。本条规定，书面申请有困难的，也可以口头申请。对于口头申请，行政复议机关应当当场记录。记录的内容包括：申请人的基本情况、行政复议请求、申请行政复议的主要事实、理由和时间。作出相对完整准确的记录后，行政复议机关在 5 日内对相关情况进行审查，作出是否受理的决定。

二、提交书面申请的方式

本法规定了多种提交行政复议申请书的方式。一是当面提交行政复议申请书。当面提交申请书是行政复议申请的传统方式，也是最为重要的方式。行政复议机关通常设有行政复议申请接待窗口，接收当面提交的申请书。二是邮寄行政复议申请书。邮寄方式也是一种传统的接收行政复议申请的方式，在距离较远、不方便使用互联网等情形下，邮寄方式满足了申请人提交行政复议申请书的需求。三是通过行政复议机关指定的互联网渠道提交行政复议申请书。本法第 8 条中规定，行政复议机关应当加强信息化建设，运用现代信息技术，方便公民、法人或者其他组织申请、参加行政复议。随着行政复议信息化建设，互联网提交的方式将会更加重要。四是其他方式。比如，发送传真等方式。

一般来说，行政复议申请应当包括下列事项：一是申请人的基本情况。包括姓名、住所、身份证号码和法人名称、法定代表人等事项。二是被申请人的名称。需要根据本法第 19 条的规定，以及有关法律、法规、规章的规定，载明符合本法规定的被申请人。三是行政复议请求、申请行政复议的主要事实和理由。这是申请行政复议的主要目的和理由，也是判断申请人与被申请行政复议的行政行为是否具有利害关系、对行政复议申请是否受理的关键要素。四是申请人的签名或者盖章。五是申请行政复议的日期。

三、行政机关通过互联网渠道送达行政行为决定的，应当同时提供提交行政复议申请书的互联网渠道

随着信息技术发展，互联网平台成为行政机关提供政务服务、开展行政监管的重要方式。《优化营商环境条例》第37条中规定，国家加快建设全国一体化在线政务服务平台，推动政务服务事项在全国范围内实现"一网通办"；各地区、各部门应当推动政务服务大厅与政务服务平台全面对接融合，市场主体有权自主选择政务服务办理渠道，行政机关不得限定办理渠道。第56条中规定，政府及其有关部门应当充分运用互联网、大数据等技术手段，推行以远程监管、移动监管、预警防控为特征的非现场监管。根据有关法律、法规、规章的规定，行政机关可以通过互联网渠道送达行政处罚等行政决定。例如，行政处罚法第61条第2款规定，当事人同意并签订确认书的，行政机关可以采用传真、电子邮件等方式，将行政处罚决定书等送达当事人。

近年来，各地、各部门在电子政务服务方面作出许多探索，例如，有的公安机关通过12123App送达交通违法方面的行政处罚决定。为了便于行政相对人及时申请行政复议，将便利从作出行政处罚决定前的陈述、申辩一直延伸至行政处罚决定作出后的权利救济，本条规定，对于通过互联网渠道送达行政决定的，行政机关应当同时提供提交行政复议申请书的互联网渠道。根据本条规定，下一步有关行政机关要尽快完善相关的信息化平台，方便申请人通过互联网提交行政复议申请。

四、申请人对两个以上行政行为不服的，应当分别申请行政复议

根据本法第30条的规定，行政复议机关受理的行政复议案件应当有具体的行政复议请求。这里对行政复议请求的要求是要具体，不能模棱两可，也不能过于复杂。在一个行政复议案件中，行政行为一般仅为一个行政机关作出的一个行政行为，或者两个以上的行政机关作出的同一行政行为。否则，行政复议机关不易确定被申请人，也不易确定行政行为与申请人的利害

关系，难以聚焦被申请的行政行为、认定案件事实、准确适用法律，进而影响案件公正审理。公民、法人或者其他组织在申请行政复议时，可以提出多项具有内在逻辑关联的申请，但行政复议申请所涉及的行政行为应当只有一个。这与行政诉讼的要求是类似的，行政诉讼法同样要求有具体的诉讼请求。在行政诉讼案件中，一般也不允许一个行政案件中将两个或两个以上的行政行为列为被诉行政行为。因此，本条规定，申请人对两个以上行政行为不服申请行政复议的，应当分别进行行政复议，提出两个以上行政复议申请。

第二十三条 有下列情形之一的，申请人应当先向行政复议机关申请行政复议，对行政复议决定不服的，可以再依法向人民法院提起行政诉讼：

（一）对当场作出的行政处罚决定不服；

（二）对行政机关作出的侵犯其已经依法取得的自然资源的所有权或者使用权的决定不服；

（三）认为行政机关存在本法第十一条规定的未履行法定职责情形；

（四）申请政府信息公开，行政机关不予公开；

（五）法律、行政法规规定应当先向行政复议机关申请行政复议的其他情形。

对前款规定的情形，行政机关在作出行政行为时应当告知公民、法人或者其他组织先向行政复议机关申请行政复议。

【释义】 本条是关于行政复议前置的规定。

1989 年制定的行政诉讼法，首次对行政复议前置作出规定。2017 年修正后的行政诉讼法第 44 条第 2 款规定："法律、法规规定应当先向行政机关申请复议，对复议决定不服再向人民法院提起诉讼的，依照法律、法规的规定。"1999 年制定的行政复议法对行政复议前置再次作出规定，"法律、法规规定应当先向行政复议机关申请行政复议、对行政复议决定不服再向人民法院提起行政诉讼的，在法定行政复议期限内不得向人民法院提起行政诉讼"。上述两部法律共同确立了"以当事人自由选择为原则，以复议前置为例外"的制度模式。此次修订行政复议法，为进一步发挥行政复议化解行政争议的主渠道作用，适当增加了行政复议前置的情形，并将其他行政复议前置情形的设定权限调整为"法律、行政法规"；同时，增加规定了行政机关对行政复议前置的告知义务。

一、关于行政复议前置的规定

此次行政复议法修订前，一些法律、法规从实体法层面对行政复议前置的领域作出了具体规定：一是税收征收管理法第 88 条第 1 款、海关法第 64 条规定的纳税争议；二是原行政复议法第 30 条规定的自然资源争议；三是反垄断法第 65 条规定的反垄断争议；四是电影产业促进法第 58 条规定的电影公映许可争议；五是反间谍法第 68 条规定的反间谍领域行政争议；六是注册会计师法第 11 条、第 13 条规定的会计师注册争议。同时，还有约 20 部行政法规规定了行政复议前置，如《价格违法行为行政处罚规定》《军品出口管理条例》《外国人来华登山管理办法》《外汇管理条例》《城市居民最低生活保障条例》等。此外，据不完全统计，自 1999 年行政复议法制定以来，除了不少地方性法规重复或落实法律、行政法规有关规定，对行政复议前置作出规定外，还有个别现行有效的省级地方性法规在没有上位法规定行政复议前置的情况下，创设规定了行政复议前置情形。

立法过程中，社会各界对行政复议前置有关规定的主要意见包括：一是认为实行行政复议前置，可以将行政争议成规模地纳入行政复议，既可以将过滤作用发挥到最大，又能够大幅提升行政复议的主渠道地位，应当确立"以复议前置为原则，以当事人选择为例外"的模式。二是认为现行法确立的原则基本保障了当事人的诉权，但尚未充分发挥复议前置的区分作用，应当保留现行的"以当事人选择为原则，以复议前置为例外"模式，但应部分扩大行政复议前置的范围。三是认为应当优先保障当事人在诉讼渠道上的自由选择权，不宜扩大行政复议前置范围，而应保持或者限缩现行的复议前置范围。总的来说，认为应当保留现行法的原则，并适度扩大行政复议前置范围的观点占据主流。行政复议前置可以让不了解行政复议制度优势的当事人，通过行政复议进行救济；对于更适合通过行政复议解决的纠纷，可以让当事人及时进入行政复议程序，减少其寻求救济的成本。这一观点符合目前行政复议的现状和发展方向。

关于实行行政复议前置时，申请行政复议和提起行政诉讼的关系。根据本法和有关法律、行政法规的规定，行政复议前置时，行政相对人对行政机关作出的行政行为不服，必须先向行政复议机关申请复议，不允许未经过行政复议程序直接向人民法院提起行政诉讼，只有对行政复议决定不服，才能到法院提起行政诉讼。例如，税收征收管理法第88条第1款规定："纳税人、扣缴义务人、纳税担保人同税务机关在纳税上发生争议时，必须先依照税务机关的纳税决定缴纳或者解缴税款及滞纳金或者提供相应的担保，然后可以依法申请行政复议；对行政复议决定不服的，可以依法向人民法院起诉。"在行政复议前置情形下，行政复议是提起行政诉讼必经的前置程序，行政相对人必须先向行政复议机关申请行政复议，行政复议机关已经依法受理的，按照本法规定，在法定行政复议期限内也不得提起行政诉讼。

二、行政复议前置的具体情形

本条列举了行政复议前置的四种情形，以及一项兜底条款。

（一）对当场作出的行政处罚决定不服

行政处罚法规定了简易程序，即对依法应当予以处罚，事实确凿、处罚较轻的违法行为当场作出行政处罚决定的程序。其第51条规定，违法事实确凿并有法定依据，对公民处以200元以下、对法人或者其他组织处以3000元以下罚款或者警告的行政处罚的，可以当场作出行政处罚决定。法律另有规定的，从其规定。第52条第1款中规定，执法人员当场作出行政处罚决定的，应当向当事人出示执法证件，填写预定格式、编有号码的行政处罚决定书，并当场交付当事人。当场作出的行政处罚决定，无论从处罚内容还是处罚程序上，都相对简单，往往事实较为清楚，同时因为当场处罚受到一些客观因素的限制，难免出现争议，由行政复议机关先行处理有利于争议的及时解决，也有利于及时保护当事人权益。

（二）对行政机关作出的侵犯其已经依法取得的自然资源的所有权或者使用权的决定不服

本项规定是指，公民、法人或者其他组织认为行政机关确认土地、矿藏、水流、森林、山岭、草原、荒地、滩涂、海域等自然资源的所有权或者使用权的行政行为，侵犯其已经依法取得的自然资源所有权或者使用权的，经行政复议后才可以向人民法院提起行政诉讼。需要满足以下条件：一是行政相对人认为行政行为侵犯了自己合法的使用权或所有权；二是行政相对人已经依法取得了所涉自然资源的所有权或使用权，持有相应证件或法律文书。这类案件包括不服收回、撤销或变更所有权或使用权证、许可证等。对涉及自然资源所有权或者使用权的行政处罚、行政强制措施等其他行政行为的，不属于本规定的范围。当然，行政相对人认为自己已经"依法取得"自然资源所有权或使用权的情况比较复杂，有些虽未取得有关证件，但已实际使用多年，他人也无异议，有些存在争议虽经有关部门解决多次仍无结果，争议当事人或多或少都有一定证据或理由认为依法应由自己所有或使用，也符合本项规定的条件。

此外，根据土地管理法、森林法、矿产资源法等法律法规的规定，处理土地所有权和使用权争议一般是人民政府的专属职权，对自然资源的权属争议往往争议时间长、情况比较复杂，解决此类争议的专业性、政策性也较强，由行政机关先行复议，有利于行政机关履行职责，有利于解决矛盾，平息纠纷。

（三）认为行政机关存在本法第 11 条规定的未履行法定职责情形

未履行法定职责，也称"不作为"，是指行政机关在法定期限内不履行其法定职责。本法所规定的实行复议前置的不履行法定职责情形，主要是指申请行政许可，行政机关在法定期限内不予答复；申请行政机关履行保护人身权利、财产权利、受教育权利等合法权益的法定职责，行政机关未依法履行或者不予答复；申请行政机关依法给付抚恤金、社会保险待遇或者最低生活保障等社会保障，行政机关没有依法给付。实行行政复议前置的未履行法定职责情形，应当符合下列条件：一是行政机关依法具有某方面的法定职责；二是行政相对人申请行政机关履行相应法定职责；三是行政机关在法定期限内未履行、不予受理或者不予答复。对于这些情形导致的行政争议，由行政复议机关先行处理，通过行政机关内部监督予以纠正，有利于行政争议的及时解决，也有利于行政机关及时纠错，促进行政机关依法行政。

（四）申请政府信息公开，行政机关不予公开

将政府信息公开案件纳入行政复议前置范围，是此次修订行政复议法的重要内容之一。据有关方面反映，近年来，行政复议中的政府信息公开案件数量较多，且大部分不再提起行政诉讼，行政复议在解决政府信息公开案件有关争议中的作用比较明显。政府信息公开案件大部分相对简单，行政机关也更加了解情况，由行政复议机关进行处理，能够发挥行政复议的便捷性优势。尤其对于不予公开的行为，行政机关先行处理的便捷性更为显著。申请政府信息公开，行政机关不予公开，主要是指行政机关依据《中华人民共和国政府信息公开条例》第14条、第15条、第16条的规定决定不予公开，告知申请人不予公开并说明理由的情形。

三、法律、行政法规可以规定行政复议前置的其他情形

如前所述，行政诉讼法和原行政复议法均规定，法律、法规可以规定行政复议前置的其他情形，行政法规和个别地方性法规对此已有规定。在立法过程中，有意见提出，由地方性法规设定行政复议前置的情形，合理性和必要性有待商榷。一是地方性法规的制定主体过多，允许其设定行政复议前置事项将导致前置事项欠缺统一的标准，影响法制统一。二是由地方性法规作出复议前置要求，将造成同样的案件在有的地区可以直接提起诉讼，有的地区不能直接提起诉讼，出现同案不同审的现象。三是此次修订在行政复议法中对行政复议前置范围作了相对明确、具体的规定，地方性法规新增复议前置范围的必要性并不充分。这一意见符合设定行政复议前置的理论和实践。因此，本条第1款第5项规定，法律、行政法规可以规定行政复议前置的其他情形，地方性法规不再具有设定行政复议前置其他情形的权限。本法实施后，行政诉讼法、原行政复议法关于行政复议前置情形设定权限的规定将作出调整，均依照本法规定执行。

四、对属于行政复议前置范围的情形，行政机关在作出行政行为时应当告知

在本法修订过程中，有意见提出，行政复议的申请期限与行政诉讼的起

诉期限不一致，在行政复议前置情形下可能影响当事人的诉讼权利。根据行政复议法和行政诉讼法的规定，行政复议的申请期限是 60 日，行政诉讼的起诉期限是 6 个月。一般情况下，当事人超过 60 日未申请行政复议的，在起诉期限内仍然可以提起诉讼，但在行政复议前置情形下，当事人超过行政复议期限提起行政诉讼的，人民法院可能不予受理，当事人因此将丧失约 4 个月的期限利益。对于这一意见，本法作出如下制度安排：一是，本法第 20 条中规定，有正当理由耽误法定申请期限的，申请期限自障碍消除之日起继续计算。对于符合该情形的，当事人仍可以继续申请行政复议，对行政复议决定不服的可以提起行政诉讼。这一规定可以部分解决起诉期限问题。二是，行政机关在作出行政行为时应当明确告知行政相对人实行行政复议前置以及具体的起诉期限，这样可以避免行政相对人因为不知道行政行为属于行政复议前置事项而错过起诉期限的问题。据此，本条第 2 款规定，对属于行政复议前置范围的情形，行政机关在作出行政行为时应当告知公民、法人或者其他组织先向行政复议机关申请行政复议。通过这一规定，最大限度保护行政相对人的权利。

第四节　行政复议管辖

第二十四条　县级以上地方各级人民政府管辖下列行政复议案件：

（一）对本级人民政府工作部门作出的行政行为不服的；

（二）对下一级人民政府作出的行政行为不服的；

（三）对本级人民政府依法设立的派出机关作出的行政行为不服的；

（四）对本级人民政府或者其工作部门管理的法律、法规、规章授权的组织作出的行政行为不服的。

除前款规定外，省、自治区、直辖市人民政府同时管辖对本机关作出的行政行为不服的行政复议案件。

省、自治区人民政府依法设立的派出机关参照设区的市级人民政府的职责权限，管辖相关行政复议案件。

对县级以上地方各级人民政府工作部门依法设立的派出机构依照法律、

法规、规章规定，以派出机构的名义作出的行政行为不服的行政复议案件，由本级人民政府管辖；其中，对直辖市、设区的市人民政府工作部门按照行政区划设立的派出机构作出的行政行为不服的，也可以由其所在地的人民政府管辖。

【释义】本条是关于县级以上地方各级人民政府管辖行政复议案件的规定。

构建统一、科学的行政复议体制，是本次修改行政复议法的一个重要目标。近年来，随着经济社会发展，行政复议制度在实施中暴露出了一些问题，比如案件管辖体制过于分散，群众难以找准行政复议机关，将行政争议等矛盾纠纷化解在基层和萌芽状态的效果不理想等。按照行政复议体制改革方案，整合地方行政复议职责，除实行垂直领导的行政机关、税务和国家安全机关外，原则上县级以上一级地方人民政府只保留一个行政复议机关，由本级人民政府统一行使行政复议职责。本次修法坚持立法与改革相衔接统一，巩固和深化行政复议体制改革成果，将有关改革措施转化为具体的法律制度。

一、关于县级以上地方各级人民政府管辖的行政复议案件

按照《行政复议体制改革方案》，改革后县级以上地方人民政府统一管辖以本级人民政府派出机关、本级人民政府部门及其派出机构、下一级人民政府以及有关法律、法规授权的组织为被申请人的行政复议案件。本条第1款对县级以上地方各级人民政府管辖的行政复议案件作了规定，具体包括四类案件。

1. 对本级人民政府工作部门作出的行政行为不服的案件。

关于对县级以上地方人民政府工作部门的行政行为申请行政复议，1990年国务院制定的《行政复议条例》明确规定，"对县级以上的地方各级人民政府工作部门的具体行政行为不服申请的复议，由上一级主管部门管辖"，采取"条条"管辖模式。国务院于1994年对《行政复议条例》进行修改，对复议管辖的规定从以"条条为主"调整为"条条"和"块块"都有管辖权，即"对县级以上地方各级人民政府工作部门的具体行政行为不服申请的复议，由本级人民政府或者上一级主管部门管辖"。1999年制定行政复议法时，在《行政复议条例》的规定基础上，又进一步明确规定："对县级以上地方各级人民政府工作部门的具体行政行为不服的，由申请人选择，可以向该部门的本级人民政府申请行政复议，也可以向上一级主管部门申请行政复议。"

本次修法明确对县级以上地方各级人民政府工作部门作出的行政行为不服的案件，原则上统一由本级人民政府作为行政复议机关行使管辖权，上一级主管部门不再进行行政复议管辖。地方各级人民代表大会和地方各级人民政府组织法第83条规定："省、自治区、直辖市的人民政府的各工作部门受人民政府统一领导，并且依照法律或者行政法规的规定受国务院主管部门的业务指导或者领导。自治州、县、自治县、市、市辖区的人民政府的各工作部门受人民政府统一领导，并且依照法律或者行政法规的规定受上级人民政府主管部门的业务指导或者领导。"根据这一规定，县级以上地方各级人民政府工作部门是同时受本级人民政府领导和上级人民政府主管部门指导或者领导的。本次修法将"条条"和"块块"都有管辖权调整为"块块管辖"，主要考虑是解决行政复议案件管辖体制过于分散的问题，实现"一个窗口"对外，方便群众快速准确找到行政复议机关。同时，还有两个方面的考虑：一是政府工作部门在作出行政行为时，时常向上级主管部门事先请示、沟通，上一级主管部门管辖行政复议案件，难以避免部门保护的影响，不利于保护申请人的合法权益；二是向上一级主管部门申请复议多数情况下需要到异地，往往会给申请人申请、参加行政复议带来不便。

2. 对下一级人民政府作出的行政行为不服的案件。

地方各级人民代表大会和地方各级人民政府组织法第73条对县级以上地方各级人民政府的职权作了规定，从总体上讲，地方各级人民政府在行政管理方面主要是以宏观管理为主。因此，与政府工作部门实施行政行为相比，地方各级人民政府作出行政行为的情况较少，主要集中在土地、矿产、森林等行政管理领域。

对于地方各级人民政府作出的行政行为不服，只能向上一级地方人民政府申请行政复议。地方各级人民代表大会和地方各级人民政府组织法第69条中规定，"地方各级人民政府对本级人民代表大会和上一级国家行政机关负责并报告工作。"根据这一规定，地方各级人民政府的工作受同级人民代表大会和上一级国家行政机关的监督。考虑到行政复议是政府系统自我监督纠错的制度机制，属于接受上一级国家行政机关监督的范畴，所以由上一级人民政府进行复议管辖。上一级人民政府的工作部门与下一级人民政府之间没有领导关系，所以无权对下一级人民政府作出的行政行为进行行政复议管辖。

另外，根据地方各级人民代表大会和地方各级人民政府组织法第 73 条规定，县级以上地方各级人民政府领导下级人民政府的工作。这里的领导包括工作的决策权、指挥权、监督权以及检查权、协调权等。县级以上地方各级人民政府作为行政复议机关，通过行政复议对下一级人民政府作出的行政行为进行监督和纠错，也是其行使领导权的一个具体方面。因此，县级以上地方各级人民政府有权管辖下一级人民政府作为被申请人的行政复议案件。

3. 对本级人民政府依法设立的派出机关作出的行政行为不服的案件。

本条所称"派出机关"，是指县级以上地方人民政府根据需要，经上一级国家行政机关批准，在其辖区内设立的，并委托它们指导下级行政机关工作和办理各项事宜的行政机关。地方各级人民代表大会和地方各级人民政府组织法第 85 条规定："省、自治区的人民政府在必要的时候，经国务院批准，可以设立若干派出机关。县、自治县的人民政府在必要的时候，经省、自治区、直辖市的人民政府批准，可以设立若干区公所，作为它的派出机关。市辖区、不设区的市的人民政府，经上一级人民政府批准，可以设立若干街道办事处，作为它的派出机关。"根据这一规定，目前县级以上地方人民政府设立的派出机关主要有三种：一是省、自治区人民政府根据需要，经国务院批准，在其所辖行政区域内按照地区设立的派出机关，在实践中称行政公署或盟，由专员主持工作；二是县、自治县人民政府根据需要，经上一级人民政府批准，设立的区公所，其代表县、自治县人民政府督促、检查、指导所属乡、民族乡、镇的工作，办理上级人民政府交办的事项；三是市辖区、不设区的市人民政府根据需要，经上一级人民政府批准，设立的街道办事处。

从性质上看，县级以上地方人民政府设立的派出机关不是一级国家机关，不设与之相应的国家权力机关，但在其所管辖的范围内对本辖区的经济社会文化治安等社会生活的方方面面行使管理权。归纳起来，这些派出机关有四个特点：第一，它不是一级独立的行政机关；第二，从属于派出它的机关，受派出它的机关的领导；第三，派出机关的任务主要是，受派出它的机关委托，代表派出它的机关开展行政管理工作；第四，地方人民政府设立派出机关是依照法律规定，并经上一级人民政府批准的。

这些派出机关在社会生活和行政管理工作中发挥了十分重要的作用，它们虽然不是一级政府，但受政府委托履行了一级政府的职能，以自己的名义实施行政行为引起了行政复议，成为被申请人，而管辖这一类行政复议案件的理应是设立它的地方人民政府。从另一个角度讲，行政复议是上级行政机关监督下级行政机关的一个重要手段，人民政府对它自己的派出机关有领导和监督的职责，复议管辖由派出它的人民政府负责也是理所当然。具体来说，对行政公署、盟作出的行政行为不服，向派出它的省或者自治区人民政府申请复议；对区公所作出的行政行为不服，向派出它的县或者自治县人民政府申请复议；对街道办事处作出的行政行为不服，向派出它的市辖区或者不设区的市人民政府申请复议。

4. 对本级人民政府或者其工作部门管理的法律、法规、规章授权的组织作出的行政行为不服的案件。

对县级以上地方各级人民政府管理的法律、法规、规章授权的组织作出的行政行为不服的，以及对其工作部门管理的法律、法规、规章授权的组织作出的行政行为不服的，均向同级地方人民政府申请行政复议。所谓授权，是指法律、法规、规章将某些行政管理权授予非行政机关的组织行使。经过授权，该组织取得了行政管理的主体资格，可以以自己的名义行使行政管理权，以自己的名义独立承担因行使行政管理权而引起的法律后果。授权有几个要件：一是授权主体是特定的国家机关，它以制定法律、行政法规、地方性法规和规章的形式作出授权；二是被授权的行政管理权是共有权力，类似行政拘留等专属权力不能授权；三是应当授权给有公共事务管理职能的组织，被授权的组织应当有一定的管理和承担责任的能力；四是经授权后被授权组织在某一方面或者某几个方面，取得了以自己的名义独立行使行政管理权的权力，同时承担由此引起的法律后果。

授权有关组织行使行政管理权是行政管理的现实需要。根据传统行政法理论，国家的行政权应当由行政机关和公务员行使，其他组织无权对公民、法人等实施行政管理。但是，随着经济社会发展，社会生活日趋复杂，国家对社会生活的干预无论是广度还是深度都在加强，行政管理的范围也越来越大，行政机关和公务员不可能无限制的增加。为了满足现实行政管理的需要，一些法律、法规、规章就授权一些具有公共事务管理职能的组织来代行一些行政管理权。比如，行政许可法第23条中规定，法律、法规授权的具有管理公共事务职能的组织，在法定授权范围内，以自己的名义实施行政许可。行政处罚法第19条规定，法律、法规授权的具有管理公共事务职能的组织可以在法定授权范围内实施行政处罚。同时，从我国的现实情况看，根据机构改革和政府职能转变，还存在一些行政部门转变为企业后，仍行使着一部分行政管理权的情况。总之，由法律、法规、规章明确授权一些组织享有一定的行政管理权，同时规定相应的责任，符合行政管理的现实需要。

对法律、法规、规章授权的组织作出的行政行为不服，应当向谁提出行政复议申请，按照原行政复议法的规定，主要取决于这个组织由谁直接管理。具体包括两种情形：一是对由地方人民政府直接管理的组织，向地方人民政府申请复议；二是对由地方人民政府工作部门直接管理的组织，向地方人民政府工作部门申请复议。本次修法对地方行政复议职责进行了整合，除本法第27条、第28条规定的情形外，地方人民政府工作部门已经没有行政复议管辖权。对上述前一种情形，本法修改后没有调整，仍向地方人民政府申请行政复议。如市里某一组织是直接从属于市人民政府的，由市人民政府进行复议管辖。对上述后一种情形，本法修改后不再向部门申请行政复议，也向该部门的同级地方人民政府申请行政复议。

二、关于省、自治区、直辖市人民政府管辖对本机关作出的行政行为不服的行政复议案件

本条第2款明确规定了省、自治区、直辖市人民政府管辖对本机关作出的行政行为不服的行政复议案件。对省、自治区、直辖市人民政府作出的行政行为不服的，从行政复议具有层级监督的性质来讲，似应向上一级行政机关，即国务院申请复议。在征求意见过程中，有一些意见提出，省级人民政府作出的行政行为一般都涉及行政相对人重大利益，会对行政相对人造成较大影响；由国务院受理行政复议申请，有利于发现和纠正省级人民政府实施的违法或者不当的行政行为，加强对省级人民政府的监督。但是，从我国行政系统的组织架构和职权配置来看，国务院是最高国家行政机关，主要职能是制定方针政策，从全局上处理行政事务，一般不宜、也难以处理大量的如办理行政复议案件等较为具体的行政事务。如果规定这类行政复议案件由国务院管辖，可能会影响国务院其他职能的发挥。

从行政管理的层级来说，省级人民政府是仅次于国务院的一级行政机关，依法行政的意识和观念相对比较强，在行政复议工作中纠正违法或者不当行政行为的能力和水平也更高。同时，就省级人民政府管辖对本机关作出的行政行为不服的行政复议案件，本法也作了一些针对性的制度设计，确保案件公正审理，并规定有后续救济措施。比如本法第52条要求行政复议机构在适用普通程序审理这类行政复议案件时，应当提请行政复议委员会提出咨询意见，保障案件办理的公正性。总的来说，规定这类行政复议案件由省级人民政府进行管辖是可行的。

三、关于省、自治区人民政府依法设立的派出机关的行政复议管辖权

本条第3款明确规定了省、自治区人民政府依法设立的派出机关参照设区的市级人民政府的职责权限，管辖相关行政复议案件。这是根据我国的实际情况作出的专门规定。地方各级人民代表大会和地方各级人民政府组织法第85条第1款规定，省、自治区的人民政府在必要的时候，经国务院批准，可以设立若干派出机关。目前，在我国省、自治区人民政府设立的派出机关主要是行政公署、盟，它们不是一级独立的行政机关，从属于派出它的省、自治区人民政府，受其领导。这些派出机关的任务主要是受省、自治区人民政府的委托，代表省、自治区人民政府，指导和管理下级行政机关完成行政管理任务。这些派出机关指导和管理的下级行政机关，包括本机关所属的县

级人民政府，以及由本机关设置的一些工作部门。

在行政复议体制改革过程中，对这些派出机关的下级行政机关作出的行政行为不服，向谁申请行政复议的问题，考虑到我国存在这样一种特殊的行政管理方式，提出了相应的改革措施，即省、自治区人民政府依法设立的派出机关参照设区的市级人民政府，统一行使行政复议职责。本次修法也对这一特殊问题作出特别规定，明确省、自治区人民政府依法设立的派出机关参照设区的市级人民政府的职责权限，统一对相关行政复议案件进行管辖。也就是说，对这些派出机关指导和管理的县级人民政府，以及本机关所属工作部门作出的行政行为不服的，申请人向该派出机关申请行政复议。这样规定符合块块管辖的精神，也符合行政复议便民的原则。

四、关于县级以上地方各级人民政府工作部门依法设立的派出机构作为被申请人的行政复议案件管辖

当前一些县级以上地方人民政府工作部门，根据有关法律、法规和规章的规定，设立了一些派出机构，如公安派出所、税务所、市场监督管理所等。虽说都是派出机构，但不是都有权力以自己的名义作出行政行为，更不是在哪个方面都有权力以自己的名义作出行政行为。如一些市、县税务局派出的税务所，有权以自己的名义行使征税的职权，但对违反税收征管的处罚，有的税务所就无权以自己的名义实施。关于哪些派出机构可以以自己的名义实施行政行为，实施何种行政行为，必须要有法律、法规、规章的依据。如治安管理处罚法第91条规定："治安管理处罚由县级以上人民政府公安机关决定；其中警告、五百元以下的罚款可以由公安派出所决定。"这一规定明确了对公民违反治安管理处以警告或者500元以下罚款时，公安派出所可以以自己的名义实施处罚。

对这些派出机构依据法律、法规、规章规定，以自己的名义作出的行政行为不服的行政复议案件，按照修订前的行政复议法规定，向设立该派出机构的部门或者该部门的本级地方人民政府申请行政复议。本次修法对地方行政复议职责进行整合后，设立该派出机构的部门不再进行复议管辖。本条第4款规定这类案件一般由该部门的本级人民政府管辖，同时考虑保障行政复

议工作质量和效率的需要，对直辖市和设区的市的这类案件管辖作了特别的规定。

从直辖市和设区的市的情况来看，以市人民政府工作部门在区一级设立的派出机构为被申请人的行政复议案件数量较大，规定一律由市政府管辖，执行起来比较困难。目前，实践中各地的做法也不尽相同，比如公安系统，市公安局在各区设立的公安分局属于市公安局的派出机构。对于以区公安分局为被申请人的案件，有的地方申请人可以向市政府申请行政复议；有的地方申请人可以向市公安局或者区政府申请；有的地方申请人可以向区政府申请行政复议。综合考虑实际情况和各方面的意见，本次修法在明确这类案件一般由设立派出机构的部门的本级人民政府管辖的基础上，同时对这类案件管辖作出灵活的制度安排，规定对直辖市、设区的市人民政府工作部门按照行政区划设立的派出机构作出的行政行为不服的，也可以由其所在地的人民政府管辖。

第二十五条　国务院部门管辖下列行政复议案件：

（一）对本部门作出的行政行为不服的；

（二）对本部门依法设立的派出机构依照法律、行政法规、部门规章规定，以派出机构的名义作出的行政行为不服的；

（三）对本部门管理的法律、行政法规、部门规章授权的组织作出的行政行为不服的。

【释义】本条是关于国务院部门管辖行政复议案件的规定。

与原法有关规定相比，本次修法对中央政府层面的行政复议职责配置没有进行大的调整，主要由国务院部门作为行政复议机关履行行政复议职责。具体来说，国务院部门管辖的行政复议案件包括以下三类：

一、对国务院部门作出的行政行为不服的案件

对国务院部门作出的行政行为不服的，按照向上一级行政机关申请复议的原则，理应向国务院复议。但是，如同对省级人民政府的行政行为不服申请复议，不宜由国务院进行复议管辖，本条也规定这类案件不直接由国务院管辖，而是由国务院部门自己复议本部门作出的行政行为。同样也是考虑到国务院作为最高国家行政机关，它主要是制定方针政策的，从整个国家的全局上处理行政事务，一般不宜、也难以处理大量的具体行政事务。如果规定国务院也要受理不服各部门行政行为提出的复议申请、作出复议决定，将会影响国务院的其他工作。因此，对不服国务院部门行政行为的复议管辖，有必要作出与不服地方政府工作部门行政行为的复议管辖不同的制度安排。

二、对国务院部门依法设立的派出机构依照法律、行政法规、部门规章规定，以派出机构的名义作出的行政行为不服的案件

当前一些国务院部门，根据法律、行政法规、部门规章规定，设立了一些派出机构。虽说都是派出机构，但不是都有权力以派出机构的名义作出行政行为，更不是在哪个方面都有权力以派出机构的名义作出行政行为，必须要有法律、行政法规或者部门规章的依据。对政府工作部门依法设立的派出机构，依照法律、法规或者规章规定，以派出机构的名义作出的行政行为不服的行政复议案件，修订前的行政复议法规定向设立该派出机构的部门或者该部门的本级地方人民政府申请行政复议，对国务院部门设立的派出机构的行政行为不服的，逻辑上不存在"该部门的本级地方人民政府"，所以实际上只能向设立该派出机构的国务院部门申请复议。本次修法对不服这类派出机构的行政行为的复议管辖分别作出规定。本条第2项明确对国务院部门设立的派出机构，依照法律、行政法规或者部门规章规定，以派出机构的名义作出的行政行为不服的，向设立该派出机构的国务院部门申请行政复议。

三、对国务院部门管理的法律、行政法规、部门规章授权的组织作出的行政行为不服的案件

为了满足现实行政管理的需要，一些法律、行政法规、部门规章将某些行政管理权授予组织行使，这些组织取得了行政管理的主体资格，可以以组织的名义行使行政管理权，以组织的名义独立承担因行使行政管理权而引起的法律后果。对于这些组织作出的行政行为不服，应当向谁提出行政复议申请，主要取决于这个组织由谁直接管理。因此，对国务院部门管理的法律、行政法规、部门规章授权的组织作出的行政行为不服的，向该国务院部门申请行政复议也是理所当然的。申请人在提出行政复议申请时，应当按照与该组织是否存在直接管理关系来确定具体的行政复议机关。

第二十六条　对省、自治区、直辖市人民政府依照本法第二十四条第二款的规定、国务院部门依照本法第二十五条第一项的规定作出的行政复议决定不服的，可以向人民法院提起行政诉讼；也可以向国务院申请裁决，国务院依照本法的规定作出最终裁决。

【释义】本条是关于不服省级人民政府、国务院部门作出的行政复议决定进行救济的规定。

依照本法第 24 条第 2 款、第 25 条第 1 项的规定，不服省、自治区、直辖市人民政府或者国务院部门作出的行政行为，只能向作出该行政行为的行政机关申请行政复议。这种由作出行政行为的行政机关审查本机关行政行为合法性和适当性的做法，属于"自己监督自己"的情形，有必要进一步提供救济途径。为了切实防止和纠正违法或者不当的行政行为，维护公民、法人和其他组织的合法权益，本法特别对当事人不服这类行政复议决定，如何进行权利救济作了规定，即可以向人民法院提起诉讼；也可以向国务院部门或者省、自治区、直辖市人民政府的上一级行政机关，即向国务院申请裁决，国务院作出的行政复议决定为最终裁决。

需要注意的是，被申请行政复议的行政行为必须是省、自治区、直辖市人民政府和国务院部门自己作出的行政行为，不包括它们设立的派出机构依照法律等规定，以派出机构的名义作出的行政行为，也不包括它们管理的法律、法规、规章授权的组织作出的行政行为。同时，当事人对两条救济途径的选择是"二选一"的关系。也就是说，选择了向人民法院提起行政诉讼，就不得再向国务院申请裁决；选择了向国务院申请裁决，就不得再向法院提起行政诉讼，国务院作出的行政复议决定为最终裁决。这一规定的根本目的，是为了保证更有效地纠正违法的或者不当的行政行为，保障公民、法人或者其他组织的合法权益，也体现了国务院对下级行政机关实施的行政行为负有监督权力和职责，以及司法对行政权的监督。

第二十七条 对海关、金融、外汇管理等实行垂直领导的行政机关、税务和国家安全机关的行政行为不服的，向上一级主管部门申请行政复议。

【释义】本条是关于不服部分行政机关的行政行为向上一级主管部门申请行政复议的规定。

本法第24条对县级以上地方各级人民政府工作部门的行政行为不服的，规定了申请人可以向同级地方人民政府申请行政复议，同时本法也对实行垂直领导的行政机关、税务和国家安全机关作了例外规定。主要是考虑到我国行政管理领域的多样性和复杂性，特别是对于那些实行垂直领导的行政机关，行政管理主要是以"条条"为主的，相关法律、法规、规章的专业性较强，在行政复议管辖问题上如果采取"一刀切"的制度设计，也由同级地方人民政府进行复议管辖，既不符合当前我国行政管理工作的实际，也不利于行政监督工作的有效开展。需要注意的是，本条对向上一级主管部门申请行政复议的情形作了比较明确的规定，具体来说，包括三类案件：一是海关、金融、外汇管理等实行垂直领导的行政机关作为被申请人的行政复议案件；二是税务机关作为被申请人的行政复议案件；三是国家安全机关作为被申请人的行政复议案件。

第二十八条 对履行行政复议机构职责的地方人民政府司法行政部门的行政行为不服的，可以向本级人民政府申请行政复议，也可以向上一级司法行政部门申请行政复议。

【释义】本条是关于不服地方人民政府司法行政部门的行政行为申请行政复议的规定。

本法第2条第1款规定，公民、法人或者其他组织认为行政机关的行政行为侵犯其合法权益，向行政复议机关提出行政复议申请，行政复议机关办理行政复议案件，适用本法。第4条中规定，县级以上各级人民政府以及其他依照本法履行行政复议职责的行政机关是行政复议机关。行政复议机关办理行政复议事项的机构是行政复议机构。目前，在行政复议实践中，除海关、金融、外汇管理等实行垂直领导的行政机关、税务和国家安全机关外，原则上县级以上一级政府只设一个行政复议机关，由司法行政部门作为本级人民政府的行政复议机构，依法办理同级人民政府的行政复议事项。

司法行政部门承担着行政复议机构的职责，其本身作为行政机关，依法行使相应的行政管理职权，作出的行政行为也可能引发行政争议，导致行政相对人申请行政复议。如果按照本法第24条关于对县级以上地方各级人民政府工作部门的行政行为不服的，向同级地方人民政府申请行政复议的规定，将以司法行政部门为被申请人的案件一律交由同级地方人民政府管辖，实际上就是由司法行政部门作为行政复议机构，对自己作出的行政行为进行监督纠错。在修法过程中，有不少意见提出，司法行政部门自己审查自己作出的行政行为不够合理，难以保障行政复议的公正性，也不利于充分保护公民、法人和其他组织的合法权益；有必要作出相对灵活的制度安排，引入申请人也可以向上一级司法行政部门申请复议的渠道，避免"一刀切"。因此，本法对以地方司法行政部门为被申请人的行政复议案件管辖作出特别规定，赋予了申请人选择权，可以向本级人民政府申请复议，也可以向上一级司法行政部门申请行政复议。

第二十九条 公民、法人或者其他组织申请行政复议，行政复议机关已经依法受理的，在行政复议期间不得向人民法院提起行政诉讼。

公民、法人或者其他组织向人民法院提起行政诉讼，人民法院已经依法受理的，不得申请行政复议。

【释义】本条是关于公民、法人或者其他组织如何处理行政复议和行政诉讼的关系的规定。

行政复议和行政诉讼都是由不服行政行为的行政相对人提出，但它们是两种不同的法律制度，存在较为明显的区别。行政复议是行政系统内部的一种监督和纠错制度，行政复议机关根据层级监督关系或者法律规定，通过审查行政行为的合法性和适当性，为行政相对人维护其合法权益提供法律救济。行政诉讼则是行政系统外部的一种监督和纠错制度，人民法院依照司法程序主要审查行政行为的合法性，为行政相对人维护其合法权益提供法律救济。行政复议有行政复议的程序要求，行政诉讼有行政诉讼的程序要求，不能混为一谈，更不能混同进行。因此，为了避免行政复议与行政诉讼的交叉进行，有效利用行政资源和司法资源，有必要对申请行政复议与提起行政诉讼之间的关系作出规定，以切实发挥两者在解决行政争议方面的各自作用。此次修订，将行政复议前置有关的内容调整至第23条中予以规定，其他内容未作修改。

一、关于行政复议和行政诉讼的关系

从行政相对人的角度来讲，由于行政复议和行政诉讼都为了解决行政争议，而又用两种不同的法律途径去解决，这就不可避免地会发生冲突，即行政争议一旦发生，不服行政行为的行政相对人到底采取哪种方式来维护自身合法权益，解决行政争议。这就涉及从行政相对人行使救济权利的视角，如何处理申请行政复议与提起行政诉讼的关系。行政诉讼法第44条规定："对属于人民法院受案范围的行政案件，公民、法人或者其他组织可以先向行政机关申请复议，对复议决定不服的，再向人民法院提起诉讼；也可以直接向人民法院提起诉讼。法律、法规规定应当先向行政机关申请复议，对复议决定不服再向人民法院提起诉讼的，依照法律、法规的规定。"根据这一规定以及其他有关单行法的具体规定，对这两者的关系主要有两种处理方式：一是自由选择制度，即由行政相对人选择解决行政争议的方式，可以申请行政复议，也可以提起行政诉讼。二是行政复议前置制度，即行政相对人提起行政诉讼，必须以经过行政复议为前提，只有经过行政复议，对行政复议决定不服才能提起行政诉讼。

二、关于不得提起行政诉讼的情形

本条第1款主要规定了行政复议程序正式启动后，在法定的行政复议期限内，申请人不得向人民法院提起行政诉讼。根据行政程序的一般原则，行政程序往往先于司法程序，行政程序正在进行时，司法程序不能介入。如果行政复议机关已经受理了该行政复议申请，在这一规定的行政复议期限内，申请人不得向人民法院提起行政诉讼。在通常情况下，依照法律、法规的规

定，行政相对人对行政机关作出的行政行为不服，可以采取两种救济手段，即向行政复议机关申请复议或者向法院提起行政诉讼。例如，反电信网络诈骗法第 48 条规定："有关单位和个人对依照本法作出的行政处罚和行政强制措施决定不服的，可以依法申请行政复议或者提起行政诉讼。"在这种情况下，如果行政相对人选择了向行政复议机关申请行政复议，行政复议机关已经依法受理的，在法定行政复议期限内不得提起行政诉讼，确保通过行政复议程序解决行政争议的稳定性、连续性。

关于"行政复议机关已经依法受理"，本法第 30 条对行政机关受理行政复议申请的条件与程序作出了规定："行政复议机关收到行政复议申请后，应当在五日内进行审查。对符合下列规定的，行政复议机关应当予以受理：（一）有明确的申请人和符合本法规定的被申请人；（二）申请人与被申请行政复议的行政行为有利害关系；（三）有具体的行政复议请求和理由；（四）在法定申请期限内提出；（五）属于本法规定的行政复议范围；（六）属于本机关的管辖范围；（七）行政复议机关未受理过该申请人就同一行政行为提出的行政复议申请，并且人民法院未受理过该申请人就同一行政行为提起的行政诉讼。对不符合前款规定的行政复议申请，行政复议机关应当在审查期限内决定不予受理并说明理由；不属于本机关管辖的，还应当在不予受理决定中告知申请人有管辖权的行政复议机关。行政复议申请的审查期限届满，行政复议机关未作出不予受理决定的，审查期限届满之日起视为受理。"根据这一规定，申请人向行政复议机关提出复议申请，如果在申请提出的 5 日内（行政复议机关对行政复议申请进行审查的法定期限），没有接到行政复议机关不予受理的书面通知，也没有被告知该行政复议申请不属于该行政复议机关受理的事项，申请人就有理由认为行政复议机关已经受理。

关于"行政复议期限"，本法第 62 条对行政复议审理期限作出了规定："适用普通程序审理的行政复议案件，行政复议机关应当自受理申请之日起六十日内作出行政复议决定；但是法律规定的行政复议期限少于六十日的除外。情况复杂，不能在规定期限内作出行政复议决定的，经行政复议机构的负责人批准，可以适当延长，并书面告知当事人；但是延长期限最多不得超过三十日。适用简易程序审理的行政复议案件，行政复议机关应当自受理申请之日起三十日内作出行政复议决定。"行政复议机关适用普通程序或者简易程序审理行政复议案件期间，申请人在相应的期限内不得提起行政诉讼。

三、关于不得申请行政复议的情形

本条第 2 款规定的是行政相对人向人民法院提起行政诉讼并已受理的，不得再申请行政复议的问题。根据司法程序的一般原则，选择了司法程序进行救济，也就意味着对行政救济程序的放弃。行政相对人不服行政行为，如果选择直接向人民法院提起行政诉讼，人民法院决定立案的，意味着司法程序已经开始。对作为原告的行政相对人来说，表明其已经选择了司法救济的途径，放弃了通过行政复议渠道进行救济的权利，因此不得再向行政复议机关提出行政复议申请。

第三章　行政复议受理

第三十条　行政复议机关收到行政复议申请后，应当在五日内进行审查。对符合下列规定的，行政复议机关应当予以受理：

（一）有明确的申请人和符合本法规定的被申请人；

（二）申请人与被申请行政复议的行政行为有利害关系；

（三）有具体的行政复议请求和理由；

（四）在法定申请期限内提出；

（五）属于本法规定的行政复议范围；

（六）属于本机关的管辖范围；

（七）行政复议机关未受理过该申请人就同一行政行为提出的行政复议申请，并且人民法院未受理过该申请人就同一行政行为提起的行政诉讼。

对不符合前款规定的行政复议申请，行政复议机关应当在审查期限内决定不予受理并说明理由；不属于本机关管辖的，还应当在不予受理决定中告知申请人有管辖权的行政复议机关。

行政复议申请的审查期限届满，行政复议机关未作出不予受理决定的，审查期限届满之日起视为受理。

【释义】本条是关于行政复议受理条件和受理程序的规定。

行政复议受理是指公民、法人或者其他组织提出行政复议申请后，具有管辖权的行政复议机关进行审查，认为行政复议申请符合受理条件并予以受理的活动。行政复议受理是行政复议案件办理的一个重要环节。本条主要对行政复议受理审查期限、受理条件、不予受理及视为受理的情形等作了规定。其中，受理条件是此次修法新增内容。

一、行政复议申请的审查和受理

完整的行政复议程序，包括行政复议申请的提出、行政复议申请的受理、对行政复议案件进行审理、行政复议决定的作出等环节。对行政复议申请进行审查，受理符合条件的行政复议申请，是行政复议机关的职责。在法律中对行政复议申请的审查期限、受理条件等作出明确规定，有利于行政复议机关依法受理符合条件的行政复议申请；对于不符合受理条件的行政复议申请，行政复议机关依法不予受理。

本条第 1 款中规定，行政复议机关收到行政复议申请后，应当在 5 日内进行审查。所谓行政复议申请的审查，是指行政复议机关对公民、法人或者其他组织提出的行政复议申请，审查其是否符合法律规定的条件和要求。对于公民、法人或者其他组织提出的行政复议申请，行政复议机关应当根据行政复议受理条件依法进行审查，决定是否受理。在法律中明确规定行政复议申请的审查程序，一方面，对申请人提出行政复议申请明确了规范要求，便于申请人了解受理条件，依法提出行政复议申请；另一方面，也为行政复议机关在审查过程中通知申请人补正、开展解释说明等具体工作提供了依据，使行政复议活动得以顺利进行。

二、行政复议受理条件

行政复议受理条件的规定，是行政复议机关决定是否受理行政复议申请的重要依据。此次修法增加规定了以下 7 项受理条件：

1. 有明确的申请人和符合本法规定的被申请人。

行政复议申请应当有明确的申请人和符合本法规定的被申请人，便于行政复议机关在办理行政复议案件中通知、送达行政复议有关信息，并根据审理情况明确承受权利和义务的当事人。

一是有明确的申请人。申请人须列明自身基本信息。本法第 14 条第 1 款规定："依照本法申请行政复议的公民、法人或者其他组织是申请人。"申请人是自然人的，应当在行政复议申请书中载明姓名、身份证号码、住所等基本信息。申请人是法人或者其他组织的，应当载明法人或者其他组织的名称、法定代表人或者主要负责人姓名、住所等基本信息。

二是有符合本法规定的被申请人。本法第 19 条第 1 款对被申请人作了规定。一般情况下，"作出行政行为的行政机关或者法律、法规、规章授权的组织是被申请人"。此外，还有一些相对特殊的情形，比如两个以上行政机关共同作出行政行为，行政机关委托的组织作出行政行为，作出行政行为的行政机关被撤销或者职权变更，以及经批准的行为、派出机构作出的行政行为等情形。在这些情况下，要根据相应的法律规则确定被申请人。如果申请人提出行政复议申请时错列被申请人，行政复议机关工作人员应当予以说明，告知申请人变更被申请人，帮助申请人确定符合本法规定的被申请人。

2. 申请人与被申请行政复议的行政行为有利害关系。

利害关系是判断行政复议申请是否应当被受理的重要条件和标准。申请人与被申请行政复议的行政行为有利害关系，一般是指申请人自己的合法权益受到行政行为侵犯，为维护权益而提起行政复议申请。根据行政诉讼法，行政行为的相对人以及其他与行政行为有利害关系的公民、法人或者其他组织，有权提起诉讼。可以看出，本法和行政诉讼法均强调与行政行为有"利害关系"，这有利于行政复议机关和人民法院准确确定申请人和原告资格，及时作出受理或者不予受理的决定。

考虑到行政争议类型较多，情况复杂，相关法规和配套规定可以进一步细化"利害关系"的判断标准。一般来说，行政机关实施行政处罚、行政强制等情况下的行政相对人，其与行政行为的利害关系易于认定。根据行政诉讼法有关司法解释和实践，除行政相对人以外，其他与被申请行政复议的行政行为有利害关系的情形，主要包括该行政行为涉及其相邻权或者公平竞争权、撤销或者变更行政行为涉及其合法权益等。行政复议机关在对行政复议申请进行审查时，应根据有关规定和具体情况予以把握。

3. 有具体的行政复议请求和理由。

行政复议请求和理由，是行政复议申请应当具备的重要内容。申请人提出的行政复议请求和理由，应当明确、具体，便于行政复议机关在审查时，更好了解行政争议的基本事实和申请人诉求，决定是否受理行政复议申请。

一是要有具体的行政复议请求。具体的行政复议请求，是指申请人必须明确其提出行政复议申请需要解决的问题和具体诉求。比如，申请人请求行政复议机关撤销或者变更行政行为、确认行政行为违法或者无效，以及请求行政复议机关责令被申请人履行特定法定职责或者给付义务、决定被申请人予以赔偿或者补偿，一并审查有关规范性文件等。

二是要有具体的理由。在提交行政复议申请时，当事人应当向行政复议机关说明相关请求的理由，比如行政行为的基本情况和违法理由、自身合法权益受到行政行为侵害等情况，为行政复议请求提供基本的支撑，便于行政复议机关判断行政行为与当事人合法权益的关联。行政复议请求涉及相关证据和依据的，应当在提出行政复议申请时一并提交。

4. 在法定申请期限内提出。

本法第 20 条对行政复议的法定申请期限作了规定，第 21 条对最长申请期限作了规定，申请人应当在规定的期限内提出行政复议申请。行政机关作出的行政行为对公民、法人或者其他组织的权利、义务可能产生不利影响的，应当告知其申请行政复议的权利、行政复议机关和行政复议申请期限。行政复议机关在审查行政复议申请时，要充分考虑被申请人在作出行政行为时是否履行了行政复议申请期限等告知义务，以及是否存在因不可抗力或者其他正当理由耽误法定申请期限等情况。

5. 属于本法规定的行政复议范围。

本法第 11 条规定了行政复议范围，明确列举了公民、法人或者其他组织可以依法申请行政复议的 14 种情形，其中此次修法明确增加了行政赔偿、工伤认定、滥用行政权力排除或者限制竞争、行政协议、政府信息公开相关的情形；同时，还规定了兜底情形即"认为行政机关的其他行政行为侵犯其合法权益"。本法第 12 条对不属于行政复议范围的事项进行了列举，即国防、外交等国家行为，行政法规、规章或者行政机关制定、发布的具有普遍约束力的决定、命令等规范性文件，行政机关对行政机关工作人员的奖惩、任免等决定，行政机关对民事纠纷作出的调解。应该说，此次修法进一步扩大行政复议范围，充分体现了发挥行政复议化解行政争议的主渠道作用的要求。行政复议机关在审查行政复议申请时，应当结合此次修法精神、法律规定以及案件具体情况，判断是否属于行政复议范围。

6. 属于本机关的管辖范围。

本法第二章第四节对行政复议管辖作了规定。为贯彻落实《行政复议体制改革方案》，本法修改后确定的行政复议管辖主要包括以下几个方面：一是县级以上地方各级人民政府统一行使行政复议职责，原则上不再保留地方各级人民政府工作部门的行政复议职责。二是海关、金融、外汇管理等实行垂直领导的行政机关、税务和国家安全机关，保留原有的行政复议职责。三是国务院部门管辖本部门及其派出机构、授权组织作为被申请人的行政复议案件。此外，还对直辖市、设区的市人民政府工作部门依法设立的派出机构作为被申请人，以及对履行行政复议机构职责的地方人民政府司法行政部门的行政行为不服的行政复议案件管辖作了特殊规定。行政复议机关审查行政复议申请时，根据上述有关管辖的规定，确定是否属于本机关管辖。

7. 行政复议机关未受理过申请人就同一行政行为提出的行政复议申请，并且人民法院未受理过该申请人就同一行政行为提起的行政诉讼。

为了维护行政复议决定、法院判决的稳定和权威，避免争讼不休，行政复议实行"一事不再理"的原则，主要包含三层含义：一是行政复议申请一旦进入行政复议受理程序，申请人即不得再以同一行政行为提出行政复议申请；二是根据本法第 29 条第 2 款规定，公民、法人或者其他组织向人民法院提起行政诉讼，人民法院已经依法受理的，不得申请行政复议；三是申请人对已经发生法律效力的行政复议决定或者行政诉讼判决，不得再次就同一行政争议提起行政复议。因此，符合受理条件的行政复议申请，是既未被行政复议机关受理过，也未被法院受理过的行政复议申请。判断前后申请或申请、起诉是否属于"一事"的标准有两个方面：一是看是否属于"同一申请人（原告）"；二是看是否属于"同一行政行为"。

三、不符合受理条件的处理方式

本条第 2 款对不符合受理条件的行政复议申请，规定了行政复议机关两方面的处理方式和义务：一是对不符合受理条件的行政复议申请，行政复议机关应当在审查期限内决定不予受理，并向申请人说明不予受理的理由，比如经审查认为申请人与被申请行政复议的行政行为没有利害关系，或者法院已经受理申请人就同一行政行为提起的行政诉讼等。二是对不属于本机关管辖的，在说明不予受理的理由的同时，还应当在不予受理决定中，告知申请人有管辖权的行政复议机关，便于申请人在符合其他行政复议申请条件的情况下，继续向有管辖权的行政复议机关申请行政复议。

四、视为受理的情形

为防止行政复议机关怠于行使审查行政复议申请的法定职责，更好维护申请人的合法权益，本条第 3 款规定，行政复议申请的审查期限届满，行政复议机关未作出不予受理决定的，审查期限届满之日起视为受理。在法律中对视为受理情形作出规定，一方面能够约束行政复议机关不作为或者未及时审查的行为，督促其在申请审查期限内及时对行政复议申请进行审查，作出受理、不予受理决定或者通知申请人补正；另一方面，可以更好体现行政复议便民为民的原则，让更多的行政复议申请进入行政复议审理程序。

第三十一条　行政复议申请材料不齐全或者表述不清楚，无法判断行政复议申请是否符合本法第三十条第一款规定的，行政复议机关应当自收到申请之日起五日内书面通知申请人补正。补正通知应当一次性载明需要补正的事项。

申请人应当自收到补正通知之日起十日内提交补正材料。有正当理由不能按期补正的，行政复议机关可以延长合理的补正期限。无正当理由逾期不补正的，视为申请人放弃行政复议申请，并记录在案。

行政复议机关收到补正材料后，依照本法第三十条的规定处理。

【释义】本条规定了行政复议申请材料的补正程序。

本条共 3 款，规定了行政复议申请材料补正的情形、补正期限、补正后的处理等内容，是此次修法新增内容。在法律中规定行政复议申请材料补正，主要是为了规范行政复议申请材料提交和补正程序，提高行政复议案件办理质量，维护申请人的合法权益。

一、关于行政复议机关通知申请人补正

申请人向行政复议机关提交行政复议申请材料时，由于对行政复议申请条件、法定程序和内容要求理解不到位、掌握不全面等原因，难免出现申请材料不齐全或者表述不清楚的情况，行政复议机关可能因此难以判断行政复议申请是否符合法定受理条件。申请材料不齐全，是指提交的材料内容不齐全，或者填写的信息不完整，遗漏行政复议申请必要的信息等情况；申请材料表述不清楚，是指提交的材料表述模糊、含义不清，无法表达申请人的请求和理由，或者不符合其他规范表述的要求。

出现行政复议申请材料不齐全或者表述不清楚、无法判断是否符合受理条件的情况，如果行政复议机关据此作出不予受理的决定，将影响到申请人通过行政复议寻求救济的机会。因此，本条专门规定了行政复议申请材料补正的程序。在行政复议机关无法判断行政复议申请是否符合本法规定的受理条件的情况下，应当在 5 日内书面通知申请人补正材料。理解这一程序，需要把握好以下四个方面：一是书面通知补正的前提。除了行政复议申请材料不齐全或者表述不清楚外，还需要以无法判断是否符合受理条件为前提。也就是说，虽然行政复议申请材料不齐全或者表述不清楚，但可以明确判断不符合受理条件的，比如已经明显不符合法定申请期限要求的，行政复议机关可以直接决定不予受理，无须再通知当事人补正。二是行政复议机关书面通知补正的时间要求。本法第 30 条第 1 款中规定，行政复议机关收到行政复议申请后，应当在 5 日内进行审查。据此，如果行政复议机关需要书面通知补正，应当在这 5 日的受理审查时限内进行。三是补正应当以书面方式作出。补正通知要详细列明需要补正的材料和补正时限要求，便于申请人准确理解和进行补正。比如说，没有明确被申请人的，应当查明被申请人后再申请；行政复议请求不具体的，应当补充写明；应当由申请人提供的理由根据没有提供的，应当写明案情事实，补充证据。四是补正通知应当一次性载明需要补正的事项。该规定的目的是防止行政复议机关以材料不齐全或者表述不清楚为由，多次不断要求申请人补正，变相拒绝受理。

二、关于行政复议申请人补正材料

申请人能否及时、准确地补正行政复议申请材料，直接关系到行政复议申请的受理。本条第 2 款对申请人补正材料的义务和要求作了规定，主要包括以下两个方面：

1. 提交补正材料的期限。主要包括两种情况：一是申请人应当自收到补正通知之日起 10 日内提交补正材料。二是有正当理由不能按期补正的，行政复议机关可以延长合理的补正期限。申请人遇到不可抗力或者其他正当理由，未能及时提交补正材料的，应当向行政复议机关提出延期提交补正材料申请，或者提供相应的证明，行政复议机关根据具体情况进行判断，作出是否延长补正期限的决定。

2. 申请人逾期不补正的后果。申请人应当正确对待并及时行使补正材料的权利。无正当理由逾期不补正的，视为申请人放弃行政复议申请并记录在案。要从以下两个方面理解该规定：一是当事人无正当理由逾期不补正，属于怠于行使法律赋予的补正材料的权利，行政复议机关可视为其放弃行政复议申请。二是行政复议机关要对当事人无正当理由逾期不补正的情况予以记录，同时记录视为申请人放弃申请的结论，作为终结行政复议申请审查程序的依据。

三、行政复议机关收到补正材料后的处理

申请人在法定时限内按照补正通知的要求提交补正材料后，行政复议机关应当依照本法第 30 条规定处理。也就是说，对于补正后的行政复议申请，重新计算审查期限，行政复议机关自收到补正材料后在 5 日内进行审查。行政复议机关按照审查条件和标准，认为补正后的行政复议申请符合受理条件的，应当予以受理；对不符合受理条件的，在审查期限内决定不予受理；审查期限届满未作出不予受理决定的，审查期限届满之日起视为受理。

第三十二条 对当场作出或者依据电子技术监控设备记录的违法事实作出的行政处罚决定不服申请行政复议的，可以通过作出行政处罚决定的行政机关提交行政复议申请。

行政机关收到行政复议申请后，应当及时处理；认为需要维持行政处罚决定的，应当自收到行政复议申请之日起五日内转送行政复议机关。

【释义】本条规定了通过作出行政处罚决定的行政机关提交行政复议的情形。

本条是此次修法新增内容。当场作出或者依据电子技术监控设备记录的违法事实作出的行政处罚决定，实践中主要集中在道路交通管理、市场监管现场执法等领域，规定在这些领域申请人可以通过作出行政处罚决定的行政机关提交行政复议申请，是一项重要的机制创新：从当事人角度看，为其增加了提交行政复议申请的途径，是行政复议便民为民原则的体现；从作出行政处罚决定的行政机关角度看，为其提供了进一步处理的机会，由行政机关对其违法或者不当的行政行为进行自我纠错，有利于行政争议和矛盾纠纷的多元、及时化解。

一、通过原行政机关提交行政复议申请的情形

申请人通过作出行政处罚决定的行政机关提交行政复议申请，是提交行政复议申请形式之一，应当遵守本法关于行政复议申请期限、申请材料、申请程序等有关要求。根据本条规定，申请人通过作出行政处罚决定的行政机关提交行政复议申请，适用于以下两种情形：

一是申请人对当场作出的行政处罚决定不服。行政处罚法和有关法律对当场作出行政处罚决定的具体情形作了规定。行政处罚法第51条规定："违法事实确凿并有法定依据，对公民处以二百元以下、对法人或者其他组织处以三千元以下罚款或者警告的行政处罚的，可以当场作出行政处罚决定。法律另有规定的，从其规定。"此外，还有一些法律法规规定了当场作出行政处罚的情形。例如道路交通安全法第107条第1款规定："对道路交通违法行为人予以警告、二百元以下罚款，交通警察可以当场作出行政处罚决定，并出具行政处罚决定书。"又如治安管理处罚法第100条规定："违反治安管理行为事实清楚，证据确凿，处警告或者二百元以下罚款的，可以当场作出治安管理处罚决定。"

二是申请人对依据电子技术监控设备记录的违法事实作出的行政处罚决

定不服。行政处罚法第41条第1款、第2款规定："行政机关依照法律、行政法规规定利用电子技术监控设备收集、固定违法事实的，应当经过法制和技术审核，确保电子技术监控设备符合标准、设置合理、标志明显，设置地点应当向社会公布。电子技术监控设备记录违法事实应当真实、清晰、完整、准确。行政机关应当审核记录内容是否符合要求；未经审核或者经审核不符合要求的，不得作为行政处罚的证据。"此外，还有一些法律法规规定了依据电子技术监控设备记录的违法事实作出的行政处罚的情形。《交通运输行政执法程序规定》第38条第5项中规定："依照法律、行政法规规定利用电子技术监控设备收集、固定违法事实的，应当经过法制和技术审核，确保电子技术监控设备符合标准、设置合理、标志明显，设置地点应当向社会公布。电子技术监控设备记录违法事实应当真实、清晰、完整、准确。执法部门应当审核记录内容是否符合要求；未经审核或者经审核不符合要求的，不得作为行政处罚的证据。执法部门应当及时告知当事人违法事实，并采取信息化手段或者其他措施，为当事人查询、陈述和申辩提供便利。不得限制或者变相限制当事人享有的陈述权、申辩权。"

二、原行政机关对行政复议申请的处理

作为申请人提交行政复议申请的一种特殊制度安排，作出行政处罚决定的行政机关收到行政复议申请后，应当区分以下不同情况作出以下处理：

1. 认为作出的行政行为违法或者不当的，及时自行纠错。行政机关收到行政复议申请后，可以通过复核、复查等程序，对被申请行政复议的行政行为进行审查，根据不同情况自行采取变更、撤销、重作等方式予以纠正，根据情况对申请人进行赔偿或者补偿，或者与申请人达成和解。自行纠正后可不再向行政复议机关转送行政复议申请。行政机关对行政处罚决定自行纠错作出处理后，申请人如果不服行政机关作出的新的行政处罚等决定，可以向行政复议机关提出新的行政复议申请。

2. 认为需要维持行政处罚决定的，应当及时转送行政复议机关。一是应当自收到行政复议申请之日起5日内，转送行政复议机关。二是应当转送给有管辖权的行政复议机关，而不能转送给没有管辖权的其他行政机关。需要注意的是，本条规定的上述处理及转送时间，不计入行政复议机关对行政复议申请的审查期限。接受转送的行政复议机关收到行政复议申请后，按照本法第 30 条的规定启动正式的受理审查程序，在 5 日内进行审查，符合受理条件的依法予以受理；对不符合受理条件的决定不予受理。

第三十三条　行政复议机关受理行政复议申请后，发现该行政复议申请不符合本法第三十条第一款规定的，应当决定驳回申请并说明理由。

【释义】本条是关于行政复议机关受理后驳回不符合受理条件的行政复议申请的规定。

行政复议机关对行政复议申请进行审查，在案情复杂且审查期限较短的情况下，可能会将一些不符合受理条件的案件予以受理；同时视为受理的案件中也有可能存在不符合受理条件的情况。为妥善处理此类案件，此次修法新增了本条规定。

一、程序性驳回行政复议申请的适用情形

本条规定的适用情形是，行政复议机关受理行政复议申请后，发现该行政复议申请不符合本法第 30 条第 1 款关于受理条件的规定。可能造成这种情况的原因主要有：一是有些行政复议申请涉及的案件比较复杂，行政复议机关难以在 5 日的审查期限进行核实和甄别，通过补正后也无法完全判断是否符合受理条件，为维护申请人的权益，决定予以受理；二是由于行政复议机关工作人员对申请材料审查不严、受理条件把握不准等方面的原因，导致不符合受理条件的案件进入了受理程序；三是根据本法第 30 条第 3 款的规定，行政复议机关未作出不予受理决定的，审查期限届满之日起视为受理，此类案件在进一步的审查过程中，也可能发现不符合受理条件。

在本法中增加规定程序性驳回行政复议申请的意义在于：第一，有助于让更多的行政复议申请进入受理环节。受理审查期限内行政复议机关如果不能判断申请是否符合受理条件，可以先行受理行政复议申请，受理后发现不符合受理条件，再决定驳回复议申请。第二，给予了行政复议机关更为灵活的受理审查处理方式。行政复议机关在受理行政复议申请后，仍然有可能发

现该行政复议申请不符合受理条件，此时应当决定驳回申请并说明理由。

二、本条规定与实体驳回行政复议请求的区别

行政复议机关以复议申请不符合受理条件为由驳回复议申请的，尚未对案件进行实体性审理，属于程序性驳回复议申请。与之相关联的是，本法第69条对驳回行政复议请求作了规定。两者的区别是适用情形和法律性质不同。一是本条规定的程序性驳回行政复议申请，适用于受理后发现不符合受理条件的情形；第69条规定的驳回行政复议请求适用履职类行政复议申请，受理后发现被申请人没有相应法定职责或者在受理前已经履行法定职责。二是本条规定以不符合受理条件为由程序性驳回行政复议申请，未对行政复议请求进行实体审查，性质上不属于维持原行政行为；第69条规定的驳回行政复议请求，根据有关司法解释和司法实践，一般认定为属于"复议机关决定维持原行政行为"。

三、驳回行政复议申请后应当说明理由

行政复议机关驳回行政复议申请后，应当说明理由，告知申请人驳回申请的理由，特别是不符合受理条件的具体原因。"说明理由"的主要目的是规范行政复议机关驳回申请程序，要求行政复议机关主动说理和接受监督，便于申请人了解被驳回申请的原因。行政复议机关通过说明理由，让申请人对有关事实和程序进行全面认识，比如通过对申请人与被申请行政复议的行政行为之间利害关系的说理，让申请人认识到自身权益是否受到侵害，如果通过说明理由申请人认识到行政行为合法，则行政争议能够得到实质化解；如果申请人仍然认为行政行为侵犯其合法权益，则可以继续通过其他合法渠道维护自身合法权益。

第三十四条　法律、行政法规规定应当先向行政复议机关申请行政复议、对行政复议决定不服再向人民法院提起行政诉讼的，行政复议机关决定不予受理、驳回申请或者受理后超过行政复议期限不作答复的，公民、法人或者其他组织可以自收到决定书之日起或者行政复议期限届满之日起十五日

内，依法向人民法院提起行政诉讼。

【释义】本条是行政复议与行政诉讼衔接的规定。

公民、法人或者其他组织申请行政复议，行政复议机关已经依法受理的，或者法律、行政法规规定应当先向行政复议机关申请行政复议、对行政复议决定不服再向人民法院提起行政诉讼的，在法定行政复议期限内，申请人不得向人民法院提起行政诉讼。根据行政诉讼法第45条中规定："公民、法人或者其他组织不服复议决定的，可以在收到复议决定书之日起15日内向人民法院提起诉讼。"为做好与行政诉讼法的衔接，本条对行政复议前置和行政机关作出有关程序性决定情况下的起诉期限和程序作了规定。

一、行政复议前置与行政诉讼的衔接

本法第23条对行政复议前置情形作了规定，列举了行政复议前置的四种情形以及一项兜底条款。一是对当场作出的行政处罚决定不服；二是对行政机关作出的侵犯其已经依法取得的自然资源的所有权或者使用权的决定不服；三是认为行政机关存在本法第11条规定的未履行法定职责情形；四是申请政府信息公开，行政机关不予公开。此外，法律、行政法规可以规定行政复议前置的其他情形。

在行政复议前置情形下，公民、法人或者其他组织不服行政机关作出的行政行为，应当先向行政复议机关申请行政复议，对行政复议机关作出的行政复议决定不服的，才能向人民法院提起行政诉讼。在这种情况下，行政复议成为提起行政诉讼的前置条件，不经过行政复议而直接向人民法院提起行政诉讼的，人民法院不予受理。在此情况下，申请人对行政复议决定不服，按照行政诉讼法第45条的规定，可以在收到复议决定书之日起15日内向人民法院提起诉讼。

需要注意的是，本法第23条第2款规定，对属于行政复议前置范围的情形，行政机关在作出行政行为时应当告知公民、法人或者其他组织先向行政复议机关申请行政复议。要求行政机关在作出行政行为时应当明确告知行政相对人实行行政复议前置以及具体的起诉期限，可以避免行政相对人因为不知道行政行为属于行政复议前置事项而错过起诉期限的问题，维护申请人合法权益。

二、行政复议机关决定不予受理等情形与行政诉讼的衔接

申请人申请行政复议后，行政复议可能因各种原因未进入实体审理阶段，主要包括三种情形：一是行政复议申请在申请审查环节中未得到受理，行政复议机关作出不予受理决定；二是行政复议机关在受理后发现该申请不符合行政复议受理条件，驳回行政复议申请；三是行政复议机关在受理后超过行政复议期限不作答复，未对案件进行审理。不予受理、驳回申请或者受理后超过期限不作答复，是对行政复议案件未进行实体审理，但已经完成了行政复议程序，申请人提起行政诉讼的权利应当予以保障。与三种情形相对应的提起行政诉讼的程序：一是行政相对人提出行政复议申请以后，行政复议机关决定不予受理行政复议申请的，行政相对人可以自收到不予受理决定书之日起 15 日内，依法向人民法院提起行政诉讼。二是行政相对人提出行政复议申请后，行政复议机关受理或视为受理后，认为不符合行政复议受理条件驳回申请的，行政相对人可以自驳回申请之日起 15 日内，依法向人民法院提起行政诉讼。三是行政相对人提出行政复议申请，行政复议机关受理后超过行政复议期限不作答复的，行政相对人可以自行政复议期限届满之日起 15 日内，依法向人民法院提起行政诉讼。

需要注意的是，本条规定的行政复议期限是指审理期限。根据本法第 62 条规定，行政复议申请被受理后，行政复议机关按照普通程序应当自受理申请之日起 60 日内作出行政复议决定。审理期限与申请期限不同。一般情况下，申请期限是行政行为发生后，公民、法人和其他组织可以自知道或者应当知道该行政行为之日起 60 日内，提出行政复议申请。行政复议审理期限是受理后，行政复议机关作出行政复议决定的期限。如果行政复议机关在受理或者视为受理之日起，超过 60 日的行政复议期限不作答复，那么申请人可以自行政复议期限届满之日起 15 日内，向人民法院提起行政诉讼。

第三十五条 公民、法人或者其他组织依法提出行政复议申请，行政复议机关无正当理由不予受理、驳回申请或者受理后超过行政复议期限不作答复的，申请人有权向上级行政机关反映，上级行政机关应当责令其纠正；必要时，上级行政复议机关可以直接受理。

【释义】本条是上级行政机关对下级行政复议机关进行监督的规定。

提出行政复议申请，是公民、法人或者其他组织的法定权利，应当予以尊重和保护。同时，依法受理公民、法人或者其他组织提出的行政复议申请，是行政复议机关的一项法定职责。对于法定职责，行政复议机关应当严格依法履行。随着法治政府建设深入推进，行政复议机关漠视行政复议申请的情况已经很少出现，但仍然不排除有的行政复议机关未正确对待行政相对人提出的行政复议申请，无正当理由不予受理，或者超过法定期限不予答复。本条规定是行政机关内部监督职能的体现，有利于督促行政复议机关依法行使职权。

一、上级行政机关责令纠正

对于行政复议机关因为不当履职或者不作为，没有对行政复议案件依法进行受理的，上级行政机关知道该情况后，应当责令其纠正。这里既可以是上级行政机关主动发现，也可以是申请人向上级行政机关反映。根据修订后的行政复议法的规定，行政复议机关一般是各级人民政府，其上级行政机关一般是上一级人民政府。对于海关、金融、外汇管理等实行垂直领导的机关，上级行政机关是行政复议机关的上一级主管部门。

行政机关发现行政复议机关不履行法定职责的途径有两种：一是，申请人向上级行政机关反映。规定申请人有权向上级行政机关反映，主要考虑是上级行政机关不一定全面掌握行政复议机关不予受理等情况，通过明确申请人反映权利，增加上级机关发现问题的渠道，保障申请人寻求救济的权利，有利于保障公民、法人和其他组织的行政复议权利，发挥行政复议化解行政争议作用。这一规定，不影响上级行政机关主动发现问题并予以纠正。二是，上级行政机关主动发现并纠正。在具体工作中，行政机关可以通过各种监督渠道发现下级行政复议机关未履行法定职责的情形。

二、必要时，上级行政复议机关可以直接受理行政复议案件

对于行政复议机关无正当理由不予受理、驳回申请或者受理后超过法定期限不作答复的，上级行政复议机关在一定情形下可以直接受理该行政复议

案件。至于哪些情形下可以直接受理，需要在实践中予以把握，国务院行政复议机构或者各省（自治区、直辖市）行政复议机关也可以根据实际情况制定相关规定，明确直接受理的情形。一般来说，直接受理至少应当满足两个条件：一是该行政复议案件符合本法规定的受理条件；二是行政复议机关无正当理由未受理该行政复议案件。满足上述条件后，在下列情形下，上级行政复议机关可以直接受理：一是上级行政复议机关发现后要求行政复议机关予以纠正，行政复议机关在一定期限内未予纠正；二是上级行政复议机关发现后认为行政复议机关审理不适宜的，无须纠正即可以直接受理。

为了切实保障当事人的行政复议权利，监督行政复议机关依法行使职权，本法第 80 条规定："行政复议机关不依照本法规定履行行政复议职责，对负有责任的领导人员和直接责任人员依法给予警告、记过、记大过的处分；经有权监督的机关督促仍不改正或者造成严重后果的，依法给予降级、撤职、开除的处分。"

第四章　行政复议审理

第一节　一般规定

　　第三十六条　行政复议机关受理行政复议申请后，依照本法适用普通程序或者简易程序进行审理。行政复议机构应当指定行政复议人员负责办理行政复议案件。

　　行政复议人员对办理行政复议案件过程中知悉的国家秘密、商业秘密和个人隐私，应当予以保密。

　　【释义】本条是关于行政复议审理的基本规定。

　　行政复议审理是行政复议办案工作的主要环节，是实现行政复议制度功能作用的重要前提和基础。1999年行政复议法将行政复议活动划分为行政复议申请、行政复议受理、行政复议决定三个环节，行政复议审理的内容主要是在行政复议决定一章中作出规定。当前，随着实践发展，行政复议要发挥化解行政争议的主渠道作用，就必须进一步增强制度公信力，有效分流并实质性化解行政争议，实现行政复议案件数量的合理增长、质量的稳步提升、效能的持续强化。面临这一新使命新任务，本次修法将完善行政复议审理程序作为重点之一，以第四章专章对行政复议审理程序作出规定，强化了行政复议审理在行政复议办案中的重要性。从章节设置来看，行政复议审理是行政复议申请审查受理之后、行政复议决定作出之前行政复议机关办理案件的各种活动的总和。本章第一节是"一般规定"，是对行政复议审理所作的类似于"总则"的一般性规定，明确了行政复议审理活动所应遵循的基本要求。本条是行政复议机关启动审理活动后所应遵循的首要要求，即进入审理程序后，先对案件应当适用普通程序还是简易程序作出选择，然后再按照相应具体程序办理。对本条规定应当从以下方面予以把握。

一、行政复议办案采取"繁简分流"模式

1999 年行政复议法规定的是单一的审理程序，不区分案件的简单或者复杂程度，对所有的行政争议都适用同样程序审理，一定程度上不利于提高争议化解效率。为进一步发挥行政复议便捷、高效的制度特点，新修订的行政复议法创新规定了"繁简分流"的审理模式，即行政复议机关可以根据案件难易程度，选择适用普通程序或者简易程序办理行政复议案件，实现简案快办，繁案精办，在行政复议这条"快车道"中进一步打造出一条"高速路"，为人民群众更加快捷地解决矛盾、定分止争。新修订的行政复议法第四章第一节的所有条款，都既适用于普通程序，也适用于简易程序。

二、行政复议机构指定行政复议人员办案

行政复议人员具体办理行政复议案件，其能力水平、责任意识与行政复议案件的办理质量密切相关。为了强化行政复议人员办案责任制，确保行政复议办案质量过硬，本条规定行政复议机构应当指定行政复议人员负责办理行政复议案件。原则上，被指定的行政复议人员实行"专人专案"，全程负责案件审理工作，中途一般不得更换，并对所办案件高度负责，认真依法开展各项办案工作，查清事实和证据，提出案件处理意见，为行政复议机关作出行政复议决定打好坚实基础。需要说明的是，按照地方各级人民代表大会和地方各级人民政府组织法的规定，地方各级人民政府实行首长负责制，行政复议人员对案件的办理意见需要层层呈报行政复议机关负责人决定。因此需要辩证把握行政复议人员与行政复议机关负责人对行政复议办案结果的不同责任，既要压实行政复议人员的办案责任，确保案件审理扎实、证据确凿、论证深入、法理清晰，又要强调行政复议机关负责人的审批责任，使行政复议机关负责人恪尽职守，认真依法对案件处理提出审批意见。

三、行政复议人员在办案中负有保密义务

行政复议人员在具体办案过程中，因工作需要会接触到国家秘密、商业秘密和个人隐私。例如，在办理政府信息公开答复类行政复议案件时，申请人要求公开涉及国家秘密的政府信息，被申请人依法不予公开，并在行政复

议答复过程中向行政复议人员提交了相应证据，不予公开的政府信息属于国家秘密；在办理涉企行政复议案件时，行政复议人员可能接触到涉案企业的商业秘密；在办理涉及公民个人的行政复议案件时，行政复议人员可能了解到当事人的个人隐私，如病历、财产状况、档案材料、行踪信息等不愿为他人知晓的私密信息。对国家秘密、商业秘密和个人隐私，行政复议人员应当予以保密，不得主动泄露或者向他人非法提供，同时还要采取有效措施保护这些国家秘密、商业秘密和个人隐私不被泄露、不被公开。

需要说明的是，1999年行政复议法对行政复议办案活动使用的是"审查"一词，考虑到行政复议的"准司法"性质，对于被申请行政复议的行政机关而言，上级政府或者有管辖权的上级部门都是作为中立的第三方对其行政行为进行行政复议，因此新修订的行政复议法将"审查"一词改为"审理"，以更好体现行政复议的制度性质。

第三十七条　行政复议机关依照法律、法规、规章审理行政复议案件。

行政复议机关审理民族自治地方的行政复议案件，同时依照该民族自治地方的自治条例和单行条例。

【释义】本条是关于行政复议审理依据的规定。

行政复议审理需要以事实为依据，以法律为准绳。准确适用法律，是确保行政复议审理质量、保障法治统一的重要方面。1999年行政复议法没有对行政复议审理依据作出规定，本次修法根据立法法等法律的要求，结合行政复议审理实践需要，明确了行政复议审理依据包括法律、法规、规章，其中审理民族自治地方的行政复议案件，同时要以该民族自治地方的自治条例和单行条例为依据。

一、关于依照法律审理行政复议案件

法律由全国人民代表大会及其常务委员会根据宪法规定的国家立法权，按照法定的立法程序制定，并由国家主席签署主席令予以公布，如《中华人民共和国民法典》《中华人民共和国土地管理法》等，同时也包括全国人民代表大会及其常务委员会适用立法法所作出有关法律问题的决定。

二、关于依照法规审理行政复议案件

法规包括行政法规和地方性法规。行政法规是指国务院根据宪法和法律，就为执行法律的规定需要制定行政法规的事项，以及为执行宪法第89条规定的国务院行政管理职权的事项所制定的、由国务院总理签署国务院令公布的规范体系。目前，现行有效的行政法规共600余部。地方性法规是指省、自治区、直辖市的人民代表大会及其常务委员会根据本行政区域的具体情况和实际需要，在不同宪法、法律、行政法规相抵触的前提下制定的规范体系。此外，设区的市的人民代表大会及其常务委员会根据本地区的具体情况和实际需要，在不同宪法、法律、行政法规和本省、自治区的地方性法规相抵触的前提下，可以对城乡建设与管理、生态文明建设、历史文化保护、基层治理等方面的事项制定地方性法规；经济特区所在地的省、市的人民代表大会及其常务委员会根据全国人民代表大会的授权决定，制定在经济特区范围内实施的经济特区法规。

三、关于依照规章审理行政复议案件

规章包括部门规章和地方政府规章。部门规章是指国务院各部、委员会、中国人民银行、审计署和具有行政管理职能的直属机构以及法律规定的机构根据法律和国务院的行政法规、决定、命令，就属于执行法律或者国务院的行政法规、决定、命令的事项，在本部门的权限范围内制定的、经部务会议或者委员会会议决定、由部门首长签署命令予以公布的规范体系。地方政府规章是指省、自治区、直辖市和设区的市、自治州的人民政府根据法律、行政法规和本省、自治区、直辖市的地方性法规，就为执行法律、行政法规、地方性法规的规定需要制定规章的事项，以及属于本行政区域的具体行政管理事项所制定的，经政府常务会议或者全体会议决定，由省长、自治区主席、市长或者自治州州长签署命令予以公布的规范体系。

四、关于依照自治条例和单行条例审理行政复议案件

自治条例和单行条例是指民族自治地方的人民代表大会有权依照当地民族的政治、经济和文化的特点制定的规范体系。自治区的自治条例和单行条例，报全国人民代表大会常务委员会批准后生效。自治州、自治县的自治条例和单行条例，报省、自治区、直辖市的人民代表大会常务委员会批准后生效。自治条例和单行条例在不违背法律或者行政法规的基本原则、不对宪法和民族区域自治法的规定以及其他有关法律、行政法规专门就民族自治地方所作的规定作出变通规定的前提下，可以依照当地民族的特点，对法律和行政法规的规定作出变通规定。行政复议机关审理民族自治地方的行政复议案件时，也要执行该地方的自治条例和单行条例依照民族特点依法作出的变通规定。

需要说明的是，对于规章以下的规范性文件，没有在本条中被列为行政复议机关审理案件时所应当"依照"的范畴。通常理解为，行政复议机关在审理行政复议案件过程中，对规章以下的行政规范性文件是"参照适用"。之所以没有将规章以下的规范性文件作为"依照"的对象，主要是由于这类文件是行政复议附带审查的对象，对不合法的规范性文件，可以通过行政复议程序进行监督和纠正；对合法的规范性文件，则应当在审理中作为依据。这里的规范性文件是指行政行为作出时所依据的行政规范性文件，由于行政复议本身就是"上级审下级"，那么如果下级行政机关在作出行政行为时所依据的行政规范性文件是合法有效的，即使该行政规范性文件是下级行政机关作出的，那么作为上级机关的行政复议机关在审理涉案行政行为合法性、合理性的过程中，也应当依照该行政规范性文件进行审理，而不能因为该行政规范性文件级别较低就不作为审理依据。

第三十八条　上级行政复议机关根据需要，可以审理下级行政复议机关管辖的行政复议案件。

下级行政复议机关对其管辖的行政复议案件，认为需要由上级行政复议机关审理的，可以报请上级行政复议机关决定。

【释义】本条是关于行政复议案件提级审理的规定。

本法第二章第四节规定了行政复议管辖制度，明确了行政复议案件管辖的一般规则。考虑到实践情况比较复杂，为了更好保障行政复议审理的公正性，本条规定了行政复议案件提级审理制度，适用于行政复议办案中的特殊情形，与一般性的行政复议"下管一级"层级管辖制度并不冲突，可以视作行政复议管辖的补充性规定。提级审理主要包括以下两种情形。

一、上级行政复议机关主动提级审理

本条第1款规定，上级行政复议机关根据需要，可以审理下级行政复议机关管辖的行政复议案件。对"根据需要"的具体情形，由上级行政复议机关在实践中把握。例如原行政复议机关审理不能保证公正性时，上级行政复议机关可以直接审理。例如根据本法第40条规定，行政复议机关在行政复议期间无正当理由中止行政复议的，上级行政机关先依法责令其恢复审理，正常情况下，下级行政复议机关就应当恢复审理。但如果实践中出现了下级行政复议机关拒不恢复审理的情形，或者由下级行政复议机关存在不适合继续审理、继续审理不利于实现公平正义的特殊情形等，上级行政复议机关就可以审理下级行政复议机关管辖的行政复议案件。上级行政复议机关提级审理，应当以上级行政复议机关的名义作出行政复议决定，并在行政复议决定书中载明行政复议审理权转移的具体情况。

二、下级行政复议机关报请提级审理

本条第2款规定，下级行政复议机关对其管辖的行政复议案件，认为需要由上级行政复议机关审理的，可以报请上级行政复议机关决定。具体来说，下级行政复议机关认为审理中出现了不适宜自己进行审理的特殊情形，如存在特殊利害关系有可能影响公正审理，因出现不可抗力等原因难以正常行使管辖权、需要将案件交由上级行政复议机关审理更为适当的，可以报请上级行政复议机关决定。需要说明的是，报请提级审理，针对的是可能影响案件审理的特殊情形，下级行政复议机关原则上应当严格依法办理自己管辖权范围内的行政复议案件，如果提出提级审理请求，则应当具有相当的合理性和必要性，而不能单纯以办案力量不足、案件数量过多为由报请上级行政复议机关提级审理。上级行政复议机关对是否需要提级审理具有决定权，如果决定提级审理，应当以上级行政复议机关的名义作出行政复议决定。

第三十九条　行政复议期间有下列情形之一的，行政复议中止：

（一）作为申请人的公民死亡，其近亲属尚未确定是否参加行政复议；

（二）作为申请人的公民丧失参加行政复议的行为能力，尚未确定法定代理人参加行政复议；

（三）作为申请人的公民下落不明；

（四）作为申请人的法人或者其他组织终止，尚未确定权利义务承受人；

（五）申请人、被申请人因不可抗力或者其他正当理由，不能参加行政复议；

（六）依照本法规定进行调解、和解，申请人和被申请人同意中止；

（七）行政复议案件涉及的法律适用问题需要有权机关作出解释或者确认；

（八）行政复议案件审理需要以其他案件的审理结果为依据，而其他案件尚未审结；

（九）有本法第五十六条或者第五十七条规定的情形；

（十）需要中止行政复议的其他情形。

行政复议中止的原因消除后，应当及时恢复行政复议案件的审理。

行政复议机关中止、恢复行政复议案件的审理，应当书面告知当事人。

【释义】本条是关于行政复议中止的规定。

行政复议中止，是指行政复议机关在审理行政复议案件过程中，出现法定情形后，暂时停止审理活动，待有关影响行政复议案件正常审理的情形消除后，再恢复审理的制度。1999 年的行政复议法仅在第 26 条、第 27 条规定了有权处理机关在附带审查行政行为的依据时，行政复议活动可以中止。随着实践发展，这一规定难以满足情况复杂的办案需求，不利于保障案件审理质量，因此，2007 年《行政复议法实施条例》进一步细化了中止的规定，在该条例第 41 条列举规定了行政复议中止的 7 种情形，并对其他需要中止的情形作了兜底规定。《行政复议法实施条例》实施以来，中止制度在规范行政复议审理程序方面发挥了积极作用。在此基础上，本次修法进一步完善行政复议中止制度，列举了 9 类具体情形，并作了兜底规定。根据本条规定，行政复议中止的 10 种情形可归纳为以下 7 类。

一、申请人主体资格消灭或者丧失参加行政复议的能力

行政复议申请人主体资格消灭或者丧失参加行政复议的能力，其他有权申请行政复议的人尚未决定是否参加行政复议的，即本条第 1 款第 1 项至第 4 项所列举的 4 种情形。本法第 14 条规定："依照本法申请行政复议的公民、法人或者其他组织是申请人。有权申请行政复议的公民死亡的，其近亲属可以申请行政复议。有权申请行政复议的法人或者其他组织终止的，其权利义务承受人可以申请行政复议。有权申请行政复议的公民为无民事行为能力人或者限制民事行为能力人的，其法定代理人可以代为申请行政复议。"依据该规定，行政复议原则上由申请人提出，当客观上不能申请时，其行政复议权利仍然存在，可以由公民的近亲属、法定代理人或者法人、其他组织的权利义务承受人代为申请。也就是说，具体行使行政复议权利的主体依法进行了转移。行政复议是一种权利，权利人可以自主决定放弃。因此，在行政复议权利受让人尚未决定是否行使这一权利之前，基于行政复议依申请启动的性质，行政复议机关可以中止审理，等待权利承受人作出明确的意思表示。关于公民的近亲属、法定代理人、法人或者其他组织的权利义务承受人的具体内涵，可以参照适用民法典的有关规定确定。此外，在修法过程中，考虑到本法将申请人表述为"公民、法人或者其他组织"，因此与《行政复议法实施条例》第 41 条的表述相比，本条这 4 项规定中的"自然人"调整为"公民"。

二、申请人、被申请人因不可抗力或其他正当理由不能参加行政复议

不可抗力，是指不能预见、不能避免并且不能克服的客观情况。战争、地震、火灾、水灾、暴风雪等自然灾害或者发生的其他意外事件，都属于不可抗力的范畴。比如，发生重大传染性疾病，正常的社会生产、生活受到影响和冲击，导致申请人、被申请人无法正常参加行政复议。受不可抗力影响的对象，既包括申请人，也包括被申请人。但是并不是只要发生不可抗力，就必须中止行政复议，只有当不可抗力与申请人、被申请人确实无法参加行

政复议活动之间存在因果关系，行政复议才能依法中止。

三、因进行调解、和解，申请人和被申请人同意中止

本法第 5 条规定行政复议调解原则，第 73 条对调解的程序等作出规定。同时，本法第 74 条也规定了行政复议和解制度。为强化行政复议实质性化解行政争议的效能，行政复议机关应当积极适用行政复议调解、和解的手段化解矛盾纠纷，实现案结事了。规定调解、和解可以中止审理，主要有两方面考虑：一是行政复议调解、和解需要占用较多的期限开展协调沟通工作，这些期限不宜计入行政复议审理期限，为了引导行政复议机关积极适用行政复议调解、和解，在期限上规定可以中止；二是调解、和解体现的是当事人双方沟通达成的合意，尤其是和解往往是在没有行政复议机关参与的情况下达成一致意见的，因此这段期限不计入行政复议审理期限较为合理。需要注意的是，因进行调解、和解而中止行政复议，需要以申请人、被申请人都同意中止为前提，如果在调解、和解过程中，一方或者双方不再同意中止审理，行政复议机关就应当及时恢复审理，避免以调解、和解为由导致案件久拖不决。

四、案件涉及法律适用问题，需要有权机关作出解释或者确认

准确适用法律是正确审理案件的前提。案件涉及法律适用问题，既包括对有关法律规定的具体含义的理解，也包括对所适用法律规范的效力的确认，比如是否有效、是否与上位法相抵触等。例如根据立法法规定，对于法律的规定需要进一步明确具体含义的，或者法律制定后出现新的情况，需要明确适用法律依据的，依法由全国人民代表大会常务委员会解释。遇到法律适用方面的问题时，行政复议机关需要送有权机关作出解释以明确其具体含义，或者明确其法律效力。因此，在有权机关处理期间，行政复议机关应当中止行政复议案件审理。

五、案件审理需要以其他案件的审理结果为依据，而其他案件尚未审结

实践中，有的行政争议情况比较复杂，可能同时涉及多个行政法律关

系，甚至民事、刑事法律关系，当事人在行政复议的同时，可能同时涉及相关行政、民事诉讼等。由于法律关系的交织导致了行政复议案件与相关案件的审理具有密切关联性，在其他案件未审结之前，相关事实及法律关系可能存在不确定性，因此有必要中止行政复议。

六、有本法第 56 条或者第 57 条规定的情形

根据本法第 56 条、第 57 条规定，行政复议机关可以依申请或者依职权主动对有关规范性文件或者依据进行附带审查。行政复议机关需要以附带审查的结论为前提和基础，才能准确做好行政复议案件审理工作，由于附带审查情况比较复杂，有时还涉及不同机关之间移送审查的程序，因此应当中止行政复议，附带审查所需时间不计入行政复议案件审理期限。

七、其他需要中止行政复议的情形

考虑到实践情况较为复杂，除上述明确列举的情形外，影响行政复议案件正常审理的情形还有很多，不可能一一穷尽，因此有必要规定兜底条款。需要强调的是，适用兜底条款中止行政复议，中止原因应当与法律列明的中止原因性质、程度具有相当性。同时，行政复议机关需要根据实际情况向当事人释明中止的具体原因。

行政复议中止只是行政复议审理活动的暂时停止，而不是行政复议活动的彻底终结。因此，一旦行政复议中止的原因消除后，行政复议机关应当及时恢复行政复议案件的审理。中止并非行政复议审理的必经程序，而是因为发生特殊原因所导致。为了充分保障当事人参与行政复议的权利，规范行政复议中止程序，行政复议机关在中止审理时，应当书面告知当事人；同样，恢复行政复议案件的审理，也应当书面告知当事人，以便当事人做好继续参与行政复议活动的相关准备。需要说明的是，《行政复议法实施条例》规定的中止及恢复审理的主体是行政复议机构，考虑到中止是行政复议审理中的重要程序，关系到当事人重要的程序权利，本法规定应当由行政复议机关中止及恢复审理，并向当事人作出相应告知。

第四十条　行政复议期间，行政复议机关无正当理由中止行政复议的，上级行政机关应当责令其恢复审理。

【释义】本条是关于纠正无正当理由中止行政复议的规定。

本法第 39 条规定了行政复议中止制度。行政复议机关应当严格依法履行行政复议法定职责，在出现法定情形时中止案件审理，并在中止原因消除后及时恢复审理。实践中不排除个别行政复议机关未严格依法适用行政复议中止有关规定，甚至因行政复议人员责任心不强，出现无正当理由中止行政复议的情形。影响当事人的合法权益和行政复议的公信力，需要规定相应的监督纠正手段。考虑到行政复议中止是行政复议审理中的程序性活动，根据本法第 4 条第 3 款关于"行政复议机关应当加强行政复议工作，支持和保障行政复议机构依法履行职责。上级行政复议机构对下级行政复议机构的行政复议工作进行指导、监督"的规定，对不当中止的情形应当由上级行政机关进行监督。类似的制度设计在 1999 年行政复议法中已有规定，该法第 20 条规定："公民、法人或者其他组织依法提出行政复议申请，行政复议机关无正当理由不予受理的，上级行政机关应当责令其受理；必要时，上级行政机关也可以直接受理。"同样地，为了强化行政复议机关正确适用中止制度的法律责任，对行政复议机关无正当理由中止行政复议的，本法作出了由上级行政机关进行监督的规定。把握本条规定需要注意以下三点。

一、关于启动程序

在启动程序上，对行政复议机关无正当理由中止行政复议的监督，可以来自申请人提出的监督请求，也可以来自上级行政机关依职权进行的工作检查等方式。这里申请人提出的行政复议监督申请，是为了表达要求恢复案件审理的程序性诉求，不能理解为再次提出新的行政复议申请。

二、关于监督主体

在监督主体上，本条规定由上级行政机关责令恢复审理，同时考虑到行政管理的特点和效率要求，实践中通常由无正当理由中止行政复议的行政复议机关的"上一级"具有行政复议权的行政机关具体实施监督。具体而言，行政复议机关是政府的，通常由上一级政府责令恢复审理；行政复议机关是保留"条条复议"管辖权的政府部门的，通常由上一级主管部门责令恢复审理。

三、关于监督程序

在监督程序上，对无正当理由中止行政复议的，上级行政机关要区分具体情况，一般情况下责令其恢复审理，以保障群众合法权益。同时，要把本条与本法第38条结合起来理解，如果下级行政复议机关拒不恢复审理，必要时，上级行政复议机关也可以根据需要直接审理。

第四十一条 行政复议期间有下列情形之一的，行政复议机关决定终止行政复议：

（一）申请人撤回行政复议申请，行政复议机构准予撤回；

（二）作为申请人的公民死亡，没有近亲属或者其近亲属放弃行政复议权利；

（三）作为申请人的法人或者其他组织终止，没有权利义务承受人或者其权利义务承受人放弃行政复议权利；

（四）申请人对行政拘留或者限制人身自由的行政强制措施不服申请行政复议后，因同一违法行为涉嫌犯罪，被采取刑事强制措施；

（五）依照本法第三十九条第一款第一项、第二项、第四项的规定中止行政复议满六十日，行政复议中止的原因仍未消除。

【释义】本条是关于行政复议终止的规定。

行政复议终止，是指行政复议审理过程中出现法定情形后，行政复议机关不再继续进行审理，从而终结行政复议的制度。对于行政复议终止，1999年行政复议法仅在第25条规定了申请人"要求撤回行政复议申请的，行政复议终止"这一种情形。为进一步适应实践需求，2007年《行政复议法实施条例》采取明确列举的方法规定了8类行政复议终止情形。本次修法在此基础上进一步完善行政复议终止制度，规定了5种行政复议终止的情形。

一、申请人撤回行政复议申请，行政复议机构准予撤回

申请人撤回行政复议申请，行政复议机构准予撤回，即本条第 1 项规定的情形。这是实践中行政复议终止较为常见的情形。行政复议是依申请人的申请而启动的，申请人具有请求行政复议机关依法处理涉及自身行政争议的权利，也可以在审理过程中放弃这项权利。申请人出于真实意思表示而放弃行政复议权利的，行政复议审理活动随之终止。

需要特别指出的是，《行政复议法实施条例》将"申请人要求撤回行政复议申请，行政复议机构准予撤回"与"申请人与被申请人经行政复议机构准许达成和解"两种情形并列规定为终止的法定情形，考虑到实践中，申请人放弃行政复议权利，撤回行政复议申请的主要原因就是与被申请人达成了和解，这表明双方的行政争议已经得到自行解决，行政复议机关无须再继续进行审理，行政复议活动可以终结，两种情形在很大程度上出现了竞合，因此修订后的行政复议法对这两条规定作了优化完善，整合起来作为本条第 1 项予以规定。这项规定可以和本法第 74 条规定，当事人在行政复议决定作出前可以自愿达成和解，由申请人向行政复议机构撤回行政复议申请，行政复议机构准予撤回行政复议申请，行政复议机关决定终止行政复议。

二、申请人行政复议资格消灭，没有行政复议权利承受人或者行政复议权利承受人放弃该权利

申请人本人的行政复议资格消灭，没有行政复议权利承受人或者其行政复议权利的承受人放弃该权利的，即本条第 2 项、第 3 项规定的情形。本法第 14 条规定，有权申请行政复议的公民死亡的，其近亲属可以申请行政复议；有权申请行政复议的法人或者其他组织终止的，其权利义务承受人可以申请行政复议；有权申请行政复议的公民为无民事行为能力人或者限制民事行为能力人的，其法定代理人可以代为申请行政复议。因此，申请人的行政复议权利可以在特定情况下发生转移，由他人承受行使。如果没有行政复议权利的承受人，或者承受人放弃行使该权利的，行政复议活动自然也应当终止。

三、申请人对行政拘留或者限制人身自由的行政强制措施不服申请行政复议后，因申请人同一违法行为涉嫌犯罪，被采取刑事强制措施

即本条第 4 项规定的情形。根据刑事诉讼法的规定，刑事强制措施包括拘传、取保候审、监视居住、刑事拘留、逮捕。出现本条第 4 项规定的情形时，行政拘留或者限制人身自由的其他行政强制措施变更为刑事强制措施，与违法行为有关的事实和证据材料也已经移转到相关刑事侦查机关手中，同时变更之前的行政拘留或者限制人身自由的其他行政强制措施，与变更之后的刑事强制措施都是因同一违法行为而产生的，两者之间具有高度关联性。为保证刑事侦查活动的顺利进行，没有必要再对变更之前的行政拘留或者限制人身自由的其他行政强制措施再进行行政复议救济。

四、中止情形向终止情形的转化

本法第 39 条第 1 款第 1 项、第 2 项、第 4 项分别规定了三类中止情形，即作为申请人的公民死亡，其近亲属尚未确定是否参加行政复议；作为申请人的公民丧失参加行政复议的行为能力，尚未确定法定代理人参加行政复议；作为申请人的法人或者其他组织终止，尚未确定权利义务承受人。在一般情况下，行政复议中止的原因消除后，应当及时恢复行政复议案件的审理。也就是说，当近亲属、法定代理人、法人或者其他组织权利义务承受人确定参加行政复议的，行政复议恢复审理；当近亲属、法定代理人、法人或者其他组织权利义务承受人放弃参加行政复议的，行政复议终止。但除了上述两种情况外，如果近亲属、法定代理人、法人或者其他组织权利义务承受人长期不明确表示是否参加行政复议，就会影响行政复议审理效率和行政管理秩序的稳定性。因此，本项规定如果行政复议中止满 60 日，近亲属、法定代理人、法人或者其他组织的权利义务承受人仍未表示是否参加行政复议的，行政复议中止就依法转为终止，以便维护行政管理秩序的稳定性，以及行政复议制度的严肃性和权威性。

行政复议是以当事人的申请而启动的一种行政救济活动，自然也可以因申请人的放弃而终结。但由于行政复议是严肃、规范的法律程序，行政复议终止时，虽然行政复议机关无须再对行政行为是否合法和适当继续进行审理，但仍然要制发行政复议终止决定书，告知有关当事人其行政复议活动已经终结。

第四十二条　行政复议期间行政行为不停止执行；但是有下列情形之一的，应当停止执行：

（一）被申请人认为需要停止执行；

（二）行政复议机关认为需要停止执行；

（三）申请人、第三人申请停止执行，行政复议机关认为其要求合理，决定停止执行；

（四）法律、法规、规章规定停止执行的其他情形。

【释义】本条是关于行政复议期间行政行为执行问题的规定。

本条首先确定了行政复议期间行政行为不停止执行的原则。作出这一规定主要是考虑，行政行为一旦生效，就具有公定力，具体包括对行政管理相对人和行政机关产生的约束力、不论其合法或者违法都会对相关权利义务关系产生的确定力、不需要其他机关批准就应当付诸执行的执行力。行政行为的公定力对于贯彻国家强制意志，维护社会公共利益和社会秩序稳定具有重要意义，应当在行政复议程序中予以保障和维护。行政复议法修订过程中，曾经有意见提出将"行政复议期间行政行为不停止执行"原则修改为"行政复议期间行政行为停止执行"原则，考虑到如果允许相对人在申请行政复议后行政行为就停止执行，实践中可能会出现相对人滥用行政复议申请权逃避法定义务的情况，导致行政行为作出后久拖不能生效，影响法律和社会秩序的稳定。因此，修订后的行政复议法未采取上述意见，而是延续了1999年行政复议法确立的"不停止执行"的原则，以便在维护社会公共利益和回应相对人诉求之间保持恰当的平衡。当然，原则上不停止执行不意味着任何情况下都不停止执行，本法对应当停止执行的情形也作出了规定。

一、被申请人认为需要停止执行

被申请人是作出被申请行政复议的行政行为的行政机关，对行政行为的内容和执行要求比较熟悉，在一些特定情况下，如行政机关发现行政行为存在明显违法情形或者出现了不宜继续执行的情势变更，行政机关应当停止执行该行政行为。

二、行政复议机关认为需要停止执行

行政复议机关作为涉案行政行为的审理机关，负有监督行政行为、保障相对人合法权益的法定职责，在案件审理中发现行政行为可能存在违法或者不当的情形，如果不及时停止执行，就会对行政相对人的权利造成更大的不利影响，那么在这种情形下，行政复议机关就可以要求行政行为停止执行，以便维护和保障行政相对人的合法权益，避免对其造成无法弥补的损失。

三、申请人、第三人申请停止执行，行政复议机关认为其要求合理，决定停止执行

如果被申请人和行政复议机关都没有决定要停止执行，申请人、第三人可以提出停止执行的请求。对于这类请求，应当由行政复议机关根据实际情况进行判断，如果申请人、第三人的要求合理，就可以由行政复议机关决定停止执行。判断是否合理的要素包括，停止执行是否会损害国家利益和社会公共利益、如果不停止执行是否会对申请人造成不可弥补的重大损失、停止执行是否有必要性和可行性等。需要说明的是，除了申请人可以申请停止执行外，本法还赋予第三人停止执行的请求权。

四、法律、法规、规章规定停止执行的其他情形

行政复议机关依照法律、法规、规章审理行政复议案件，对法律、法规、规章已经明确规定停止执行的，行政复议机关应当遵照适用。如治安管理处罚法第 107 条规定："被处罚人不服行政拘留处罚决定，申请行政复议、提起行政诉讼的，可以向公安机关提出暂缓执行行政拘留的申请。公安机关认为暂缓执行行政拘留不致发生社会危险的，由被处罚人或者其近亲属提出符合本法第 108 条规定条件的担保人，或者按每日行政拘留 200 元的标准交纳保证金，行政拘留的处罚决定暂缓执行。"又如《中国证券监督管理委员会冻结、查封实施办法》第 24 条规定："当事人对冻结、查封决定不服的，

可以依法向中国证券监督管理委员会申请行政复议。行政复议期间，冻结、查封措施不停止执行，但是有下列情形之一的，可以停止执行：（一）实施部门认为需要停止执行并批准的；（二）当事人申请停止执行并批准的；（三）法律、法规规定应当停止执行的。"

对于上述 4 类情形，第 1 类情形是经过行政执法机关判断认为需要停止执行的，第 2、3 类情形是经过行政复议机关判断认为需要停止执行的，第 4 类情形是依法停止执行的，也就是说，所列的 4 类具体情形经过有关机关或者法律的价值判断，达到了"应当"停止执行的程度，已经蕴含了被申请人、行政复议机关对停止执行的主观态度，停止执行的必要性已经比较充分，为此，修订后的行政复议法将 1999 年行政复议法规定的"可以停止执行"修改为"应当停止执行"，以便对申请人、第三人的合法权益提供更充分的保障，充分体现了行政复议便民为民的制度优势。

第二节 行政复议证据

第四十三条 行政复议证据包括：

（一）书证；

（二）物证；

（三）视听资料；

（四）电子数据；

（五）证人证言；

（六）当事人的陈述；

（七）鉴定意见；

（八）勘验笔录、现场笔录。

以上证据经行政复议机构审查属实，才能作为认定行政复议案件事实的根据。

【释义】本条是关于行政复议证据种类的规定。

行政复议审理需要以事实为根据，以法律为准绳。因此，证据是行政复议查明事实、准确适用法律的前提和基础。行政复议法修订过程中，不少地方和部门反映现行行政复议法有关证据的规定过于简单，建议在立法中加以补充和完善。1999 年行政复议法对行政复议证据规则作了一些规定，但随着实践发展，这些规定已经难以适应高质量审理案件的客观需要。为此，本次修法在审理一章中单设一节，立足行政复议制度特点，吸收《行政复议法实施条例》关于证据的有关规定，对行政复议证据作出系统规定，发展和完善了行政复议证据规则。

证据是指用以证明案件客观事实的材料。证据是行政复议机关认定案件事实的根据，也是正确审理案件的基础。证据有三个基本特征：一是客观性，即证据应当能够客观反映行政复议案件的事实，而不取决于任何主观推测和想象。二是关联性，即证据应当与所要证明的案件事实之间存在内在联系。三是合法性，即证据的种类、形式、取得方式等应当符合法律要求。基于这三个基本特征，本条规定了行政复议的证据种类。

一、书证

书证是以记载的内容或者表达某种思想、含义来证明案件真实情况的书面材料或者其他物质材料。书证并不限于书写的文字材料，也包括用图形、符号等记录内容、表达含义的材料；记录方式包括手写、印刷、刻画等，载体可以包括纸张、布帛、墙壁、桌面、器物表面等。书证包括各种单据、证照、公告、档案、报表、图册等。书证和物证都属于实物证据，但不能说书证属于物证。

二、物证

物证，是以自身物质属性、外形特征、存在状态等来证明案件真实情况的物品。物证具有较强的客观性、稳定性，但一般不能一步到位证明案件主要事实，通常作为间接证据。需要区别的是，书证以其记载的内容证明案件事实，物证以其自身状态和属性证明案件事实。

三、视听资料

视听资料，是用录音、录像、拍照等技术手段记录下来，存储于录音带、录像带、电影胶片、光盘、U 盘等特殊介质中，需要借助录音机、录像机等特定设备播放的案件事实和材料。例如，用录音机录制的当事人之间的谈话、摄像机拍摄的当事人的活动等。

四、电子数据

电子数据，是指以数字化形式存储、处理、传输的，能够证明案件事实的信息。例如，网页发布的信息、微信等即时网络通信工具记录的通信信息、用户在网站注册及登录的信息等。随着电子技术特别是计算机和互联网技术的发展，人们在日常生产生活中形成的电子数据数量越来越多，其复杂性也远高于传统的书证或者物证。

五、证人证言

证人证言，是指了解案件情况的个人或者单位以口头或者书面方式，向行政复议机关所作的对案件事实的陈述。对于口头证言，需要以笔录等形式加以固定。证人应当如实陈述，但证人证言与其他证据相比，容易受到证人本身的主观感情、表达能力、个人品德、记忆准确度等因素影响，行政复议机构需要注重对证人证言的审查，综合分析评判其证据效力。对于和一方当事人有利害关系的证人，其证人证言不能单独作为认定案件事实的根据。

六、当事人的陈述

当事人的陈述，是指行政复议申请人和被申请人就案件事实向行政复议机关所作的陈述。当事人的陈述可以贯穿行政复议案件办理全过程，如当事人在行政复议申请书、行政复议补正材料中表述的信息，当事人在行政复议机关听取意见、听证过程中发表的意见等。需要注意的是，当事人的陈述往往带有一定主观性，行政复议机构要注意审查甄别其真实性。

七、鉴定意见

鉴定意见，是法律法规认定的鉴定机构运用专业手段，对有关专业性问题进行分析、检验和鉴别后作出的书面意见。如医疗事故责任鉴定、笔迹鉴定等。

八、勘验笔录、现场笔录

勘验笔录，是对能够证明案件事实的现场或者不便于移动的物品，就地进行勘察、检验后形成的记录。现场笔录，是行政机关对行政违法行为进行当场处理时，在处理现场所形成的笔录。如行政处罚法第 46 条规定，行政处罚的证据种类包括现场笔录；《禁止传销条例》第 22 条规定，工商行政管理部门对涉嫌传销行为进行查处时，应当制作现场笔录。现场笔录和查封、扣押清单由当事人、见证人和执法人员签名或者盖章，当事人不在现场或者当事人、见证人拒绝签名或者盖章的，执法人员应当在现场笔录中予以注明。

对行政复议办案工作而言，证据具有真实性、关联性、合法性，是采信的根本要求。本条第 2 款规定，证据需要经行政复议机构审查属实，才能作为认定事实的根据。这是行政复议案件审理的应有之义，也是行政复议办案工作中必须达到的标准。为了确保行政复议机构能够查实证据，修订后的行政复议法对行政复议的审理程序作了很多新的规定，如调查取证、听取当事人意见、听证等，这些程序性要求为审查证据的真实性提供了制度保障。行政复议机构应当严格对证据进行全面、充分的审查，确定证据与案件事实之间的证明关系，排除与事实不具有关联性或者不真实的证据，以审查属实的证据作为认定案件事实的根据。

第四十四条 被申请人对其作出的行政行为的合法性、适当性负有举证责任。

有下列情形之一的，申请人应当提供证据：

（一）认为被申请人不履行法定职责的，提供曾经要求被申请人履行法定职责的证据，但是被申请人应当依职权主动履行法定职责或者申请人因正当理由不能提供的除外；

（二）提出行政赔偿请求的，提供受行政行为侵害而造成损害的证据，但是因被申请人原因导致申请人无法举证的，由被申请人承担举证责任；

（三）法律、法规规定需要申请人提供证据的其他情形。

【释义】本条是关于行政复议举证责任的规定。

举证责任，是指当事人根据法律的规定所负有的对特定案件事实提供证据予以证明的责任。举证责任是依法对当事人双方分配的，如果当事人不能提供相应的证据，将会承担不利的后果。对行政复议的举证责任具体可以从以下方面把握。

一、举证责任原则上由被申请人承担

在行政复议审理中，被申请人对其作出的行政行为负有举证责任，是行政复议举证责任分配的一项基本原则。不同于民事案件"谁主张，谁举证"的举证责任分配原则，行政复议案件的举证责任以被申请人承担为原则、申请人承担为例外。这主要是考虑到，行政机关在行政管理过程中处于管理者的优势地位，对公民、法人或者其他组织作出行政行为时无须征得其同意。因此，行政机关应当自觉约束和规范行政权力的运行，在作出行政行为时就应当遵循法定程序，确保全面、客观地收集并固定证据，在作出行政行为后还要按要求将证据整理归档。行政管理的特性决定了行政机关在举证能力上优于行政相对人，在行政复议审理中应当承担主要的举证责任。

二、被申请人既要对行政行为的合法性举证，也要对行政行为的适当性举证

行政复议审理是全面审理，既审查行政行为的合法性，也审查行政行为的适当性，亦即合理性，这是行政复议审理的特点，体现了行政复议实质性化解行政争议的优势。因此，行政机关在举证时也要全面举证，既有义务证明其行政行为具有合法性，也有义务证明其行政行为具有合理性，而不能以申请人未提出对适当性进行审查的诉求为理由不提供相应证据，否则就要承担不利的审理后果。

三、行政复议申请人依法承担特定的举证责任

虽然被申请人举证是行政复议举证责任的一般原则，但在特定情况下，

申请人也要提供相应的证据。申请人承担举证责任的情形一般有三类：

一是认为被申请人不履行法定职责的，需要申请人提供曾经要求被申请人履行法定职责的证据。本法第11条规定了行政复议范围，其中包括行政机关不作为的案件，如申请行政机关履行保护人身权利、财产权利、受教育权利等合法权益的法定职责，行政机关不予答复；申请行政机关依法给付抚恤金、社会保险待遇或者最低生活保障等社会保障，行政机关没有依法给付等等，都是典型的行政不作为案件。行政不作为案件大多涉及行政机关需要依申请作出的行政行为，一般情况下，只有申请人提出了申请，行政机关才会启动相应的执法程序。因此，对于申请人是否曾经提出过申请，由被申请人举证比较困难，尤其是在申请人根本未提出过申请的情况下，由被申请人"证无"就更难以实现，因此由申请人自己提供曾经要求被申请人履行法定职责的证据，是较为合理的。需要注意的是，这种举证责任的分配存在两种例外情形：一种例外情形是，对于行政机关依职权应当主动履行法定职责的情形，由于不需要申请人提起申请才启动程序，自然也就不需要申请人对其曾经提出过履职请求承担举证责任。需要注意的是，这里所指的主动履行法定职责，指的是行政机关根据法律法规的明确规定、需要主动履行的保护特定当事人合法权益的职责，而不宜理解为宽泛的、针对不特定对象的行业监管职责。另一种例外情形是，申请人因正当理由不能提供曾经要求被申请人履行法定职责的证据。是否属于有正当理由，应当由行政复议机关结合实际情况进行判断。

二是申请人提出行政赔偿请求的，应当提供受行政行为侵害而造成损害的证据。行政赔偿包括因侵犯人身权、财产权两类需要赔偿的情形。根据国家赔偿法的规定，行政机关及其工作人员在行使行政职权时有下列侵犯人身权情形之一的，受害人有取得赔偿的权利：（1）违法拘留或者违法采取限制公民人身自由的行政强制措施的；（2）非法拘禁或者以其他方法非法剥夺公民人身自由的；（3）以殴打、虐待等行为或者唆使、放纵他人以殴打、虐待等行为造成公民身体伤害或者死亡的；（4）违法使用武器、警械造成公民身体伤害或者死亡的；（5）造成公民身体伤害或者死亡的其他违法行为。行政机关及其工作人员在行使行政职权时有下列侵犯财产权情形之一的，受害人有取得赔偿的权利：（1）违法实施罚款、吊销许可证和执照、责令停产停业、没收财物等行政处罚的；（2）违法对财产采取查封、扣押、冻结等行政强制措施的；（3）违法征收、征用财产的；（4）造成财产损害的其他违法行为。赔偿请求人要求赔偿，应当先向赔偿义务机关提出，也可以在申请行政复议时一并提出。本法第11条第6项规定，公民、法人或者其他组织对行政机关作出的赔偿决定或者不予赔偿决定不服的，可以申请行政复议；第72条规定，申请人在申请行政复议时可以一并提出行政赔偿请求。因此，行政复议是为群众解决行政赔偿争议的重要渠道，既可以解决申请人因不服赔偿义务机关的赔偿决定或者不予赔偿决定引发的行政争议，也可以直接处理申请人对违法行政行为申请行政复议时一并提出的行政赔偿请求。国家赔偿法第15条第1款规定，赔偿请求人和赔偿义务机关对自己提出的主张，应当提供证据。因此，申请人在行政赔偿类行政复议案件中，对自己受行政行为侵害而造成损害负有举证责任，该举证责任既包括发生损害及损害大小的证据，也包括损害与行政行为侵害之间存在基本因果关系的证据。需要注意的是，这种举证责任的分配存在一种例外情形，即因被申请人原因导致申请人无法举证的，则由被申请人承担举证责任，例如因被申请人改变财产损害现场而导致申请人无法证明所遭受的损害大小的，则由被申请人进行举证。

三是法律、法规规定需要申请人提供证据的其他情形。申请人所负担的举证责任属于举证责任的特殊情形，其范围不应过大，除前两类明确规定的申请人举证情形外，法律、法规可以对申请人承担举证责任的情形作出规定。法律、法规规定申请人的举证责任，应当具有相当的合理性、必要性，而不应随意扩大申请人举证责任的范围，尤其是行政复议机关不应通过出台规范性文件等方式对申请人规定法律、法规之外的举证义务。

第四十五条　行政复议机关有权向有关单位和个人调查取证，查阅、复制、调取有关文件和资料，向有关人员进行询问。

调查取证时，行政复议人员不得少于两人，并应当出示行政复议工作证件。

被调查取证的单位和个人应当积极配合行政复议人员的工作，不得拒绝或者阻挠。

【释义】本条是关于行政复议调查取证的规定。

此次行政复议法修订，从增强行政复议的公正性、权威性、透明度的角度出发，进一步完善行政复议办案程序。无论是适用普通程序还是简易程序，行政复议机关都应当扎实做好证据审查工作，其中一个重要环节就是开展好调查取证。

1999年行政复议法规定，行政复议原则上实行书面审理，但是申请人提出要求或者行政复议机关负责法制工作的机构认为有必要的，可以向有关组织和人员调查情况，听取申请人、被申请人和第三人的意见。在这里，调查取证是作为书面审理的例外情形，在申请人提出要求或者行政复议机关负责法制工作的机构认为有必要的前提下才开展的一项工作。随着实践发展，行政复议案件涉及的事实和法律关系越来越复杂，仅凭书面审理往往无法查清案件事实，而且审理程序不够透明，容易给申请人以"暗箱操作""官官相护"的印象，不利于行政争议的彻底解决。为此，新修订的行政复议法创新行政复议的审理方式，对行政复议书面审理的原则作了修改，进一步健全了行政复议调查取证程序，这要求行政复议机关把调查取证工作摆在更重要的位置做实做细。对于本条规定，应当从以下几个方面把握。

一、调查取证的制度价值

调查取证既是行政复议机关案件审查权的重要内容，也是必须履行的法定职责。加强调查取证，契合新时代行政复议工作的发展方向。例如，本法从促进行政争议实质性化解的角度出发，要求行政复议机关更多地适用变更方式作出行政复议决定，这就意味着行政复议机关需要对案件事实进行扎实的调查取证，不能简单满足于审查认为原行政行为事实不清、证据不足，然后"一撤了之"，而应当尽可能地查清案件事实和证据，对能够作变更处理的就作变更处理。与此同时，调查核实证据的过程，也是行政复议机关与行政复议当事人等进行充分沟通，了解情况、听取意见的过程，这对于提高行政复议调解的适用率和成功率也具有重要意义。一般来说，案件存在下列情形的，就应当及时开展调查取证：当事人双方对于案件事实的陈述有分歧的；被申请人提供的证据材料之间相互矛盾的；申请人或者第三人提出新的证据材料，需要对相关事实作进一步认定的；申请人或者第三人提供了证据或者依据的线索，但是无法自行收集而申请行政复议机构收集的，等等。尤其是对涉及自然资源权属认定等当事人重大权益的行政争议，应当到实地进行调查取证，确保案件事实清楚、证据确凿。

二、调查取证的工作要求

首先，调查取证的对象是对查明案件事实有帮助的有关单位和个人，包括但不限于行政复议申请人、被申请人、第三人，与案件审理相关的证人也属于调查取证的对象。其次，调查取证的方式主要包括查阅、复制、调取有关文件和资料，如在办理土地征收类行政复议案件中，行政复议机关查阅调取的规划图、现状图等图表。行政复议机关也可以围绕案件事实向有关人员进行询问，询问笔录作为证人证言用以证明案件事实的真实性。最后，调查取证的目的是审查被申请人行政行为合法性和适当性，行政复议机关要站在中立公正的立场上对事实情况进行全面调查并收集证据，而不是代替被申请人执法甚至给被申请人的行政行为"找依据"。

三、调查取证的人员要求

调查取证工作具有较强的法律性、专业性，应当由行政复议机关的行政复议人员开展。行政复议人员应当是符合本法规定的通过国家统一法律职业资格考试取得法律职业资格、受行政复议机构依法指定办理行政复议案件的人员，而不是普通的行政机关工作人员。为确保调查取证工作的公正性，参与调查取证的行政复议人员数量不得少于2人，并应当出示行政复议工作证件。由2名行政复议人员进行调查取证，彼此之间既能加强协同配合，提高调查取证的质量和效率，又能进行相互监督，体现调查取证工作的公正性，这符合行政复议办案的客观规律。需要注意的是，本条规定的两人是人数上的最低要求，实际工作中可以根据案件数量、复杂程度等，科学配备调查取证人员的数量。同时，各级行政复议机关应当注重加强行政复议队伍建设，确保行政复议人员配备符合法律要求。调查取证中，行政复议人员要注意依法取证，不能采取胁迫或者欺骗的手段取证，也不得随意超出案件审理的需要调取无关的证据。

四、被调查人的配合义务

调查取证是严肃的行政复议活动，被调查取证的单位和个人应当积极予以配合，不得拒绝或者阻挠。这里的"配合"有两层意思：一是要按照行政复议人员的要求，全面提供相应的证据材料，即允许行政复议人员查阅、复制和调取有关文件和资料，回答行政复议人员的询问；二是要如实作证，确保所提供的有关文件和资料具有真实性，回答询问时要如实陈述，不能作假证。为此，行政复议人员调查取证时，要提前告知当事人有按要求全面、如实作证的义务，不得拒绝、阻挠行政复议人员依法调查取证、故意扰乱行政复议工作秩序，否则要依照本法第84条的规定，承担相应法律责任。

第四十六条 行政复议期间，被申请人不得自行向申请人和其他有关单位或者个人收集证据；自行收集的证据不作为认定行政行为合法性、适当性的依据。

行政复议期间，申请人或者第三人提出被申请行政复议的行政行为作出时没有提出的理由或者证据的，经行政复议机构同意，被申请人可以补充证据。

【释义】本条是关于行政复议被申请人收集证据的规定。

原法规定，在行政复议过程中，被申请人不得自行向申请人和其他有关组织或者个人收集证据。修订后的行政复议法作了两处修改：一是明确了被申请人自行收集证据的法律后果，不作为认定行政行为合法性、适当性的依据；二是补充规定了行政复议期间，申请人或者第三人提出了被申请行政复议的行政行为作出时没有提出的理由或者证据的，经行政复议机构同意，被申请人可以补充证据。理解本条需要把握以下两点：

一、被申请人不得自行收集证据

本条规定延续了案卷主义规则。案卷主义规则又称案卷排他主义原则，是指行政机关在行政程序之外形成的证据，不能作为证明行政行为合法性或者适当性的根据。在深入推进严格规范公正文明执法、加快建设法治政府的大背景下，行政机关更应当以事实为依据，只有取得充足的证据才能作出行政行为。例如行政处罚法第 40 条规定，公民、法人或者其他组织违反行政管理秩序的行为，依法应当给予行政处罚的，行政机关必须查明事实；违法事实不清、证据不足的，不得给予行政处罚。行政行为作出后，只能以其在作出行政行为时收集的证据作为证明行政行为合法或者适当的依据。行政决定一旦送达生效，行政机关不应再自行收集证据。因此，在行政复议期间，行政机关也不能为证明行政行为的合法性、适当性再行收集证据。如果行政机关先作出行政行为，行政复议期间再向申请人和其他有关单位或者个人收集证据，就意味着允许行政机关在没有证据的情况下先行作出行政行为，这种事后补强证据的行为违背了程序正当的原则。在行政行为作出过程中，行政机关相对于公民、法人或者其他组织处于强势地位；在行政复议法律关系中，这种强势地位依然存在。因此，为了体现行政复议的公平公正，平衡行政复议参加人之间的法律地位，本次修订增加了行政机关在行政复议过程中自行收集证据的法律后果，即不作为认定行政行为合法性、适当性的依据。

二、补充证据的相关规定

补充证据是指被申请人在行政复议期间，针对申请人或者第三人提出的被申请行政复议的行政行为作出时没有提出的理由或者证据，向行政复议机关补充提交证据的行为。补充证据非因行政机关作出行政行为时存在过错，而是因为申请人或者第三人提出了新的理由或者证据。一般情况下，行政相对人在行政行为作出前，应当提供全部的理由或者证据。如行政许可法第31 条第 1 款中规定，申请人申请行政许可，应当如实向行政机关提交有关材料和反映真实情况，并对其申请材料实质内容的真实性负责。此外，行政许可法、行政处罚法等法律都对行政相对人的陈述权和申辩权作了规定。针对当事人提出的陈述和申辩，行政机关应当充分听取；当事人提出的理由和证据正当的，行政机关在作出行政行为之前应当采纳。实践中，也有一些行政相对人在行政行为作出前，没有充分行使自己的陈述权、申辩权，或者由于客观原因没有及时提出对自己有利的事实、理由或者证据，到后续行政复议过程中才提出来。理论上讲，无论行政相对人在行政行为作出前是否充分阐释了自己的理由或者证据，行政机关都应当予以查明。但是客观讲，如果相对人提出了之前没有阐述的理由或者证据的，如果不给行政机关补充证据的机会，行政机关就会承担不利的后果，这对于行政机关来说也是不公平的。

在补充证据的期限方面，在整个行政复议期间，申请人都可以提出新证据，被申请人经行政复议机构同意，也可以补充证据。在办案中，如果申请人很晚才提出新证据，行政复议机构不宜以审限紧张为由，不同意被申请人补充证据。此时，行政复议机构应当给被申请人指定合理的补充证据的期限，该期限可以参照被申请人提出书面答复的期限确定。如果因为申请人或者第三人提出新的理由或者证据，被申请人需要补充证据，由此导致审限确实紧张的，可以适用本法第 39 条第 1 款第 10 项的规定中止行政复议。

第四十七条 行政复议期间，申请人、第三人及其委托代理人可以按照规定查阅、复制被申请人提出的书面答复、作出行政行为的证据、依据和其他有关材料，除涉及国家秘密、商业秘密、个人隐私或者可能危及国家安全、公共安全、社会稳定的情形外，行政复议机构应当同意。

【释义】本条是关于行政复议申请人等查阅、复制权利的规定。

本条根据行政复议实践需要，丰富完善了行政复议便民为民的规定。修订前的行政复议法第 23 条第 2 款规定，申请人、第三人可以查阅被申请人提出的书面答复、作出具体行政行为的证据、依据和其他有关材料，除涉及国家秘密、商业秘密或者个人隐私外，行政复议机关不得拒绝。《行政复议法实施条例》第 35 条规定，行政复议机关应当为申请人、第三人查阅有关材料提供必要条件。相比于修订前的规定，本条作了以下新的规定：

一、关于有权查阅、复制的主体

此次修订，扩大了查阅、复制的主体，增加了申请人、第三人的委托代理人。查阅、复制相关材料是委托代理人接受委托，参加行政复议案件审理的必要条件，如果不赋予委托代理人的这些权利，只能由申请人或者第三人查阅、复制相关材料，将会增加申请人、第三人的负担，使委托代理的效果大打折扣。

二、关于查阅、复制的权利

出于保障申请人、第三人了解行政行为证据、依据和有关材料的需要，本次修订在查阅之外，又赋予了当事人复制的权利。行政复议机构既可以通过拍照、扫描等方式提供电子化的复制材料，也可以通过复印等方式提供纸质的复制材料。

三、关于不允许查阅、复制的例外情形

此次修法，新增了不允许查阅、复制的例外情形。相对于修订前的例外规定，本次修订增加了"可能危及国家安全、公共安全、社会稳定"三个方面的例外情形。行政复议是化解矛盾纠纷、维护社会安全稳定的重要法律制度，如果行政复议案卷中的相关材料，允许申请人、第三人及其委托代理人查阅、复制后可能会危及国家安全、公共安全、社会稳定，则不应允许其查阅、复制，这一要求符合行政复议的制度功能。需要注意的是，行政复议机构应当严格适用这些例外的情形，不能泛泛适用，变相限制当事人的权利。例如，对于国家秘密，应当理解为有权机关根据保守国家秘密法等法律的规定，依照法定权限和程序确定为绝密、机密或者秘密的事项。

第三节 普通程序

第四十八条 行政复议机构应当自行政复议申请受理之日起七日内，将行政复议申请书副本或者行政复议申请笔录复印件发送被申请人。被申请人应当自收到行政复议申请书副本或者行政复议申请笔录复印件之日起十日

内，提出书面答复，并提交作出行政行为的证据、依据和其他有关材料。

【释义】本条是关于行政复议被申请人提交书面答复的规定。

行政复议程序是一个完整链条，在申请人申请行政复议后，下一步程序就是行政复议机关将申请书副本或者申请笔录复印件发送被申请人，由被申请人进行答复。这有利于行政复议机关了解案件基本情况、双方主张，便于下一步开展行政复议案件的审理。具体需要把握以下几点：

一、关于发送行政复议申请书副本或者行政复议申请笔录复印件

发送的期限是自行政复议申请受理之日起7日内，这是对行政复议机构的要求。行政复议法规定了口头申请行政复议的方式，当事人通过口头方式申请的，行政复议机关应当当场记录申请人的基本情况，行政复议请求，申请行政复议的主要事实、理由和时间，形成行政复议申请笔录。无论是行政复议申请书副本，还是行政复议申请笔录复印件，行政复议机构都应当在7日内发送被申请人。

二、关于被申请人提出书面答复、提交作出行政行为的证据、依据和其他有关材料

书面答复是被申请人对于申请人向行政复议机关提出的行政复议请求予以回应的法律文书。提交书面答复是被申请人提出自己主张和理由的权利，同时也是一项义务，以方便行政复议机关了解被申请人的主张，进一步查清案件事实。被申请人在提交书面答复的同时，还要提交作出行政行为的证据、依据和其他有关材料。考虑到提交书面答复、作出行政行为的证据、依据和其他有关材料需要行政机关内部的层层审批，时间往往较为紧张，本次修法明确10日为工作日，使得法律的规定更具有可操作性。

三、关于不提出书面答复、提交作出行政行为的证据、依据和其他有关材料的法律后果

行政复议法修订前，10日是指自然日，当答复期限覆盖国家法定节假日时，对作出行政行为的机关而言，时间确实比较紧张。法律修订后，10

日明确为工作日，作出行政行为的机关答复期限更为宽裕。因此，被申请人应当严格按照法定时限进行答复。实践中，部分行政复议机关对此期限掌握不够严格，影响了行政复议的权威。但是，被申请人提交的证据、依据和其他有关材料是在作出行政行为时就客观存在的，不需要被申请人额外调查搜集，只需要将执法案卷中的材料提供给行政复议机关，因此 10 个工作日的答复期限应完全够用。修订后的行政复议法施行后，各级行政复议机关要严格把握该条规定，对于被申请人不按照本条规定提交有关材料的，要一律视为该行政行为没有证据、依据，依照本法第 70 条的规定及时作出行政复议决定，维护行政复议机关的权威。

第四十九条 适用普通程序审理的行政复议案件，行政复议机构应当当面或者通过互联网、电话等方式听取当事人的意见，并将听取的意见记录在案。因当事人原因不能听取意见的，可以书面审理。

【释义】本条是关于听取行政复议申请人意见的规定。

本条是此次修订新增加的内容。修法之前，行政复议原则上采取书面方式审理，申请人的参与度不高，不少申请人质疑行政复议审理程序不透明，影响了其对行政复议结果的认同度。本条着力解决申请人在行政复议程序中参与不够的问题，实践中需要把握以下几点：

一、听取意见程序的适用情形

行政复议法确立了繁简分流制度，审理行政复议案件分为普通程序和简易程序。其中，在适用普通程序审理案件过程中，要准确查明案件事实，正确适用法律，离不开行政复议各方当事人的深度参与，其中一个重要方面，就是听取申请人的意见。依照本条规定，行政复议机关决定不予受理案件、受理后发现不符合受理条件予以驳回的案件、简易程序审理的案件，可以不听取意见。

二、听取意见是普通程序的法定要求

适用普通程序审理的案件，除法律规定的例外情形外，都必须听取申请人的意见。这有利于行政复议机关了解申请人申请行政复议背后的实体利益诉求，更好解决人民群众"急难愁盼"问题；有利于行政复议机关更好地了解申请人、被申请人的主张，更好地查明案件事实，作出准确的行政复议决定。

三、听取意见的方式灵活多样

听取意见是一项灵活的环节，不要求像被申请人提出答复那样必须采取书面方式。在案件审理中，听取意见方式灵活多样，可以通过当面方式，也可以通过互联网、电话等方式。听取意见环节可以与其他环节合并进行，如申请人查阅、复制案卷过程中，行政复议机构了解申请人的诉求、询问其对案件办理的意见等，可以认为其履行了听取意见的职责。考虑到听取意见也可以作为广义上的调查取证，因此，听取意见时行政复议人员不得少于 2 人。

四、听取意见的对象为行政复议的当事人

听取意见的对象既包括行政复议的申请人、第三人，也包括行政复议被申请人。将听取意见的对象规定为当事人，可以更加平等、充分地保护行政复议当事人的合法权益。在实践中，对于听取被申请人意见的，由于被申请人之前已经提交过书面答复、作出行政行为的证据、依据和其他有关材料，如果行政复议机构认为其已经达到了确实、充分的标准，也可以将要求被申请人书面答复的过程与听取被申请人意见的过程合并，并记录在案。但是听取申请人意见的，即使通过行政复议申请书等材料可以了解申请人的行政复议请求，也不得省略听取意见的环节。对于听取第三人意见的，可以参照听取申请人意见的做法办理。需要进一步说明的是，如果第三人的利益诉求与申请人有冲突的，行政复议三方当事人的意见均不相同，为稳妥起见，行政复议机构可以就申请人、第三人各自提出的案件事实和证据，听取对方意见。

五、不能听取意见的情况

因当事人的原因不能听取意见的，可以书面审理，但要将这一情况记录

在案，并由 2 名以上的行政复议人员签字。下一步，国务院行政复议机构将制定具体的标准，对法律的规定作进一步细化。应当注意的是，不听取当事人的意见必须是因为当事人的原因造成客观上不能，因行政复议机构的原因，如案件审理时间紧张等，不能作为不听取意见的理由。

第五十条　审理重大、疑难、复杂的行政复议案件，行政复议机构应当组织听证。

行政复议机构认为有必要听证，或者申请人请求听证的，行政复议机构可以组织听证。

听证由一名行政复议人员任主持人，两名以上行政复议人员任听证员，一名记录员制作听证笔录。

【释义】本条是关于行政复议听证的规定。

行政复议听证，是指行政复议机构在办理行政复议案件过程中，组织涉案人员查明案件事实的审理方式。行政复议听证是行政复议机关查明案件事实的重要方式，是当事人的一项重要权利。修订前的行政复议法对听证没有专门规定，《行政复议法实施条例》第 33 条作了原则性规定：行政复议机构认为必要时，可以实地调查核实证据；对重大、复杂的案件，申请人提出要求或者行政复议机构认为必要时，可以采取听证的方式审理。本次修法对听证作了较为详细的规定，明确了听证的适用情形、人员组成等。理解本条，需要把握以下几个方面：

一、审理重大、疑难、复杂的行政复议案件，行政复议机构应当组织听证

这是对行政复议机构的硬性要求，不能以案件审限紧张等理由不组织听证。至于何为重大、疑难、复杂的行政复议案件，由各级行政复议机构结合实际予以把握。实践中，至少应当包括以下几类案件：一是在本地区、本部门有重大影响的案件，如案件的标的金额较高，或者案件的处理结果对于规范同类行政行为具有示范意义等。二是案件事实存在疑难情形的案件，各方当事人对涉案关键证据分歧较大，通过书面审理、听取当事人意见等程序，仍然无法查清案件事实，需要通过当面质证进一步确定证据的真伪。三是法律关系较为复杂的案件，需要各方充分陈述、举证、质证、辩论，以避免案件审查有遗漏等。

二、行政复议机构可以组织听证的两种情形

行政复议听证的主要目的是查明案件事实。在案件审理过程中，申请人提交了行政复议申请书，被申请人提交了书面答复，并附具了作出行政行为的证据、依据和其他有关材料。对于不明确的地方，行政复议机构还听取了申请人的意见。如果通过以上程序，行政复议机构还认为案件事实没有查清楚，需要当面听取当事人的意见，还可以组织各方当事人进行听证。此外，申请人请求听证的，行政复议机构也可以组织听证。在这两种情形下，是否组织听证由行政复议机构根据案件审理情况具体把握，如果认为案件事实已经清楚的，也可以不组织听证。

三、行政复议机构主持听证的要求

根据本条规定，听证由行政复议机构组织。行政复议机构应当指定 1 名行政复议人员任主持人，2 名以上行政复议人员任听证员，并由 1 名记录员制作听证笔录。作为听证主持人、听证员的行政复议人员，要具备总结争议焦点、归纳双方观点等方面的能力。因此，行政复议机关应当加强行政复议机构的队伍建设，根据工作需要配备行政复议人员，并不断提高行政复议人员的专业能力。根据本条的规定，每个行政复议机构从事行政复议工作的人员不能少于 4 人，这对基层行政复议机构的人员配备提出了更高的要求。实践中，各级行政复议机关都应当按照行政复议法的规定，及时与机构编制等部门沟通，确保行政复议机构的人员配备与所承担的工作任务相适应。

四、其他人员参加听证的要求

申请人、被申请人、第三人为当事人，当事人及其代理人、参加听证活动的证人、鉴定人、翻译人员为听证参加人。对于申请人、第三人而言，可以亲自参加行政复议听证，也可以委托 1 至 2 名代理人参加，申请人、第三

人人数众多的，行政复议机构可以根据本法的规定，视情况要求其推选代表人参加听证会。代表人参加听证会的，应当在听证会开始前提交代表推选书。

第五十一条　行政复议机构组织听证的，应当于举行听证的五日前将听证的时间、地点和拟听证事项书面通知当事人。

申请人无正当理由拒不参加听证的，视为放弃听证权利。

被申请人的负责人应当参加听证。不能参加的，应当说明理由并委托相应的工作人员参加听证。

【释义】本条是关于行政复议听证程序的规定。

本条侧重于听证程序方面的规定。听证是行政复议案件审理过程中的一项重要环节，细化规定听证程序是必要的。行政复议案件的听证关键是听取双方当事人的意见，允许当事人就案涉行政行为的事实、证据、依据以及程序进行陈述、举证、质证和辩论，帮助行政复议机关查清事实，以对案件作出正确的行政复议决定，便于行政争议的彻底解决。理解本条需要把握以下几个方面。

一、通知当事人参加听证的要求

主要有以下两个方面：一是提前通知当事人，给当事人留足准备的时间。本条规定，提前5个工作日通知申请人、被申请人、第三人等当事人，否则当事人容易因为准备时间仓促无法充分发表意见，或者因为路途遥远、工作安排等原因，不得已放弃听证。二是通知的方式和内容。通知应当以书面方式作出，并按照行政复议决定的送达方式，及时送达当事人。考虑到书面送达有一定的在途时间，实际操作中，行政复议机构在书面送达的同时，如果能通过电话、短信等方式同时送达，更有利于听证的顺利进行。在通知的内容方面，主要包括三个方面：时间、地点和拟听证事项。其中，拟听证事项就是需要进一步查清的案件事实，需要各方当事人予以当面质证。在具体操作过程中，可以参考如下程序：（1）主持人说明案由和听证参加人；（2）申请人陈述行政复议申请的主要事实理由，明确行政复议请求；

（3）被申请人陈述行政复议答复要点，并举证；（4）第三人参加听证的，由第三人陈述自己的观点；（5）证人、鉴定人参加听证活动的，由其进行相关陈述，回答主持人、听证员和经主持人同意的当事人的提问；（6）各方质证；（7）各方围绕案件焦点问题陈述意见；（8）主持人、听证员对需要查明的问题向听证参加人询问；（9）主持人询问当事人有无补充意见。考虑到听证现场可能会发生突发情况，因此，出现特定情形无法当场解决的，可以中止听证。中止听证的事由法律没有明确规定，可由有关行政复议机构根据案件实际具体把握。

二、当事人无正当理由拒不参加听证的法律后果

由于被申请人是行政机关或者法律法规规章授权的组织，如果被申请人无正当理由拒不参加听证，属于不依法履行行政复议职责，可以适用本法第80条的规定追究有关人员的法律责任。有争议的是申请人不参加听证的法律后果。听证是当事人的权利，同时也是当事人的义务。立法过程中，有一种意见认为，如果申请人无正当理由拒不参加听证，则案件事实无法查清，可以视为撤回行政复议申请。还有一种意见认为，如果申请人无正当理由拒不参加听证，行政复议机关也可以在现有证据的基础上，继续审理案件。从保障当事人行政复议权利的角度，立法机关最终选择了第二种意见。

三、对被申请人的负责人参加听证的特殊要求

行政复议是解决"民告官"的制度，但是在行政复议实践中，常常出现"告官不见官"的现象，被申请人参加听证的往往是其工作人员，不利于提高化解行政争议的效率。为此，法律规定被申请人的负责人应当参加听证。不能参加的，应当说明理由并委托相应的工作人员参加听证。根据这一规定，在行政复议听证中，被申请人的负责人应当参加听证，这是一个基本的原则。但是，如果被申请人的负责人有正当理由，确实不能参加的，应当委托行政机关相应的工作人员参加，并说明理由。需要说明的是，被申请人的负责人是指正职和副职领导人；在负责人确实不能参加听证的情况下，应当委托行政机关的相应工作人员参加，不能只委托律师参加。

确立被申请人的负责人参加听证具有重要意义：一是有利于有效化解行政争议。在听证过程中，行政相对人与被申请人的负责人直接面对面陈述其主张和理由，缓和了与行政机关的对立情绪，有利于纠纷的解决。二是有利于提高行政机关负责人的法治意识，推进行政机关依法行政。通过参加听证，行政机关负责人可以进一步加深对相关法律知识的理解，认识到本机关在执法活动中存在的问题，从而有助于其增强依法行政的意识。三是有利于增强人民群众对法治的信心。行政机关负责人参加听证，表明了行政机关对人民群众的尊重，有利于营造良好的法治氛围，产生较好的法治效果。

第五十二条 县级以上各级人民政府应当建立相关政府部门、专家、学者等参与的行政复议委员会，为办理行政复议案件提供咨询意见，并就行政复议工作中的重大事项和共性问题研究提出意见。行政复议委员会的组成和开展工作的具体办法，由国务院行政复议机构制定。

审理行政复议案件涉及下列情形之一的，行政复议机构应当提请行政复议委员会提出咨询意见：

（一）案情重大、疑难、复杂；

（二）专业性、技术性较强；

（三）本法第二十四条第二款规定的行政复议案件；

（四）行政复议机构认为有必要。

行政复议机构应当记录行政复议委员会的咨询意见。

【释义】本条是关于行政复议委员会的规定。

行政复议委员会制度是本次修法新建立的制度，是本法修订的亮点之一。本法修订以前，行政复议工作原则上采取书面方式审理，外部参与度不高，难免会引起"官官相护"的质疑，影响了行政复议的公正性和公信力。2006 年 12 月，国务院召开的全国行政复议工作座谈会明确提出，"有条件的地方和部门可以开展行政复议委员会的试点"。2008 年，原国务院法制办下发《国务院法制办公室关于在部分省、直辖市开展行政复议委员会试点工作的通知》（国法〔2008〕71 号），推动在各地方试点开展行政复议体制改革工作，先行探索设立行政复议委员会，提高行政复议办案质量。进入新时代以来，中央有关文件对建立行政复议委员会提出了新的要求。中共中央、国务院《法治政府建设实施纲要（2021—2025年）》要求："县级以上各级政府建立行政复议委员会，为重大、疑难、复杂的案件提供咨询意见。"本次修法落实中央要求，在总结地方实践经验的基础上，从法律上正式确立了行政复议委员会制度。对此应当从以下方面把握：

一、建立行政复议委员会的主体

根据本条规定，建立行政复议委员会的主体为承担行政复议法定职责的县级以上各级人民政府，包括国务院及省、市、县三级政府。对于依照行政复议法仍履行行政复议职责的政府部门，不强制性要求建立行政复议委员会，如果有需要，可以参照本条规定建立行政复议委员会。

二、行政复议委员会的职责

主要有两项：第一是咨询功能，主要是就办理行政复议案件提供咨询意见。对于此类案件，行政复议机构应当记录行政复议委员会的咨询意见，并作为作出行政复议决定的重要参考依据。所谓重要参考依据，是指在没有充分理由的前提下，应当采纳咨询意见，不能仅将提请复议委员会咨询作为一项流程，"为咨询而咨询"。第二是指导功能，主要是就行政复议工作中的重大事项和共性问题进行研究提出意见。主要考虑是，不少地方已经建立的行政复议委员会有政府负责同志参加，对行政复议工作中遇到的重大事项和共性问题进行审议并提出意见，明确行政复议委员会具备指导功能符合实践需要。

三、行政复议委员会的组成

科学确定行政复议委员会的组成，是行政复议委员会发挥作用的重要基础。在人员组成上，需要把握以下几个方面：第一，行政复议委员会是由县级以上各级人民政府建立的，体现了"政府主导"的要求。行政复议委员会的主任一般由政府主要负责同志或者分管负责同志担任，体现行政复议是政府法定职责。政府领导作为行政复议机关负责人参与到行政复议委员会中，能够强化行政复议机关对行政复议工作的领导，解决行政复议机关和行政复议机构"两张皮"问题。第二，行政复议委员会要有相关政府部门、专家、学者等参与，实践中一般由政府相关部门的工作人员、外部专家学者担任常任委员或者非常任委员。将政府有关部门的专业人士吸收到行政复议委员会中，有利于提升审理案件的专业性和中立性，是提高办案质量的有力保障。

四、行政复议委员会的运行

从目前各地实践看，行政复议委员会可以设立办公室，负责行政复议委员会日常工作。办公室一般设在司法行政部门，主要负责以下事项：起草行政复议委员会工作文件；负责行政复议机构与行政复议委员会及其委员之间的日常联系沟通；具体办理委员的选聘任免工作；组织承办行政复议委员会各类会议；定期向行政复议委员会报告工作情况；行政复议委员会交办的其他日常管理工作等。在具体办理案件咨询和重大事项、共性问题讨论时，运行规则应当有所区别。按照本条规定，行政复议委员会的组成和开展工作的具体办法，由国务院行政复议机构制定。

五、明确行政复议委员会咨询案件的范围

包括四类案件：（1）案情重大、疑难、复杂的案件。主要是指案件涉及的法律关系复杂，对所涉及的法律规定在理解和适用上存在较大分歧，或者涉及新型法律关系，准确认定当事人的权利义务关系难度较大。（2）专业性、技术性较强的案件。按照行政复议法确定的管辖体制，除保留行政复议管辖权的部门外，政府统一管辖涉及各职能部门的行政复议案件，包括涉及自然资源管理、城乡建设、生态环境保护、食品药品监管等许多专业领域的行政争议。对此可以吸收相关部门熟悉业务工作的人员参加行政复议委员会，对案件涉及的专业性、技术性问题提供咨询意见。（3）申请人对省、自治区、直辖市人民政府作出的行政行为不服的案件。这类案件主要是指省、自治区、直辖市人民政府对自己作出的行政行为进行原级行政复议的案件，主要目的是提高原级行政复议案件审理的公正性，减少对原级行政复议机关"自己审自己"的质疑。需要说明的是，只有适用普通程序审理的原

级复议案件才需要提交行政复议委员会咨询，适用简易程序审理的原级行政复议案件，可以不提交行政复议委员会进行咨询，以便节省行政成本，提高办案效率。（4）行政复议机构认为有必要的案件。

六、行政复议委员会意见的记录

行政复议委员会对案件提供咨询意见，是按照普通程序审理特定类型案件的重要环节。行政复议委员会的意见体现了各方面专业人士对法律适用等问题的看法，对于公平、公正作出案件处理决定具有很强的指导意义。因此，本法第61条第3款规定，提请行政复议委员会提出咨询意见的行政复议案件，行政复议机关应当将咨询意见作为作出行政复议决定的重要参考依据。实践中，行政复议委员会对案件的咨询会一般由行政复议机构组织筹备召开，行政复议机构应当如实记录行政复议委员会的咨询意见，既要记录行政复议委员会在咨询中形成的总体意见，也要记录委员个人意见，特别是提出不同意见的委员的意见。

第四节　简易程序

第五十三条　行政复议机关审理下列行政复议案件，认为事实清楚、权利义务关系明确、争议不大的，可以适用简易程序：

（一）被申请行政复议的行政行为是当场作出；

（二）被申请行政复议的行政行为是警告或者通报批评；

（三）案件涉及款额三千元以下；

（四）属于政府信息公开案件。

除前款规定以外的行政复议案件，当事人各方同意适用简易程序的，可以适用简易程序。

【释义】本条是关于简易程序适用条件的规定。

对于一些事实清楚、权利义务关系明确、争议不大的案件，如果与重大、疑难、复杂案件适用相同的程序，会增加当事人的成本，浪费行政复议资源。根据实践需要，建立"繁简分流"制度，根据案件的难易程度分别适用普通程序和简易程序，实现简案快办、难案精办是本次修法的一大亮点。简易程序是与普通程序相对的程序，在审理程序、审理期限等方面都作了简化，有利于及时审结案件，保护当事人的合法权益。本法用专门一节的篇幅对简易程序作了规定。本条明确了适用简易程序的条件和案件类型。

一、关于简易程序的适用条件

包括事实清楚、权利义务关系明确、争议不大三个条件。这三个条件同时具备，说明案件处理起来比较简单，才可以适用简易程序。所谓事实清楚，是指当事人提供的证据能够比较明确地证明争议事实的真相，行政复议机关在全面审查当事人提交的证据后就能够查明案件事实，不需要召开听证会等方式作进一步的调查取证。所谓权利义务关系明确，是指当事人之间的权利义务关系简单、清楚，双方争议的矛盾比较明确，行政争议的形成和发展过程也不复杂。所谓争议不大，是指当事人对他们之间引起争议的事实、权利义务的归属等问题有较大共识，不存在大的分歧。当同时具备这三个条件后，行政复议机关有条件快速审结这类案件，而且不会引发新的争议。

二、关于简易程序的适用类型

在符合事实清楚、权利义务关系明确、争议不大三个前提条件后，以下四种类型的案件，可以适用简易程序。

第一类是被申请行政复议的行政行为是当场作出的。比如，行政处罚法第51条规定，违法事实确凿并有法定依据，对公民处以200元以下、对法人或者其他组织处以3000元以下罚款或者警告的行政处罚的，可以当场作出行政处罚决定。法律另有规定的，从其规定。道路交通安全法第107条规定，对道路交通违法行为人予以警告、200元以下罚款，交通警察可以当场作出行政处罚决定，并出具行政处罚决定书。行政处罚决定书应当载明当事人的违法事实、行政处罚的依据、处罚内容、时间、地点以及处罚机关名称，并由执法人员签名或者盖章。当场作出的行政行为往往事实比较清楚、权利义务关系比较明确，不会引发大的争议，可以适用简易程序。

第二类是被申请行政复议的行政行为是警告或者通报批评。比如，反食品浪费法第 29 条规定，违反本法规定，设有食堂的单位未制定或者未实施防止食品浪费措施的，由县级以上地方人民政府指定的部门责令改正，给予警告。无障碍环境建设法第 66 条规定，违反本法规定，不依法履行无障碍信息交流义务的，由网信、工业和信息化、电信、广播电视、新闻出版等相关主管部门责令限期改正；逾期未改正的，予以通报批评。警告或者通报批评是强度较小的行政处罚，一般都是在事实清楚、权利义务关系明确、争议不大的情况下作出的，因此可以适用简易程序。

第三类是案件涉及款额 3000 元以下。如争议的罚款数额、抚恤金、最低生活保障金、社会保险金数额在 3000 元以下的案件，涉及查封、扣押、冻结的财物在 3000 元以下的案件等。由于这类案件往往对行政相对人的权益影响较小，可以适用简易程序。

第四类是属于政府信息公开案件。近年来，政府信息公开类案件逐年增多，且案情大多比较简单，适用简易程序能够提高审理效率，快速化解行政争议。

三、当事人可以约定适用简易程序的情形

除了同时符合上述四种情形的案件外，为了进一步提高案件审理效率，本条赋予了当事人程序选择权，规定当事人各方同意适用简易程序的，也可以适用简易程序。这里的"当事人各方"包括了申请人、被申请人和第三人，只有申请人、被申请人和第三人（如有）都同意适用简易程序的，才可以适用。实践中，即使案件不符合前述所列条件，但当事人出于快速化解行政争议的考虑，均同意适用简易程序的，行政复议机关一般应予准许。

第五十四条 适用简易程序审理的行政复议案件，行政复议机构应当自受理行政复议申请之日起三日内，将行政复议申请书副本或者行政复议申请笔录复印件发送被申请人。被申请人应当自收到行政复议申请书副本或者行政复议申请笔录复印件之日起五日内，提出书面答复，并提交作出行政行为的证据、依据和其他有关材料。

适用简易程序审理的行政复议案件，可以书面审理。

【释义】本条是关于简易程序答复期限及审理方式的规定。

与普通程序的审理期限不同，适用简易程序审理的案件，审限为自受理申请之日起 30 日内，且不得延长，因此案件审理中的具体程序时限也应相应缩短。

一、关于通知答复期限

行政复议机构应当自受理申请之日起 3 日内，通知被申请人作出书面答复。被申请人应当在收到答复通知、行政复议申请书副本或者行政复议申请笔录复印件之日起 5 日内，提出书面答复，同时提交作出行政行为的证据、依据和其他有关材料。需要注意的是，被申请人需要提交两项内容：一是书面答复，主要是说明行政行为的合法性、适当性。二是作出行政行为的证据、依据和其他有关材料，这主要是佐证行政行为的合法性、适当性。在答复期间，被申请人只需要将现有的材料作相应整理，无须也不能再自行调查、补充新的证据，因此 5 日的期限是足够的。同时，3 日、5 日是指工作日，而非自然日。

二、关于审理的方式

适用简易程序审理的案件一般都是事实清楚、权利义务关系明确、争议不大的案件，因此审理程序上更加灵活简便。出于提高审理效率的考虑，如果能够查清事实，适用简易程序的案件也可以适用书面审理。当然，如果书面审理不能做到事实清楚、权利义务关系明确，在适用简易程序审理的过程中也可以参考普通程序，进行听取意见、听证或者提交行政复议委员会咨询等。

第五十五条　适用简易程序审理的行政复议案件，行政复议机构认为不宜适用简易程序的，经行政复议机构的负责人批准，可以转为普通程序审理。

【释义】本条是关于简易程序转为普通程序的规定。

适用简易程序审理的行政复议案件，在审理过程中，可能出现情况变化导致案情复杂的情形，或者出现行政复议机构在审理过程中发现原来认为事实清楚、权利义务关系明确、争议不大的案件其实案情复杂的情形。对于这类因客观情况变化或者主观认识变化而不宜适用简易程序的案件，应当转为普通程序，以便更好查明事实、正确适用法律。理解本条，需要注意以下几点。

一、简易程序转为普通程序的条件

行政复议机关审理案件应当兼顾公平和效率，其中公平是案件审理的底线，不能为了追求案件审理效率而牺牲案件审理的公正性。行政复议机关在对案件进行初步审查决定适用简易程序后，审理过程中可能发现不宜适用简易程序的情形。比如案情较为复杂，证据认定存在较大难度，仅靠书面审查难以查清案件事实；涉及复杂的法律问题或专业问题，有必要提请行政复议委员会提出咨询意见；当事人主动补充了新的事实和证据，提出新的诉求，双方分歧较大；等等。此时如果坚持适用简易程序，由于审限短、程序较为简单，可能出现影响案件公正性的问题。因此，及时转为普通程序进行审理，适用更为严格的程序，有利于保障案件审理的公正性。应当注意的是，行政复议机构办案效率不高，导致在简易程序法定的审理期限内无法按时结案的，不宜认为是"不宜适用简易程序的情形"，否则将会架空简易程序的规定，使简易程序流于形式。

二、简易程序转为普通程序的程序要求

与行政复议决定由行政机关负责人审批不同，简易程序转为普通程序经过行政复议机构的负责人批准即可，体现了审理效率的要求。在转化机制上，目前没有统一规定，各级行政复议机构可以根据本单位的工作实际设定具体的审批程序，总的要求是既要避免行政复议办案人员个人随意切换审理模式，保证行政复议审理的权威性和严肃性，又要保持行政复议审理的效率优势，避免审批程序过于复杂。

三、简易程序转为普通程序审理的审限如何计算

简易程序转为普通程序后，案件审理期限应当适用普通程序的规定，审理期限为 60 日，也可以依法延长至 90 日。简易程序转为普通程序后，在简易程序中已经过的审理期限应当从普通程序的审限中扣除，而不能在转为普通程序之日起重新计算。转为普通程序后，行政复议机构应当按照普通程序的审理要求，采取适当方式听取当事人意见，必要时举行听证或者将案件提请行政复议委员会进行咨询。

第五节　行政复议附带审查

第五十六条　申请人依照本法第十三条的规定提出对有关规范性文件的附带审查申请，行政复议机关有权处理的，应当在三十日内依法处理；无权处理的，应当在七日内转送有权处理的行政机关依法处理。

【释义】本条是关于规范性文件附带审查处理及时限的规定。

规范性文件的附带审查处理权限，需要根据规范性文件的制定机关、制定层级等因素确定。本条是关于行政复议机关对申请人请求附带审查规范性文件的处理方式、处理时限的规定，主要区分行政复议机关有权处理和无权处理两种情形。对于本条的理解，重点把握以下三点：

一、可申请附带审查的规范性文件范围

对于行政行为所依据的规范性文件，申请人申请行政复议时可以一并提出审查申请，是 1999 年行政复议法的一大亮点。在此之前，规范性文件似乎成为救济制度的"盲区"，行政诉讼法以及 1990 年《行政复议条例》都明确将行政法规、规章以及具有普遍约束力的决定、命令排除在可救济范围之外。行政复议法制定时经过反复论证和研究，最终将规范性文件以附带审查的方式正式写入了法律。实践证明，将规范性文件纳入行政复议的审查范围非常必要，由利益直接相关的申请人申请启动审查程序是对规范性文件的有效监督方式。

在本次行政复议法修订过程中，规范性文件审查问题再次成为各方关注

的焦点，但主要争议已从 20 多年前的"抽象行政行为能否纳入行政复议范围"，转变为"可否将规范性文件明确为行政复议直接审查范围"。部分学者提出应当进一步发挥行政复议在审查规范性文件方面的重要作用，赋予申请人直接针对规范性文件申请行政复议的权利，而不限于只能在对行政行为申请复议时请求附带审查。综合考虑各方面因素，特别是当前备案审查工作正在不断加强，以及行政复议办案力量等现实问题，目前将规范性文件纳入行政复议直接审查范围的时机尚未成熟，因此还是保留原行政复议法中附带审查的启动方式，同时在第四章"行政复议审理"中，用一整节 5 个法律条文的篇幅专门规定"行政复议附带审查"，以此来加强行政复议对规范性文件的监督作用。

关于可申请附带审查的规范性文件范围，主要依照行政复议法第 13 条的规定，包括以下四类：（1）国务院部门的规范性文件；（2）县级以上地方各级人民政府及其工作部门的规范性文件；（3）乡、镇人民政府的规范性文件；（4）法律、法规、规章授权的组织的规范性文件。对比 1999 年行政复议法第 7 条，除了用"规范性文件"替代原来的"规定"外，最大的变化在于将"法律、法规、规章授权的组织的规范性文件"纳入其中，进一步扩大了附带审查的范围。另外，与原法一样，规章仍然被排除在附带审查申请范围之外。

二、如何确定行政复议机关有无权限处理

收到申请人提交的附带审查申请后，行政复议机关首先需要确定其对涉案的规范性文件是否具有处理的权限。如果被申请附带审查的规范性文件是行政复议机关制定的，行政复议机关自然具有处理权限。但是，实践中多数情况下作为行政行为依据的规范性文件并非行政复议机关制定，而是由其他机关制定的。这种情况下如何判断并确定行政复议机关有无处理权限呢？一个基本思路是看行政复议机关与规范性文件的制定主体之间的关系，如果制定主体隶属于行政复议机关或者是行政复议机关的下级单位，那么行政复议机关就具有对该规范性文件进行处理的权限。反之，如果该规范性文件的制定主体既不是行政复议机关，也并非行政复议机关的下级单位，那么对该规

范性文件行政复议机关就没有处理权限。

举个例子，某公司对市辖区人民政府作出的涉及税务缴纳的政府信息公开答复不服，向市人民政府申请行政复议，并对该政府信息公开行为所依据的规范性文件提出附带审查申请。假设该规范性文件是区人民政府制定的，市人民政府作为行政复议机关就"有权处理"；如果该规范性文件是国家税务总局制定的，市人民政府则"无权处理"。作出这一判断的主要法律依据是宪法和地方各级人民代表大会和地方各级人民政府组织法。根据宪法第108条和地方各级人民代表大会和地方各级人民政府组织法第73条的规定，县级以上的地方各级人民政府领导所属各工作部门和下级人民政府的工作，有权改变或者撤销所属各工作部门和下级人民政府的不适当的决定。

三、确定有无权限之后的处理要求不同

对规范性文件的附带审查申请，按照行政复议机关对该规范性文件有无处理权限区分情形后，接下来"兵分两路"各选其道，进入了不同的处理程序。首先期限要求不同，行政复议机关有权处理的，应当在30日内依法处理；无权处理的，应当在7日内转送有权处理的行政机关依法处理。这里需要注意以下几点：

1. 关于"30日"和"7日"的期限起算。一般是从行政复议机关或者行政复议机构接到行政复议申请和附带审查申请之日的第二日开始起算。需要强调的是，"30日"指的是自然日，遇到法定休假日连续计算；而"7日"指的是工作日，法定休假日应当扣除。

2. 关于"有权处理"与"无权处理"的最长处理期限。两种情形有着较大差别，行政复议机关有权处理的，处理期限从接到申请之日第二日起算总共仅有30日；而行政复议机关无权处理的，7日内转送有权处理的行政机关后，该行政机关还有最长60日的处理期限，因此"无权处理"的处理期限最长可达67日。

3. 关于"转送有权处理的行政机关"的理解。从理论上讲，有权处理规范性文件的行政机关可能不止一个，既包括该规范性文件的制定主体，也包括规范性文件制定主体的上级行政机关。正常情况下，行政复议机关应当

将附带审查申请材料转送该规范性文件的制定机关，除非出现该制定机关已经被撤销等特殊情形。

第五十七条 行政复议机关在对被申请人作出的行政行为进行审查时，认为其依据不合法，本机关有权处理的，应当在三十日内依法处理；无权处理的，应当在七日内转送有权处理的国家机关依法处理。

【释义】 本条是行政复议机关对被申请复议的行政行为依据附带审查处理及时限的规定。

本条是关于行政复议机关认为行政行为依据不合法时如何处理的规定。对于本条含义的把握，应当注意与本法第56条进行区别。

一、关于"认为其依据不合法"的理解

首先，这里的"认为"是行政复议机关作出的判断。行政复议人员审理行政复议案件过程中，发现涉案行政行为的依据存在违反上位法等问题，应当按程序报行政复议机关负责人批准后，依照本条的规定启动对该依据的审查程序。有意见提出，仅凭行政复议人员的主观"认为"就可以启动对依据的审查，会不会略显"草率"？实际上不必过于担心，法条中规定的是"行政复议机关……认为其依据不合法"，行政复议人员作为案件承办者发现问题后并不能直接决定中止行政复议，而只能提出启动本条程序的建议，并按工作程序报经行政复议机关负责人审批后，方能真正对依据启动审查。

其次，这里的"依据"指什么。应当注意的是，法条中规定的是"依据"，而不是"规范性文件"。本法第56条规定的是"规范性文件"，本条规定的是"依据"，这是两个法条之间的重要区别之一。第56条规定的是申请人申请附带审查时的处理方式，按照本法第13条的规定，申请人要求附带审查的对象只能是规章以下的规范性文件。而本条适用的情形是申请人未提出附带审查申请，但是行政复议机关审查行政行为时主动发现依据存在问题。考虑到行政复议人员和法官都是定分止争的裁判者，同样肩负着保障国家法律正确统一实施的重要使命，由他们发现并指出行政行为的依据在具体实施中存在的问题，对于促进这些依据的修改完善具有重要作用。需要说明的是，尽管目前尚不允许申请人对法规和规章等依据提出附带审查申请，但这并不影响其在行政复议申请书中指出相关法规和规章存在的问题，事实上这也有利于行政复议机关及时发现"依据"存在的不合法问题并按规定启动审查程序。

最后，"不合法"包括哪些情形。行政复议人员需要对涉案法规、规章等依据或者其他规范性文件作初步的审查，对于存在以下问题的，可以"认为其依据不合法"：一是制定机关主体不合法。不同位阶的规范由不同权限的机关制定，比如，地方性法规由设区的市以上地方人大及其常委会制定，规章由国务院部门和设区的市以上地方人民政府制定。规范性文件的制定也应当严格按照权限，比如部门的内设机构不能以自己的名义对外发布规范性文件。二是具体内容不合法。包括违反法律保留规定事项，比如在规章中规定剥夺公民政治权利的强制措施；违反上位法的规定，比如部门规章规定给予某违法行为的罚款超过行政法规规定的处罚额度；超越规范性文件权限，比如在规范性文件中增加法律、法规规定之外的行政权力事项或者减少法定职责，设定行政许可、行政处罚、行政强制事项等。

此外，需要特别指出的是，这里的"不合法"指的是行政行为的"依据"本身不合法，并不是行政行为适用依据错误，比如应当适用甲规章却适用了乙规章。如果属于行政行为错误适用依据的问题，只要在行政复议决定书中依法变更该行政行为即可，就没有必要启动对该依据本身合法性的审查程序了。

二、关于"转送有权处理的国家机关"的适用

1. 这里规定的是"国家机关"，而不是"行政机关"。如前面所述，本条针对的是行政行为的规范依据，不仅包括规范性文件，也包括法规、规章等。由于不同位阶的规范来自不同的制定主体，"行政机关"显然无法全部覆盖，而"国家机关"指的是依法行使国家权力的各类机关，涵盖范围要大得多，不限于行政机关。需要说明的是，结合本法第13条和第56条的规定，法律法规规章授权组织的规范性文件也属于"依据"范围，行政复议

机关认为其不合法的，也可以按照规定转送处理。

2. 准确把握关于转送的三个问题。

第一，谁来转送。法条中规定的义务主体是行政复议机关，具体操作由行政复议机构负责，但原则上应当以行政复议机关的名义进行转送。

第二，转送给谁。转送的对象是"有权处理的国家机关"，与前一条类似，有权处理的机关可能不止一个，原则上应当转送给"依据"的制定机关。比如，认为规章不合法的，应当按程序转送制定该规章的国务院部门或者地方人民政府。

第三，怎么转送。这是个操作层面的问题，行政复议机构不能仅将需转送处理的规范性文件转给有权处理机关，而应当按照行政复议法律文书格式要求起草转送函，简要介绍行政复议案件基本情况、说明存在违法问题的法律规范或者具体条款，并阐述相关理由。此外，应当注意的是，本条转送规定仅适用于行政复议机关认为行政行为的"依据"不合法的情形，如果是案件涉及法律适用问题需要有权机关作出解释或者确认，包括不同规范之间相抵触，如国务院部门规章与省级地方人民政府规章不一致需要有权机关作出解释或者裁决，并不适用本条规定。

三、本条与第 56 条的关系

本条与第 56 条都是对行政行为"依据"的附带审查规定，均区分行政复议机关有无处理权限两种情形，处理方式的文字表述也基本一致：有权处理的，应当在 30 日内依法处理；无权处理的，应当在 7 日内转送有权处理的机关依法处理。这是两个法条的相同之处，但更重要的是两个法条之间的区别，主要包括：

一是适用情形不同。本条适用于行政复议机关审查案件时发现行政行为的依据不合法的情况，而第 56 条适用于行政复议申请人请求附带审查规范性文件的情况。

二是启动程序不同。从行政复议机关的角度来讲，本条程序的启动是行政复议机关主动进行的，其在审理案件时发现法规规章等依据存在问题，就可以启动处理程序；对规章以下的规范性文件，行政复议机关认为不合法的, 也可以启动相应的处理程序, 根据本机关的权限处理或者移送有关国家机关依法处理。而第 56 条处理程序的启动取决于行政复议申请人, 行政复议机关是被动的, 只有申请人在申请行政复议时提出附带审查申请, 被申请人才能按照规定程序进行处理。

三是审查对象不同。第 56 条审查处理的对象仅限于四类特定主体制发的规范性文件, 相比之下本条审查对象范围要广得多, 不仅涵盖了第 56 条的规范性文件, 还包括法规和规章等位阶更高的规范。

四是被转送机关不同。第 56 条附带审查的规范性文件的制定机关均为行政机关, 当行政复议机关无权处理时, 转送的对象就是有处理权限的行政机关。而本条中依据的制定主体范围广泛, 被转送的机关可能是行政机关, 也可能是立法机关等。

第五十八条 行政复议机关依照本法第五十六条、第五十七条的规定有权处理有关规范性文件或者依据的, 行政复议机构应当自行政复议中止之日起三日内, 书面通知规范性文件或者依据的制定机关就相关条款的合法性提出书面答复。制定机关应当自收到书面通知之日起十日内提交书面答复及相关材料。

行政复议机构认为必要时, 可以要求规范性文件或者依据的制定机关当面说明理由, 制定机关应当配合。

【释义】本条是关于行政复议机关处理规范性文件或者依据的具体程序规定。

如果说前面第 56 条和第 57 条都"有章可循", 分别是对 1999 年行政复议法第 26 条和第 27 条的修改完善, 本条以及接下来的第 59 条则属于本次修法"首创", 对于行政复议附带审查制度的完善具有重要意义。关于本条的含义, 需要把握以下几点:

一、准确把握有关主体的职责分工

从申请人的角度看, 本条实际上规定的是行政复议机关审查规范性文件或者依据的内部处理程序, 条文中涉及三个主体, 分别是行政复议机关、行政复议机构以及规范性文件或者依据的制定机关，三者有着不同的职责分工。

1. 行政复议机关是对该规范性文件或者依据有处理权限的机关，对外承担着审查该规范性文件或者依据合法与否，并出具最终处理意见或结论的职责。

2. 行政复议机构的职责是通知规范性文件或者依据制定机关提出书面答复，必要时要求制定机关当面说明理由。

3. 制定机关的职责是就规范性文件或者依据相关条款的合法性提出书面答复并提交相关材料，按照行政复议机构的要求当面说明理由。

从上述职责分工可以看出，规范性文件或者依据的处理程序与行政复议申请办理有着同样的逻辑思路：行政复议机关履行行政复议职责，具体事项由行政复议机构办理，制定机关负责答辩，相当于被申请人在行政复议活动中的角色。

二、准确把握有关答复的要求

当行政复议机关有权处理时，无论是对行政行为依据的主动附带审查，还是对规范性文件的被动附带审查，在处理程序上是一样的。其中，书面答复都是必经程序。按照规定，行政复议机构应当自行政复议中止之日起3日内，书面通知规范性文件或者依据的制定机关就相关条款的合法性提出书面答复；制定机关应当自收到书面通知之日起10日内提交书面答复及相关材料。这里要注意几个关键点：

第一，对规范性文件和依据的附带审查是行政复议中止的法定情形。在1999年行政复议法中，第26条与第27条均规定"处理期间，中止对具体行政行为的审查"，本次修订时第39条吸收了《行政复议法实施条例》第41条关于中止的规定，并增加附带审查作为中止情形之一。需要说明的是，行政复议中止并不是自动中止，需要行政复议机关作出中止通知书并送达申请人。

第二，行政复议机构应当书面通知。与行政复议申请答复程序一样，行政复议机构应当制发行政复议答复通知书，同时将行政复议申请书副本或者行政复议申请笔录复印件发送制定机关。如果申请人申请附带审查规范性文件的请求是单独提出的，与行政复议申请书不是同一份文本，还需要附具该附带审查申请复印件。书面通知的时间要求是"自行政复议中止之日起3日内"，"中止之日"应当是行政复议中止通知书作出之日，"3日"为工作日，起算点是中止之日的第二天。

第三，答复的责任主体是规范性文件或者依据的制定机关。作为规范性文件或者依据的起草者和责任人，制定机关对相关法律法规或者文件相关内容及背景情况最为了解，应当承担对有关条款作出解释说明的义务。如果该规范性文件是两个机关联合印发的，可以由主办机关提交书面答复并附具相关材料。

第四，答复重点是围绕相关条款的合法性。规范性文件或者依据合法与否，同制定主体有无权限、法定程序是否履行都有关系，但实践中更为常见的是具体内容存在问题，比如规范中某条款与上位法的规定不一致，因此法条中作了强调。当然，如果申请人或者行政复议机构针对制定权限和程序提出质疑，制定机关在书面答复中也应当予以回应。

第五，答复要注意形式和时间要求。一是必须按规定进行书面答复，且附具相关材料。相关材料是指与书面答复内容有关的一些证明材料，比如规范性文件或者依据制定时的立法资料、权威机关对有关条款的正式解释等。二是答复期限为10日，从收到书面通知当日的第二天开始起算，指的是工作日，不含法定休假日。

三、准确把握"当面说明理由"的含义

本条第2款规定，行政复议机构认为必要时，可以要求规范性文件或者依据的制定机关当面说明理由，制定机关应当配合。对于这一款的理解，重点把握以下几点：

其一，"当面说明理由"不是必经程序，仅适用于"行政复议机构认为必要时"。关于"必要时"的理解。如果制定机关的书面答复和提交的相关材料已经充分说明情况，行政复议机关根据这些资料就足以作出规范性文件或者依据是否合法的判断时，就没有必要再与制定机关进行面对面的交流；

反之，当书面答复说明的情况不够清晰或者理由不充分，行政复议机构需作进一步了解核实，就属于"必要时"。需要强调的是，有没有"必要"的判断权在于行政复议机构，而不是制定机关。

其二，"当面说明理由"与"书面答复"的关系。"书面答复"是必经程序，"当面说明理由"是视情况而定的补充程序。当面说明理由并不能免除制定机关作出书面答复的义务。当面说明理由的目的是提供机会让行政复议机构与规范性文件或者依据的制定机关进行面对面沟通，以便于行政复议机关更加充分了解情况，并作出正确的处理意见。

其三，制定机关有配合义务。行政复议机构认为有必要进行当面沟通，制定机关应当依法配合，向行政复议机构当面说明理由。法条中对行政复议机构要求制定机关当面说明理由的形式未作规定，实践中一般应当向制定机关发送书面通知，一方面体现程序的规范性，同时也有利于保留证据。

第五十九条 行政复议机关依照本法第五十六条、第五十七条的规定有权处理有关规范性文件或者依据，认为相关条款合法的，在行政复议决定书中一并告知；认为相关条款超越权限或者违反上位法的，决定停止该条款的执行，并责令制定机关予以纠正。

【释义】本条是关于行政复议机关对规范性文件或依据进行审查后如何作出处理的规定。

本条也是此次修订增加的条款，主要解决规范性文件或者依据的审查结果如何处理和运用的问题，关系到行政复议附带审查程序的终结，也是附带审查制度价值的直接体现。

一、附带审查的两种可能结论

原行政复议法关于规范性文件附带审查的规定是个重要突破，对于更好保护公民、法人和其他组织的合法权益，以及加强对规范性文件的监督发挥了积极作用，但尚未达到社会公众的预期效果，其中一个重要原因就是缺乏可操作性的规定，往往导致实践中行政复议机构无所适从、各行其是，削弱了这项制度本应体现的社会价值。因此，本次修法将此作为重点内容作了补充规定。

收到制定机关提交的书面答复及相关材料之后，行政复议机构要根据行政复议申请书、附带审查申请书、制定机关提交的书面答复以及其他相关材料，结合必要时与申请人、制定机关的沟通情况，对规范性文件或者依据进行审查，重点是围绕被申请行政复议的行政行为所依据的相关条款。

无论是对依据的主动审查，还是对规范性文件的附带审查，审查的结果都有两种可能：一种是合法，经审查行政行为依据或者规范性文件的相关条款符合上位法的规定，申请人提出的理由不成立或者行政复议机关最初"认为其依据不合法"的判断有偏差；另一种是不合法，经行政复议机关审查发现相关条款存在超越权限或者与上位法相抵触等问题。

二、相关条款合法时的处理

1. 如何认定相关条款合法？大致有以下几种情形：（1）有上位法依据，比如所审查的地方性法规相关条款是为了执行某行政法规的某条规定，根据本行政区域的实际情况所作的具体规定；（2）符合制定机关的权限范围，比如地方政府规章相关条款所规定的事项属于本行政区域的具体行政管理事项，符合地方政府的立法权限；（3）属于依法或者根据授权对法律、行政法规、地方性法规作变通规定的情形，比如自治条例、单行条例和经济特区法规的相关条款。当然，无论属于哪种情形，都不能存在违背法定程序的问题。

2. 认定相关条款合法之后如何处理？按照本条规定，行政复议机关认为相关条款合法的，在行政复议决定书中一并告知。这里有几点需要注意：其一，告知是义务，不管是行政复议机关主动启动审查，还是依申请人申请启动附带审查，都应当将结果告知申请人。也只有告知了结果，附带审查的程序才算终结。其二，告知的载体是行政复议决定书，仅需在行政复议决定书中一并载明附带审查的结果即可，无须另行制发其他文书。其三，对于申请人在附带审查申请中详细说明规范性文件违法理由的，行政复议机关在决定书中应当对申请人提出的理由作必要回应，而不是仅简单载明相关条款合法的结论。

三、相关条款不合法时的处理

1. 相关条款不合法的具体情形。立法法第 107 条规定："法律、行政法规、地方性法规、自治条例和单行条例、规章有下列情形之一的，有关机关可以依法予以改变或者撤销：（一）超越权限的；（二）下位法违反上位法规定的；（三）规章之间对同一事项的规定不一致，经裁决应当改变或者撤销一方的规定的；（四）规章的规定被认为不适当，应当予以改变或者撤销的；（五）违背法定程序的。"行政诉讼法第 64 条规定了法院认为规范性文件不合法时的处理，但未明确列举不合法的情形，《最高人民法院关于适用〈中华人民共和国行政诉讼法〉的解释》第 148 条作了解释性规定，明确下列情形属于规范性文件不合法：（1）超越制定机关的法定职权或者超越法律、法规、规章的授权范围的；（2）与法律、法规、规章等上位法的规定相抵触的；（3）没有法律、法规、规章依据，违法增加公民、法人和其他组织义务或者减损公民、法人和其他组织合法权益的；（4）未履行法定批准程序、公开发布程序，严重违反制定程序的；（5）其他违反法律、法规以及规章规定的情形。本条主要针对实践中最为常见的前两种情形作了规定：一是相关条款超越权限，主要指该条款规定的事项超越了制定机关的立法权限，比如在规范性文件中规定行政拘留事项；二是相关条款违反上位法，多数是条款内容与上位法的具体规定相抵触，也不排除该条款与上位法规定的原则不一致。

2. 对不合法条款的处理。规范性文件和依据不合法时怎么处理，是行政复议附带审查的关键之处，也是制度设计过程中碰到的最为棘手的问题。行政诉讼法修改时面临同样的困惑，法院或者法官能否直接认定规范性文件违法，如果不能认定应该以什么样的方式体现审查结果，对此众说纷纭。行政诉讼法最后确定了一个相对稳妥的方案，在第 64 条中规定，人民法院在审理行政案件中，经审查认为行政行为依据的规范性文件不合法的，不作为认定行政行为合法的依据，并向制定机关提出处理建议。行政复议法修订过程中，有人提出可否直接参照行政诉讼法的规定。但是，行政复议的情况与行政诉讼不同，人民法院对法律、法规、规章包括规范性文件是没有直接处理权限的，而行政复议机关可能是规范性文件甚至规章的制定机关或者上级机关，在有权处理的情况下对于不合法的规范性文件和规章应当作出处理。经过对各种可选择方案的反复研究论证，明确了相关条款不合法时的处理方式：行政复议机关应当决定停止该条款的执行，并责令制定机关予以纠正。

3. 需要注意的几个问题。第一，对行政行为怎么处理。行政复议机关决定停止执行相关条款的同时，应当根据本法第64条的规定，以适用的依据不合法为由，决定撤销或者部分撤销该行政行为，并可以责令被申请人在一定期限内重新作出行政行为。第二，制定机关如何处理。收到行政复议机关的决定后，制定机关应当按照要求尽快启动该规范性文件或者依据的修订程序，对相关条款依法进行修改完善，并将处理结果及时反馈行政复议机关。如果行政复议机关是该规范性文件或者依据的制定机关，在作出行政复议决定的同时应当督促相关负责机构按程序及时纠正该不合法条款。第三，规范性文件或者依据整体违法怎么办。比如部门内设机构对外发布的规范性文件，执法机关将其作为行政行为的依据。对于规范性文件或者依据整体违法的，行政复议机关应当决定撤销或者责令制定机关依法予以废止。

第六十条　依照本法第五十六条、第五十七条的规定接受转送的行政机关、国家机关应当自收到转送之日起六十日内，将处理意见回复转送的行政复议机关。

【释义】本条是关于接受转送的有权处理机关处理期限和回复要求的规定。

本条是对原法第26条、第27条部分内容的修改完善，对于确保行政复议效率、避免案件久拖不决具有重要作用。关于本条的内容，重点把握以下几点：

一、本条责任主体是有处理权限的行政机关、国家机关

依照行政复议法第56条、第57条的规定，针对需要审查的行政行为依据或者规范性文件，行政复议机关有权处理的直接予以处理，行政复议机关无权处理的转送相应的国家机关和行政机关依法处理。不难看出，附带审查的法定义务主体共有三个：一是行政复议机关，当其对行政行为依据的规范性文件或者行政行为依据有处理权限时；二是根据第 56 条的规定接受转送的行政机关，其对行政行为所依据的规范性文件有处理权限；三是根据第 57 条的规定接受转送的国家机关，其对行政行为依据有处理权限。

在本节专门规定行政复议附带审查制度的全部 5 个法条中，前 4 个法条均是对第一个责任主体即行政复议机关履行职责的规定，本条是唯一针对后两个责任主体即接送转送的行政机关、国家机关履行职责作出的规定。

二、有权处理机关审查后应当形成处理意见并予以回复

首先，接到行政复议机关转送的行政复议申请或者审查申请及相关材料后，有关行政机关、国家机关应当按照程序启动对该规范性文件或者依据的审查。经审查认为规范性文件或者依据的相关条款合法的，应当形成书面意见，说明该条款合法并附具理由；认为规范性文件或者依据的相关条款违法的，应当在书面意见中说明该条款不合法，同时载明下一步的处理意见和纠正措施。

其次，有关行政机关、国家机关应当在规定的期限内，按照要求将处理意见回复转送的行政复议机关。需要强调的是，及时回复审查处理意见是有权处理机关的法定义务，不及时处理并按规定回复的，有关责任人员应当依法承担相应的责任。

最后，接到有权处理机关回复的处理意见后，行政复议中止的原因即刻消除，行政复议机关应当及时恢复行政复议案件的审理。这里需要注意的是，有权处理机关对于规范性文件或者依据的处理意见，是行政复议机关作出行政复议决定的重要依据。行政复议机关应当根据行政复议案件事实和证据，结合有关行政机关、国家机关的回复意见，依法作出行政复议决定。比如，行政行为依据的地方性法规被有权处理的国家机关审查认定为不合法的，行政复议机关就应当依法作出撤销该行政行为的行政复议决定。

三、处理期限为 60 日

原行政复议法对接受转送后行政机关审查处理规范性文件以及国家机关

审查处理行政行为依据的期限规定有所不同。根据原行政复议法第 26 条的规定，接到行政复议机关移送的审查申请后，"有权处理的行政机关应当在六十日内依法处理"。而原行政复议法第 27 条仅规定行政复议机关应当转送有权处理的国家机关依法处理，但对该国家机关的处理期限未作规定。当时的主要考虑是处理行政行为依据的情况比较复杂，处理机关、处理权限及处理程序等各不相同，难以作出统一的时限规定。但是，由于缺乏审查期限的硬性规定，实践中有些国家机关对该项工作不够重视，对依据的审查不积极、不及时，也不向行政复议机关回复意见，造成行政复议案件长时间处于中止状态，导致申请人的合法权益无法得到及时救济。因此这次修订将国家机关审查处理行政行为依据的期限也统一明确为 60 日，目的是确保行政复议程序能够顺利进行，体现出行政复议公正高效、便民为民的特点和优势。

第五章　行政复议决定

第六十一条　行政复议机关依照本法审理行政复议案件，由行政复议机构对行政行为进行审查，提出意见，经行政复议机关的负责人同意或者集体讨论通过后，以行政复议机关的名义作出行政复议决定。

经过听证的行政复议案件，行政复议机关应当根据听证笔录、审查认定的事实和证据，依照本法作出行政复议决定。

提请行政复议委员会提出咨询意见的行政复议案件，行政复议机关应当将咨询意见作为作出行政复议决定的重要参考依据。

【释义】本条是关于行政复议决定作出程序及依据的规定。

本条是关于行政复议决定程序以及听证笔录、行政复议委员会咨询意见在决定程序中如何运用的规定。其主要内容包括：

一、明确行政复议机关和行政复议机构的职责分工

1. 行政复议案件审理的责任主体是行政复议机关。履行行政复议职责，是各级行政复议机关的法定义务，既包括领导、支持和保障行政复议机构依法办理行政复议事项，也包括对外作出行政复议决定并依法承担法律责任。行政复议机关要确保作出的行政复议决定合法、公正。本次行政复议法修订对原法第 28 条的内容进行了修改，规定"行政复议机关依照本法审理行政复议案件"，突出行政复议机关审理行政复议案件的主体责任。

2. 行政复议机构负责具体审查行政行为并提出意见。行政复议机构是行政复议机关办理行政复议事项的机构，2018 年国家机构改革前各级政府的复议机构一般为政府法制办公室，改革后该项职责基本上由各级政府的司法行政部门承担，国务院各部门通常由负责法制工作的内设机构负责行政复

议工作，如政策法规司、条法司等。在行政复议案件办理方面，行政复议机构在受理阶段主要负责审查行政复议申请是否符合受理条件，提出意见上报行政复议机关决定是否受理；在案件审理阶段主要负责调查取证、听取当事人意见、必要时组织听证或者提请行政复议委员会提出咨询意见，在此基础上根据查明的案件事实，结合各方意见对被申请人行政行为的合法性与适当性进行审查。审查结束后应当撰写审理报告，包括案件事实、主要争议、审查意见、处理建议等内容，连同代为起草的行政复议决定书按程序一同上报行政复议机关审批。

3. 程序上必须经行政复议机关负责人同意或者集体讨论通过。这是行政复议的决策程序。对行政行为如何处理的决定权在于行政复议机关，而行政复议机关实行行政首长负责制，因此，行政复议机构的审查意见必须经过行政复议机关负责人的批准，其代拟的行政复议决定才能成为具有强制力的法律文书。决策方式上包括两种：一种是行政复议机关负责人同意。这是行政复议实践中最为常见的，形式上体现为负责人在行政复议案件呈报材料上签字。这里的负责人是指行政复议机关中担任领导职务并具有决策、管理权的人员，包括正职负责人和副职负责人，重大行政复议案件原则上应由主要负责人即正职负责人审查同意。另一种是集体讨论通过。集体讨论通过与行政首长负责制并不冲突，首先，是否需要集体讨论是由行政首长决定的，往往是该行政首长认为案件重大复杂，有必要才提交集体讨论；其次，有权参与集体讨论的大多为行政复议机关负责人，即通常讲的领导班子成员。

4. 行政复议决定只能以行政复议机关的名义作出。行政复议决定是行政复议程序的最终环节，也是行政复议制度价值的集中体现。经过审理阶段后，行政复议机关要在查明案件事实的基础上，依照有关法律、法规、规章，对所争议的行政行为是否合法、适当作出结论性意见，出具行政复议决定书。行政复议决定书是对外发生法律效力的正式文书，代表着行政复议的权威性与强制力，必须"以行政复议机关的名义作出"，这是本次行政复议法修订新增加的内容，目的在于强调行政复议决定的严肃性，同时也使法律规定的表述更加严谨。

二、明确听证笔录的法律效力

本条第 2 款规定，经过听证的行政复议案件，行政复议机关应当根据听证笔录、审查认定的事实和证据，依照本法作出行政复议决定。这是本次修法新增的条款。准确把握本款含义，需注意以下两点：

第一，如何理解"经过听证的行政复议案件"。按照本法第 50 条的规定，行政复议听证案件可以分为两类：一类是应当听证的，适用于重大、疑难、复杂的行政复议案件；另一类是可以听证的，适用于行政复议机构认为有必要听证，或者申请人请求听证的案件。本条中"经过听证的"是对听证事实的描述，指行政复议机构实际组织过听证，并不包括"应当听证而未听证"的案件。因为只有实际举行过听证，才可能记载制作听证笔录。

第二，准确把握"应当根据听证笔录、审查认定的事实和证据"。本次行政复议法修订。有关听证制度的难点在于如何规定听证笔录的效力。立法过程中主要有三种意见：第一种意见认为要发挥听证审理在行政复议办案中的重要作用，就应当从法律上直接赋予听证笔录较高的法律效力，建议参照行政处罚法中的规定，即"听证结束后，行政机关应当根据听证笔录，依照本法第 57 条的规定，作出决定"；第二种意见认为听证笔录往往难以记载、证明全部案件事实，直接根据听证笔录无法作出正确的行政复议决定，建议弱化听证笔录的法律效力，法条中可用"结合听证笔录"；第三种意见主张不在本法中确定听证笔录效力，行政复议机关可在行政复议决定书中将听证笔录作为查明案件事实的证据。我们研究认为，听证是已被实践证明行之有效的审理方式，听证笔录作为听证活动的重要成果，应当对案件事实具有较高的证明力，但考虑到目前实践做法尚不成熟和规范，行政复议机关可能无法仅凭听证笔录作出决定，而且行政复议作为准司法活动也应当坚持"以事实为根据，以法律为准绳"，因此将条文表述最终确定为"行政复议机关应当根据听证笔录、审查认定的事实和证据，依照本法作出行政复议决定"。实践中可作如下把握：有关证据经过听证核实，能够确认案件事实的，原则上按照听证笔录进行认定；听证笔录未记载或者记载内容未能证明的，辅之以审查认定的其他事实和证据。

三、明确行政复议委员会咨询意见的重要参考依据作用

新修订的行政复议法规定县级以上各级人民政府应当建立相关政府部门、专家、学者等参与的行政复议委员会，为办理行政复议案件提供咨询意见，并就行政复议工作中的重大事项和共性问题研究提出意见。

在参与的案件范围方面，按照行政复议法第 52 条的规定，行政复议机构应当提请行政复议委员会提出咨询意见的行政复议案件，主要包括以下四类情形：（1）案情重大、疑难、复杂；（2）专业性、技术性较强；（3）本法第 24 条第 2 款规定的行政复议案件；（4）行政复议机构认为有必要。行政复议委员会对案件进行研究形成咨询意见后，行政复议机关应当将咨询意见作为作出行政复议决定的重要参考依据。

所谓"重要参考依据"，主要是强调该咨询意见的重要性，尽管属于咨询性质，但其对行政复议决定具有重要的参考作用，可以作为认定有关问题的理由依据，以增强行政复议决定文书的说服力，而不能将其视为无关紧要的意见。在实际办案中可以理解为，除非有其他重大理由，否则行政复议机关在行政复议决定中应当尊重并采纳行政复议委员会提出的咨询意见；确实不能采纳的，也应当采取适当方式予以说明。

第六十二条　适用普通程序审理的行政复议案件，行政复议机关应当自受理申请之日起六十日内作出行政复议决定；但是法律规定的行政复议期限少于六十日的除外。情况复杂，不能在规定期限内作出行政复议决定的，经行政复议机构的负责人批准，可以适当延长，并书面告知当事人；但是延长期限最多不得超过三十日。

适用简易程序审理的行政复议案件，行政复议机关应当自受理申请之日起三十日内作出行政复议决定。

【释义】本条是关于行政复议审理期限的规定。

关于行政复议审理的期限，本条区分了普通程序和简易程序两种情形。对于本条的理解，重在把握不同情形下的期限及其起算，主要包括以下三个方面。

一、普通程序与简易程序的不同期限规定

所谓行政复议审理期限，是指行政复议机关从受理行政复议申请到完成对被行政复议行政行为的审查，并作出行政复议决定的最长时间限制。按照本条规定，对于适用普通程序审理的案件和适用简易程序审理的案件，期限要求上是有明显区别的。首先，一般审理期限不同。适用普通程序审理的行政复议案件，行政复议机关作出行政复议决定的期限为60日；适用简易程序审理的，期限则为30日。其次，能否延长期限不同。适用普通程序审理的案件，符合条件的情况下经批准最多可以延长30日；适用简易程序审理的案件则不能延长期限，除非其按规定转为普通程序。此外，条文中"法律规定的行政复议期限少于六十日的除外"只是针对适用普通程序的情形。这里的"法律"指的是行政复议法以外的其他法律。

二、审理期限的起算

60日与30日的审理期限，均是"自行政复议机关受理申请之日起"。这里有三个问题需要注意：一是受理申请之日怎么确定；二是受理申请当天算不算为"第一日"；三是审查受理时间是否包含在审理期限内。

1. 关于受理申请之日的确定问题。应当注意，本次行政复议法修订对此作了重大调整。修订前的行政复议法第17条第2款规定，行政复议申请自行政复议机关负责法制工作的机构收到之日起即为受理。按照这一规定，收到申请之日即为受理之日。但本次行政复议法修订改变了上述规定，第30条第3款规定，行政复议申请的审查期限届满，行政复议机关未作出不予受理决定的，审查期限届满之日起视为受理。在这种情形下，受理申请之日不再是收到申请之日，而是行政复议申请审查期限届满之日。如果行政复议机构在审查期限届满前制发受理通知书，则应以受理通知书落款之日为受理申请之日。

2. 关于受理当天是否算期限的问题。原行政复议法第40条第1款规定，行政复议期间的计算和行政复议文书的送达，依照民事诉讼法关于期间、送达的规定执行。民事诉讼法第82条规定，期间开始的时和日，不计算在期间内；期间届满的最后一日是法定休假日的，以法定休假日后的第一日为期

间届满的日期。对此问题，民法典总则第 201 条第 1 款也作了相同规定：按照年、月、日计算期间的，开始的当日不计入，自下一日开始计算。本次行政复议法修订对期间规定作了细微调整，第 88 条第 1 款规定，行政复议期间的计算和行政复议文书的送达，本法没有规定的，依照民事诉讼法相关规定执行。综上，60 日与 30 日期限的起算，受理申请当日不计入，从下一日开始计算。本法第 31 条中"行政复议机关应当自收到申请之日起五日内书面通知申请人补正"与第 54 条中"行政复议机构应当自受理行政复议申请之日起三日内"亦是同样的算法。

3. 关于审查受理时间是否包含在审理期限内问题。这个问题实质上与第一个问题相同。如果依照原行政复议法的规定，收到申请之日为受理申请之日，那么审查受理时间无疑应当包含在审理期限内。本次行政复议法修订后，行政复议申请审查期限届满之日方为受理之日，这意味着审查受理时间不应计算进入总的审理期限。

三、延长期限的把握

1. 延长期限的条件。按照本条规定，只有当"情况复杂，不能在规定期限内作出行政复议决定"时，才可以延长期限。什么情况下构成"情况复杂"呢？一是案件事实错综复杂，一时难以查清，比如涉及历史遗留问题，相关资料遗失，短时间内也难以补齐；二是涉及的问题较多，需要较长的时间梳理清楚。

2. 延长期限的程序。按照规定，必须"经行政复议机构的负责人批准"才能延长。这里有个变化需要注意，修订前的行政复议法规定的是"经行政复议机关的负责人批准"。批准权限从"行政复议机关负责人"下放至"行政复议机构负责人"，表面上看似乎审批层级要求有所降低，实际上通过减少审批程序环节，促进结案效率的提升。

3. 延长期限的要求。一是适当延长，"延长期限最多不得超过三十日"，延长的期限应当以案件办理实际需要为准，可以是 5 日，也可以是 10 日，而不是一旦延长就是 30 天的最长期限。另外，延长的次数只能一次，不能多次延长。二是应当书面告知当事人，延长期限对当事人有着实质的影响，在程序上应当履行告知义务。同时，"书面"的意义还在于后端，留下证据，一旦后续出现复议监督或者诉讼的情况，可以作为证据提交上级行政机关或者人民法院。

第六十三条 行政行为有下列情形之一的，行政复议机关决定变更该行政行为：

（一）事实清楚，证据确凿，适用依据正确，程序合法，但是内容不适当；

（二）事实清楚，证据确凿，程序合法，但是未正确适用依据；

（三）事实不清、证据不足，经行政复议机关查清事实和证据。

行政复议机关不得作出对申请人更为不利的变更决定，但是第三人提出相反请求的除外。

【释义】本条是关于行政复议变更决定的规定。

明确变更、撤销与确认违法各自的适用情形，使行政复议决定进一步类型化、精细化，是行政复议制度走向成熟的标志，对于充分发挥行政复议的功能作用具有重要意义。关于本条内容的理解，主要是把握以下几点：

一、变更决定的优先适用

变更决定，是指行政复议机关对行政复议案件进行审理后，认为被申请人作出的行政行为违法或者不当，依法对该行政行为作出全部或者部分改变的决定。变更与撤销的主要区别在于，变更是行政复议机关直接对原行政行为进行调整，而撤销实际上是把处理权再一次交还被申请人。从本质上讲，变更权是作为上级行政机关的行政复议机关，按照宪法和组织法规定行使的行政权，通过直接改变下级行政机关的不当行为达到纠正的目的。行政复议机关作出变更决定后，原行政行为即告废止；如果是对行政行为的部分变更，则被变更部分失效。

在修订前的行政复议法中，变更与撤销、确认违法同在第28条第1款第3项中规定，具体行政行为有下列情形之一的，决定撤销、变更或者确认该具体行政行为违法；决定撤销或者确认该具体行政行为违法的，可以责令被申请人在一定期限内重新作出具体行政行为：（1）主要事实不清、证据不足的；（2）适用依据错误的；（3）违反法定程序的；（4）超越或者滥用职权的；（5）具体行政行为明显不当的。从上述规定看，修订前的行政复议法对变更与撤销、确认违法这三类决定适用的情形未作区分，也就是将裁量权交给了行政复议机关，但实际上这三类决定适用侧重点各有不同，比如行政行为明显不当的，一般优先适用变更决定，而超越职权或者滥用职权的原则上应予以撤销。因此，此次行政复议法修订将变更、撤销、确认违法分别规定，明确列举各自的适用情形，以便各级行政复议机关正确适用，统一办案标准。

本次修订的另一重大变化在于：将变更条款置于各种决定类型的最前列，突出变更决定的重要性。在修订草案审议过程中，不少意见建议，调整优化行政复议决定体系，突出行政复议实质性化解行政争议的制度特点。修订后的行政复议法按照先变更、撤销或者部分撤销，后维持、驳回请求的顺序，对行政复议决定有关条文顺序进行调整。行政复议决定体系的完善，是本次修订的重点内容。还有一些意见提出，与人民法院的司法监督需要保持适度谦抑、防止过度干预行政不同，行政复议拥有全面审查、直接变更行政行为的法定职权，这使得行政复议在实质性化解行政争议上具有更强的能动优势，应当建构以变更决定为主的复议决定体系，侧重对行政实体法律关系直接进行调整，从而与以撤销之诉为核心的行政诉讼实现合理分工、优势互补。实践中行政复议机关对于符合条件的案件优先适用变更，直接作出恰当的决定以取代原行政行为，不仅有利于加强对行政行为的监督，同时也可以避免因责令被申请人重新作出行政行为带来的救济效率偏低且行政程序循环往复等问题，切实提高行政复议制度的实效性。

二、变更的适用情形

本条变更的三种情形源于《行政复议法实施条例》第47条的规定："具体行政行为有下列情形之一的，行政复议机关可以决定变更：（一）认定事实清楚，证据确凿，程序合法，但是明显不当或者适用依据错误的；（二）认定事实不清，证据不足，但是经行政复议机关审理查明事实清楚，证据确凿的。"在上述规定的基础上，结合各方面提出的意见和建议，本次修订作了表述调整，明确了变更的下列三种适用情形：

1. 事实清楚，证据确凿，适用依据正确，程序合法，但是内容不适当。一个合法且合理的行政行为应当同时符合四个条件：一是认定事实清楚、证据确凿；二是适用依据正确；三是符合法定程序；四是内容适当。其中，内容适当就是针对行政行为合理性而言的。这里需要注意以下几点：第一，适当与合法的关系。适当的前提是合法，不合法就没有适当性可言；但合法不一定意味着适当或者合理。第二，"不适当"的理解与把握。与《行政复议法实施条例》规定的只有"明显不当"才能变更不同，本条规定的是"不适当"，大大拓宽了变更的范围，只要行政复议机关认为原行政行为可以"更加适当"，就应当予以变更。第三，怎么认定行政行为是否适当。首先是必须在法律规定的自由裁量范围内，超出这个范围就属于不合法的问题了；其次是合乎情理，符合正常逻辑，比如对同类事项的处理采取统一的标准，具体内容上客观公正，对不同责任人的处理恰如其分，没有存在"同责不同罚"、处理动机不纯、过罚失当等问题。第四，如何予以变更。这种情形下的变更，本质上是对被申请人裁量行为的"再裁量"，关键要找到"适当点"，实际上就是裁量基准的判断和适用问题。

2. 事实清楚，证据确凿，程序合法，但是未正确适用依据。《行政复议法实施条例》中的表述是"适用依据错误"，文字上看似乎未能涵盖没有援引依据的情况，因此，行政复议法将其调整为"未正确适用依据"，使表述更加准确。对于本项内容的把握，重点是掌握"未正确适用依据"的主要情形，具体包括：（1）适用了错误的规范依据，比如应适用行政处罚法却适用了行政许可法；（2）适用了错误的条款，如应适用 A 条款却适用了 B 条款；（3）适用的依据违反了上位法的规定；（4）适用了尚未生效的依据；（5）适用了已失效的依据；（6）适用了本机关无权适用的依据，如 A 市行政机关适用 B 市政府规章进行执法；（7）规避应适用的规范。如选择有利的依据或者条款进行适用，忽略其他应适用的依据或条款；（8）未适用依据，包括两种情况：一是事实上就没有依据可以适用；二是有依据可以适用，但因故意或因过失忽略了依据的适用。

3. 事实不清、证据不足，经行政复议机关查清事实和证据。行政复议审理对于事实的认定主要靠证据，证据不足将导致事实不清。对于事实不清、证据不足的行政行为，行政复议机关既可以作出撤销或者确认违法，也可以在查清事实和证据的基础上，直接对该行政行为作出变更决定。相比之下，直接变更一步到位，更能直观体现行政复议的救济功能，使老百姓的合法权益在最短时间内得到有效维护。需要强调的是，变更的前提是行政复议机关已经查清了事实，如果尚有证据欠缺或者一时难以查清事实，复议机关应当作出撤销或者确认违法的决定。

三、禁止不利变更原则的把握

所谓禁止不利变更原则，是指依照行政复议法的规定，行政复议机关作出的变更决定，相比于被申请复议的行政行为，不能给申请人带来更为不利的法律后果。行政复议领域的禁止不利变更原则，与刑法中的"上诉不加刑"有着同样的精神内涵。如果进一步延伸，这一原则基本上适用于各类权利救济制度。鼓励利害关系人行使救济权，首先需要放开其"手脚"，在没有后顾之忧的前提下去迈开这一步。如果申请某项救济，结果是受到进一步的伤害，绝大多数受害人会望而却步，该项救济权也就失去了存在的意义。

禁止不利变更原则在行政复议领域的正式确立，源于《行政复议法实施条例》第51条的规定："行政复议机关在申请人的行政复议请求范围内，不得作出对申请人更为不利的行政复议决定。"具体内容体现为两个方面：一是不得减损行政复议申请人的权利或者既得利益，例如对行政机关发放的救济金数额不满申请行政复议，行政复议的结果不能是领取的救济金比原来更少。二是不得加重对行政复议申请人的处罚或者科以更多的义务，比如对扰乱社会秩序被行政拘留5日不服申请行政复议，即使行政复议机关经审查发现该处罚畸轻，也不能作出加重处罚的决定。

注意禁止不利变更原则的例外情形。本条以但书的形式明确了这一原则的例外，也就是"第三人提出相反请求的除外"。在许多行政管理事项中，行政行为的法律关系不仅包括行政机关与行政相对人，还涉及其他利害关系人。比如县政府作出的土地使用权争议的确权决定，申请人不服申请行政复议，当争议方以第三人参与行政复议且提出相反请求时，行政复议机关也可以依法作出对申请人不利的变更决定。

第六十四条 行政行为有下列情形之一的，行政复议机关决定撤销或者部分撤销该行政行为，并可以责令被申请人在一定期限内重新作出行政行为：

（一）主要事实不清、证据不足；

（二）违反法定程序；

（三）适用的依据不合法；

（四）超越职权或者滥用职权。

行政复议机关责令被申请人重新作出行政行为的，被申请人不得以同一事实和理由作出与被申请行政复议的行政行为相同或者基本相同的行政行为，但是行政复议机关以违反法定程序为由决定撤销或者部分撤销的除外。

【释义】本条是关于行政复议撤销决定的规定。

撤销决定是行政复议对行政行为作出否定性评价和决定的重要形式，在及时纠正违法行政行为、监督行政机关依法行政方面具有重要作用。对于本条内容的理解，重点把握以下几点：

一、关于撤销决定的法律后果

行政行为被行政复议机关撤销后，将产生以下法律后果：

1. 该行政行为自始无效。一般而言，行政行为从作出之日或者送达之日便具有法律效力，而且该法律效力一直延续，但当行政复议机关作出撤销决定时，该行政行为就不复存在，同时，撤销还具有溯及既往的效力，通常情况下应溯及行政行为作出之时，也就是相当于宣告该行政行为自始无效。当行政复议机关决定部分撤销时，则该行政行为的被撤销部分自始无效。需要注意的是，行政行为被撤销的情况下，原则上被申请人不能针对同一事实再次作出行政行为，除非行政复议机关在撤销的同时，责令被申请人重新作出行政行为。

2. 可能引起国家赔偿。按照国家赔偿法的规定，行政机关行使职权时侵犯公民、法人及其他组织的合法权益并造成损害的，受害人有依法取得国家赔偿的权利。本法第 72 条第 1 款中也规定，申请人在申请行政复议时一并提出行政赔偿请求，对符合国家赔偿法的有关规定应当给予赔偿的，在决定撤销或者部分撤销、变更行政行为或者确认行政行为违法、无效时，应当同时决定被申请人依法给予赔偿。

二、关于撤销决定的适用情形

对于撤销和部分撤销决定的适用，本条规定了以下四种情形：

1. 主要事实不清、证据不足。这里要注意法条中规定的是"主要事实"不清。从严格依法行政的角度讲，行政机关在作出行政行为之前，必须达到认定事实清楚、证据确凿的标准。一个行政行为可能涉及诸多事实，其中有主要的事实，也有次要的事实。如何判断主要事实与次要事实呢？大致来讲，主要事实指的是被申请人作出行政行为所根据的基本情况，也是行政机关适用法律的前提和基础。比如对于闯红灯交通违法行为的认定，车牌号、驾驶人、违章时间和地点、当时交通信号灯情况就是主要事实，至于车的购买时间、颜色、型号等就属于次要事实。主要事实不清与证据不足有着直接的关系，正是因为证据的不够充分甚至存在矛盾，致使行政行为所认定的基本情况无法得到证实。在这种情况下，行政行为失去了所根据的事实基础，从道理上讲也就不应当继续存在，因此，行政复议机关可以依法对其作出撤销决定。如果是一些次要的事实，在行政复议程序中可以查明的，此时行政复议机关可以适用上一条的规定对行政行为作出变更决定。

2. 违反法定程序。履行法定程序是行政机关依法行政的基本要求。在现代社会生活中，随着人们法治意识的提高，行政管理活动的程序要求更加受到重视，行政机关重实体轻程序的倾向也正在逐步改观。但是，实践中仍有一些执法部门工作人员认识上存在偏差，在执法过程中没有严格按照程序办事，引发了行政相对人的不满而申请行政复议或者诉诸法院，最终也导致行政行为被依法撤销。这里的法定程序，是指依照法律、法规、规章或者规范性文件的规定，行政机关作出行政行为时，必须履行的程序要求，包括方式、形式、手续、步骤、时限等。比如，按照行政处罚法第 63 条的规定，行政机关作出责令停产停业的行政处罚决定前，应当告知当事人有要求听证的权利，当事人要求听证的，行政机关应当组织听证。假如被申请人对某企业作出责令停产停业处罚决定时，未告知听证权利或者未依当事人要求举行听证，就属于违反法定程序，其结果将会是被行政复议机关依法撤销。

3. 适用的依据不合法。行政行为的作出必须有合法的依据，依据不合法就意味着行政行为失去了合法存在的基础，因此应当被撤销。需把握以下三个问题：一是依据的范畴。行政行为的依据，主要是法律、法规、规章，有的情况下也包括规范性文件。二是本条强调的是"依据不合法"，有别于变更决定适用情形中的"未正确适用依据"，后者覆盖的情形更全面。三是依据不合法的主要情形。最常见的是违反上位法的规定，比如适用的政府规章违反上位法律或者行政法规的规定。其他常见的情形包括：（1）制定主体超越权限，如某市政府发布的规范性文件规定不服从市场管理予以行政拘留；（2）适用未生效的依据，如某地方条例尚未对外发布，行政机关将其作为依据进行执法；（3）适用已废止的依据，如治安管理处罚条例已于2006年3月1日废止，公安机关仍然按其中有关条款作出处罚决定；（4）适用不存在的依据，如行政机关将根本不存在的法规作为行政执法的依据。

4. 超越职权或者滥用职权。职权就是行政机关依法行使的职责权限，依法行政首先就要求行政机关必须依法行使职权。超越职权或者滥用职权都是行政机关未依法行使职权的表现形式。超越职权，是指行政机关超越法律、法规赋予自己的职责权限，作出了不属于其权限范围内的行政行为。滥用职权，则是指行政机关恣意、随意行使职权，作出违背立法目的和宗旨的行政行为。超越职权与滥用职权的最大区别在于作出的行政行为是否在被申请人职责权限内，超越职权突破了被申请人的权限范围，而滥用职权作出的行政行为仍然属于被申请人的权限范围，但属于对权力的不正当行使。滥用职权主要针对行使自由裁量权而言，具体表现为行政机关随意执法、显失公正、反复无常、畸重畸轻等，比如本应罚款200元，但因被处罚人辩解对其罚款3000元。超越职权的情形则主要包括：（1）超越层级权限，主要指下级行政机关行使了本应属于上级行政机关的权限；（2）超越管辖权限，比如甲部门对属于乙部门管辖的事项作出了行政行为；（3）超越法定幅度，比如道路交通安全法第 90 条规定机动车驾驶人违反道路通行规定的处警告或者 20 元以上 200 元以下罚款，而被申请人作出了罚款 500 元的处罚决定；（4）超越授权权限，主要指法律、法规、规章授权组织超出授权范围作出行政行为；（5）超过委托权限，指受委托的单位超出委托权限范围作出行政行为；（6）办事机构或者内设机构超越职权，比如办事机构或者内设机构在没有法律法规规章特别授权的情况下，以自己名义对外作出行政行为。

三、关于部分撤销决定的适用

部分撤销决定是本次修订新增加的内容，主要参考行政诉讼法第 70 条的规定。该条明确规定，对于具有所列情形之一的行政行为，人民法院判决撤销或者部分撤销，并可以判决被告重新作出行政行为。事实上，1989 年行政诉讼法就有类似规定。在行政复议领域，尽管此前行政复议法及其实施条例包括 1990 年《行政复议条例》均未规定，但实践中行政复议机关决定撤销部分行政行为的案例并不少见，因此，本次修订时作了补充规定。对于部分撤销决定的适用，要注意以下几点：

第一，部分撤销决定的性质。部分撤销决定是行政复议决定的一种类型，指行政复议机关经审理发现被申请人作出的行政行为存在部分违法问题，依法对该行政行为的违法部分作出撤销的行政复议决定。按照本条规定，撤销决定可分为两种：一种是撤销全部行政行为，另一种是撤销部分行政行为。准确来讲，本条中的"撤销"决定应当是指全部撤销，与"部分撤销"共同构成撤销决定的两种方式。因此，本条中的"撤销"与"部分撤销"是并列关系，而非从属或者附属关系。

第二，部分撤销的适用条件。在本条规定中，对于撤销和部分撤销适用的情形并未作区分，这意味着部分撤销决定的适用情形也是以下四种：（1）主要事实不清、证据不足；（2）违反法定程序；（3）适用的依据不合法；（4）超越职权或者滥用职权。针对上述情形，行政复议机关是对整个行政行为作出全部撤销，还是仅撤销部分行政行为，要视具体情况而定。但必须注意的是，作出部分撤销的条件是被申请人的行政行为具有可分性，也就是说，该行政行为可以拆分成两个或者两个以上部分。比如，被申请人对某企业作出罚款并责令停产停业的处罚决定，行政复议查明被申请人罚款决定合法，但无权作出责令停产停业决定，此时就可以撤销该处罚决定中的责令停产停业部分，而维持被申请人的罚款决定。反之，如果行政行为是不可分的，比如刘某在地铁有不文明行为被处以警告处罚，该处罚决定就属于不可分的行政行为。

第三，部分撤销的法律效力。行政复议机关作出部分撤销决定并送达后，被申请人的行政行为中被撤销部分失去法律效力，而未被撤销的其余部分则继续生效。例如，某地公安局对李某高铁霸座行为作出拘留 15 日并处200 元的罚款，行政复议机关经审理认定罚款决定合法但拘留 15 日决定超越职权，因此撤销了拘留决定并维持罚款决定，本案中该拘留决定被撤销后无须执行，而罚款决定仍然具有法律效力。实际上，部分撤销的法律效力近似变更决定，比如上述案件中行政复议机关如果将处罚决定直接变更为罚款200 元，法律效果上是一致的。

四、关于责令重作的理解

责令重作是指行政复议机关经审理认为行政行为违法的，在依法作出撤销该行政行为的同时，责令被申请人在一定期限内重新作出行政行为。对于责令重作的理解，关键把握以下几点：

其一，责令重作具有辅助性质，并非独立决定类型。按照本条的规定，行政复议机关决定撤销或者部分撤销行政行为时，"并可以责令被申请人在一定期限内重新作出行政行为"。可以看出，责令重作决定附属于撤销决定，"先撤销或者部分撤销，再责令被申请人重新作出行政行为"，假设在未撤销的情况下直接作出新的行政行为，此时被申请行政复议的行政行为仍然生效，就构成了对同一事实的重复处理，显然不符合行政法治的要求，因此，责令重作不能作为独立的行政复议决定类型。

其二，是否责令重作视具体情况而定，并非决定撤销都必须责令重作。关于责令重作的规定是对行政复议机关的授权性规定，"可以责令"的表述即是将决定权交给了行政复议机关。行政复议机关需要对行政行为撤销后的法律后果进行评估，确定被申请人有无必要重新作出行政行为。考量评估的因素包括行政管理的需要、维护社会秩序的需要、维护公共利益的需要、保护申请人或者其他人员合法权益的需要等。比如，张某对某县人力资源和社会保障局不予认定工伤决定不服申请行政复议，行政复议机关经审理认定该工伤认定决定事实不清，据此作出撤销决定。假设行政复议机关没有决定责令被申请人进一步查明事实并重新作出工伤认定决定，张某的实际诉求将无法得到真正保障。概括地讲，行政复议机关责令重作是因为客观上有让被申请人重新依照法律规定作出行政行为的必要和可能。

其三，被申请人应当在一定期限内重新作出行政行为，且对该行政行为不服的，申请人可以再申请行政复议。关于"一定期限内"的具体要求，《行政复议法实施条例》第 49 条作出了规定，即"被申请人应当在法律、法规、规章规定的期限内重新作出具体行政行为"，也就是首先应当以法律、法规、规章规定的期限为准；法律、法规、规章未规定明确期限的，重新作出行政行为的期限为 60 日。这里 60 日的期限自行政复议决定送达被申请人之日起算。另外，被申请人按照行政复议决定的要求重新作出的行政行为构成新的行政行为，申请人或者利害关系人对该行政行为不服，仍然可以按照行政复议法及其实施条例的规定申请行政复议，也可以依法提起行政诉讼。

其四，注意责令重作的禁止性要求。本条第 2 款规定，行政复议机关责令被申请人重新作出行政行为的，被申请人不得以同一事实和理由作出与被申请行政复议的行政行为相同或者基本相同的行政行为，但是行政复议机关以违反法定程序为由决定撤销或者部分撤销的除外。这里需注意以下几点：（1）"同一事实和理由"，是指新的行政行为认定的主要证据、事实以及说明的理由与原行政行为一致或者基本一致，如果查明新的事实或者有新的理由依据，则不应认定为"同一事实和理由"。（2）"行政行为相同或者基本相同"，主要指行政行为的主要事实、主要理由和结果完全一样或者基本一样。原行政行为被上级机关即行政复议机关撤销，证明该行政行为存在违法问题，责令重作是给被申请人一次改正的机会，被申请人又作出相同或者基本相同的行政行为，就是以消极方式对抗行政复议机关的决定，违背基本的行政工作原则。（3）"违反法定程序"为例外，不受重作禁止性要求的限制。主要考虑是，因违反法定程序被撤销的，被申请人按要求重新履行程序或者履行正确程序，其违法的状态已得到纠正，实际上也履行了行政复议决定。如按法定程序履行之后，被申请人认定的事实与原行政行为一致或者基本一致，此时可以按照同样的理由依据作出内容相同的行政行为。

第六十五条 行政行为有下列情形之一的，行政复议机关不撤销该行政行为，但是确认该行政行为违法：

（一）依法应予撤销，但是撤销会给国家利益、社会公共利益造成重大损害；

（二）程序轻微违法，但是对申请人权利不产生实际影响。

行政行为有下列情形之一，不需要撤销或者责令履行的，行政复议机关确认该行政行为违法：

（一）行政行为违法，但是不具有可撤销内容；

（二）被申请人改变原违法行政行为，申请人仍要求撤销或者确认该行政行为违法；

（三）被申请人不履行或者拖延履行法定职责，责令履行没有意义。

【释义】本条是关于行政复议确认违法决定的规定。

本条主要区分主观上不撤销与客观上无法撤销两类情形，重点是准确理解确认违法决定的定位、适用情形以及法律效果。

一、确认违法决定的定位

确认违法决定，是指行政复议机关经审理后，认为被申请人作出的行政行为存在违法问题，但不宜或者无法予以变更或者撤销，因此作出确认该行政行为违法的行政复议决定。对于确认违法决定的定位，可以从以下三个方面来理解：

1. 确认违法决定的独立性。尽管相比于变更决定和撤销决定，确认违法决定在行政复议领域适用的时间最晚，1999 年行政复议法首次将其写入法中，在适用情形上与变更、撤销也未作区分，但不可否认的是，确认违法决定与变更决定、撤销决定一样，都属于独立的行政复议决定类型。只要符合本条规定的情形，行政复议机关即可单独作出确认违法决定。

2. 确认违法决定的补充性。确认违法与撤销、变更都属于对原行政行为的改变，这是三者的共同特点。本次修订对各自的适用情形分别作了规定，将变更提到各决定类型的前面，同时将撤销与确认违法作了切割，但从性质上讲，确认违法决定作为变更决定和撤销决定的补充这一定位并无改变，其主要适用于无法对行政行为作出变更或者撤销决定的情况，对于可以变更或者撤销的，原则上不应作出确认违法决定。

3. 确认违法决定的重要性。如前所述，由于存在变更、撤销的纠正途径，确认违法决定方式的运用相对较少，但在整个行政复议决定体系中，确认违法决定仍然具有不可或缺、不可替代的重要性。而这种重要性也体现在特别的适用情形以及特殊的法律效果上。

二、确认违法的适用情形

按照本条规定，确认违法的适用情形大致可分为以下两类：

1. 主观上不撤销。被申请人的行政行为符合撤销的条件，但是由于存在特殊情况，行政复议机关决定不撤销该行政行为，而作出确认违法决定。具体包括两种情形：（1）行政行为依法应予撤销，但是撤销会给国家利益、社会公共利益造成重大损害；（2）行政行为程序轻微违法，但是对申请人权利不产生实际影响。

对于第一种情形，行政复议机关需要评估撤销行政行为带来的实际影响，判断会不会因为行政行为的撤销给国家利益或者社会公共利益造成重大损害。实践中的难点在于如何确定"重大损害"，法律中对此未作出界定，一般可将撤销违法行政行为带来的积极效果，同因此给国家利益或者社会公共利益造成的可能损害作对比，如果两者不成比例，撤销后损失远远大于收益，那么就不宜适用撤销决定，而只能确认行政行为违法；反之，如果撤销造成的损害结果可以接受，则不宜适用确认违法。比如某起征地案件中，行政复议机关认定征地程序违法，但考虑到争议土地已盖成楼盘且商品房均已售完，如果撤销该征地行为则需要将土地恢复原状，不仅需要耗费巨大成本且将导致诸多法律关系处于不确定状态，因此，行政复议机关决定确认违法并责令被申请人采取补救措施。

第二种情形是对申请人权利未产生实际影响的程序轻微违法。从严格依法行政的角度讲，行政行为程序与内容同样重要，违反法定程序也属于违法，哪怕只是程序轻微违法，理论上都可以撤销。因此必须注意的是，这种情形下必须同时满足以下两个条件，行政复议机关才能决定不撤销，而选择确认该行政行为违法：一是程序轻微违法，主要是指行政程序可以补正的一些情形，不影响实体决定的正确性，大致可以理解为程序上有瑕疵，而不是主要程序的缺失，比如应当听证而未听证显然就不属于程序轻微违法。二是对申请人权利不产生实际影响，这里的权利既包括实体权利，也包括程序权利，比如申请人被行政处罚前的申辩权，行政机关如果没有告知就会对申请人产生实际影响。关于这一情形的把握，实务中也可以参照《最高人民法院关于适用〈中华人民共和国行政诉讼法〉的解释》第96条的规定："有下列情形之一，且对原告依法享有的听证、陈述、申辩等重要程序性权利不产生实质损害的，属于行政诉讼法第74条第1款第2项规定的'程序轻微违法'：（一）处理期限轻微违法；（二）通知、送达等程序轻微违法；（三）其他程序轻微违法的情形。"

需要强调的是，上述两种情形都具有主观性，行政复议机关要从严掌握，不能随便滥用，对于应当撤销的还是要优先适用撤销。

2. 客观上无法撤销或者责令履行无意义。包括三种情形：（1）行政行为违法，但是不具有可撤销内容；（2）被申请人改变原违法行政行为，申请人仍要求撤销或者确认该行政行为违法；（3）被申请人不履行或者拖延履行法定职责，责令履行没有意义。

第一种情形主要针对违法行为，这些违法事实已发生，客观上无法予以撤销。撤销的前提是行政行为具有可撤销内容，当行政行为不具备可撤销性时，行政复议机关只能选择确认违法的决定方式，宣告该行政行为在法律上不具备正当性。比如某公安局错将张某当成违法者拘留10天，拘留期满后张某对该拘留决定不服申请行政复议，因该拘留决定已执行完毕，行政复议机关显然无法撤销，而只能确认该拘留决定违法并责令被申请人予以赔偿。

第二种情形一般发生于行政复议期间，被申请人认识到自己作出的行政行为存在违法问题，于是在行政复议机关作出行政复议决定前自行改变了原行政行为。但是由于未能与申请人达成和解，申请人不愿意撤回行政复议申请，此时行政复议机关只能对该行政复议案件继续进行审理，但是因原行政行为实际上已不存在，没有可撤销的对象，因此行政复议机关只能作出确认违法决定。

第三种情形属于不作为的监督。通常情况下，对于被申请人不履行法定职责或者拖延履行法定职责的，行政复议机关查明属实后应当责令被申请人在一定期限内履行，但如果因为情况发生变化已经没有履行的必要，复议机关再作出责令履行决定也就失去了意义，此时选择确认不作为违法是比较合适的。实践中比较常见的是请求行政机关履行保护人身权和财产权的职责，比如申请人被醉汉纠缠报警，公安局迟迟未出警，但醉汉已被周边群众制服，申请人认为公安局不履行法定职责申请行政复议，因此时已无责令公安机关出警的必要，行政复议机关只有选择作出确认违法决定。

三、确认违法决定的法律效果

确认违法决定的法律效果包括两个层面：一是对行政行为合法与否的定性，宣告被申请人作出的行政行为违反法律规定；二是对行政行为效力是否延续的认定，尽管该行政行为被行政复议机关确定为违法，但行政行为的效力将继续存在，这也是确认违法决定法律效果的特殊之处。

此外，确认违法决定还可能引发赔偿责任。按照本法第 72 条的规定，申请人在申请行政复议时一并提出行政赔偿请求，行政复议机关经审查认为应当给予赔偿的，在决定确认该行政行为违法时，应当同时决定被申请人依法给予赔偿，还可以责令被申请人采取补救措施。据此，被申请人的行政行为被确认违法后，对于因该行政行为给申请人带来的实际损害，应当按照国家赔偿法的有关规定承担赔偿责任。另外，如果被申请人可以采取补救措施的，应当积极进行补救，避免违法行为带来的后果继续扩大。

第六十六条　被申请人不履行法定职责的，行政复议机关决定被申请人在一定期限内履行。

【释义】本条是关于要求履行法定职责的行政复议决定的规定。

此类行政复议决定针对的是被申请人不作为的情形。不作为也是一种违法的行政行为，同样会侵害公民、法人和其他组织的合法权益。每个行政机关都有特定的职责，这些职责权限主要由法律、法规、规章予以规定，体现在该行政机关的管理服务工作中。如果该行政机关没有履行其应当履行的法定职责，行政相对人可以通过申请行政复议维护自己的合法权益。行政复议申请人认为被申请人不履行法定职责，应当作为而不作为的，可以要求被申请人履行有关法定职责；行政复议机关经审理查明，被申请人负有该法定职责而不履行的，应当决定被申请人在一定期限内履行法定职责。

这里的"法定职责"是法律、法规、规章明确规定行政机关应当履行的职责，"不履行法定职责"包括拒绝履行、拖延履行、未依法履行、不予答复等情形。此类行政复议决定主要适用于本法第11条规定行政复议范围中的有关情形，比如第11项申请行政机关履行保护人身权利、财产权利、受教育权利等合法权益的法定职责，行政机关拒绝履行、未依法履行或者不予答复；第12项申请行政机关依法给付抚恤金、社会保险待遇或者最低生活保障等社会保障，行政机关没有依法给付。被申请人不履行上述法定职责的，行政复议机关经审查后，决定被申请人在一定期限内履行。需要注意的是，行政机关对行政相对人的申请经依法审查，认为不符合法定条件而作出的不予许可决定，不属于不履行法定职责；不履行行政协议有关的义务，本法第71条已经规定了专门的行政复议决定形式。对这些情形，行政复议机关应当依法作出其他类型的行政复议决定。

关于履行期限，行政复议机关应当根据法律、法规、规章和实际情况明确一个具体期限。如果法律、法规、规章明确规定了期限的，履行期限应当是明文规定的期限；如果法律、法规、规章没有明确规定期限的，可以由行政复议机关根据实际情况确定履行期限。履行期限不能太长，防止行政机关拖延；也不宜太短，要留给行政机关必要工作时间。要求被申请人履行法定职责的行政复议决定是上级机关对下级机关的命令，被申请人不得拒绝或消极抵制，否则就形成新的违法行为，承担相应的法律责任。本法第83条规定，被申请人不履行或者无正当理由拖延履行行政复议决定书、调解书、意见书的，对负有责任的领导人员和直接责任人员依法给予警告、记过、记大过的处分；经责令履行仍拒不履行的，依法给予降级、撤职、开除的处分。

第六十七条 行政行为有实施主体不具有行政主体资格或者没有依据等重大且明显违法情形，申请人申请确认行政行为无效的，行政复议机关确认该行政行为无效。

【释义】本条是关于确认行政行为无效的行政复议决定的规定。

此次行政复议法修订与行政诉讼法相衔接，新增了确认无效的行政复议决定类型，适用于行政行为有重大且明显违法的情形，包括实施主体不具有行政主体资格或者没有依据等。重大且明显违法不同于一般违法，行政行为自始无效，行政相对人可以拒绝履行行政行为确定的义务。申请人申请确认行政行为无效的，行政复议机关确认该行政行为无效。理解本条规定要注意以下两点。

一、确认无效的适用情形

确认无效决定的适用情形是重大且明显的违法，重大与明显需同时具备。什么是重大且明显，需要正确理解和判断。一般理解为违法情形很重大，也很明显，使得普通公民都能合理判断出违法。例如，行为实施者完全不具有行政主体资格，以及虽然具有行政主体资格，但是作出的行政行为没有任何法律、法规、规章和规范性文件依据。对此，行政处罚法第38条规定，行政处罚没有依据或者实施主体不具有行政主体资格的，行政处罚无效。该条还规定，违反法定程序构成重大且明显违法的，行政处罚无效。实践中认定其他重大且明显违法情形，应当特别慎重和严谨，要经过充分论证。

二、确认无效的法律后果

重大且明显违法的行政行为，自始无效、绝对无效，不因时间推移而具有合法效力。重大且明显违法的行政行为无须行政复议机关或者法院作出无效判断后才没有效力，行政相对人可以自始不受行政行为约束，拒绝履行。行政相对人与行政机关就行政行为是否无效发生争议时，可以请求行政复议机关或者法院确认无效。

第六十八条　行政行为认定事实清楚，证据确凿，适用依据正确，程序合法，内容适当的，行政复议机关决定维持该行政行为。

【释义】本条是关于维持行政行为的行政复议决定的规定。

行政复议维持是指肯定、保持原行政行为的法律效力。行政复议机关经审理查明，被申请行政复议的行政行为存在合法性、适当性问题的，应当予以纠正，依法作出变更、撤销、确认违法或者无效等行政复议决定；经审理查明，被申请行政复议的行政行为不存在合法性、适当性问题的，也应当依法作出维持的行政复议决定，支持行政机关依法行政。行政复议机关作出维持行政复议决定的行政行为，应当具备以下条件。

一、事实清楚

行政行为所认定的事实在整体上是客观存在、没有疑义的，也是为各方所一致认同的。

二、证据确凿

证据是证明事实客观存在的物质表现，它们在足以证明事实存在的各个环节方面，使反驳不能成立时，即为确凿。

三、适用依据正确

首先，行政行为所依据的必须是当时有效的法律、法规、规章和规范性文件，已经被废止、失效的不能作为适用依据。其次，行政行为所依据的必须是调整该类事项的法律、法规、规章和规范性文件。最后，调整该类事项存在多个法律、法规、规章和规范性文件规定的，应当根据适用规则正确选择适用依据。

四、程序合法

作出行政行为的程序，与行政行为的内容同等重要。行政行为是否按照法定程序作出，直接关系到行政行为是否公正、适当。程序合法是决定行政行为合法有效的重要方面。例如，行政处罚法第 38 条第 2 款规定，违反法定程序构成重大且明显违法的，行政处罚无效。第 44 条规定，行政机关在作出行政处罚决定之前，应当告知当事人拟作出的行政处罚内容及事实、理由、依据，并告知当事人依法享有的陈述、申辩、要求听证等权利。第 45 条规定，当事人有权进行陈述和申辩。行政机关必须充分听取当事人的意见，对当事人提出的事实、理由和证据，应当进行复核；当事人提出的事实、理由或者证据成立的，行政机关应当采纳。行政机关不得因当事人陈述、申辩而给予更重的处罚。第 62 条规定，行政机关及其执法人员在作出行政处罚决定之前，未依照本法第 44 条、第 45 条的规定向当事人告知拟作出的行政处罚内容及事实、理由、依据，或者拒绝听取当事人的陈述、申辩，不得作出行政处罚决定；当事人明确放弃陈述或者申辩权利的除外。

五、内容适当

内容是指行政行为所确定的权利义务。行政行为的内容不仅要合法，而且要适当。适当是指在很多情况下，行政机关需要行使自由裁量权，在法律规定的范围内根据个案情况合理确定具体的权利义务关系，以适应实际情况并取得法律追求的预期效果。

应当注意的是，如果作出对原行政行为维持的决定，上述五项条件必须同时具备，缺一不可。原行政行为不能同时具备上述五项条件的，行政复议机关应当根据不同情况，依法作出变更、撤销或者部分撤销、确认违法或者无效等行政复议决定。

第六十九条　行政复议机关受理申请人认为被申请人不履行法定职责的行政复议申请后，发现被申请人没有相应法定职责或者在受理前已经履行法定职责的，决定驳回申请人的行政复议请求。

【释义】本条是关于驳回行政复议请求决定的规定。

本条是此次修法新增内容。行政复议机关受理行政复议申请后，发现被申请人没有相应职责或者被申请人在受理前已经履行法定职责的，行政复议机关不宜继续办理行政复议案件，也不宜作出其他行政复议决定形式，这种情况下应当决定驳回行政复议请求。

一、关于驳回行政复议请求决定

根据本法第30条的规定，行政复议机关收到行政复议申请后，应当在5日内进行审查；经审查，对符合该条第1款规定的7项条件的行政复议申请，应当予以受理。实践中，受到审查期限、申请材料等限制，存在行政复议机关受理后才发现被申请人没有相应职责、被申请人在受理前就已经履行法定职责的情形。根据本法第1条的规定，行政复议的主要功能是维护公民、法人和其他组织的合法权益，防止和纠正违法或者不当的行政行为，监督行政机关依法行使职权。对于不履行法定职责的案件，行政机关在行政复议案件受理之前已经履行法定职责或者本来就没有相应职责的，如果行政复议机关继续办理行政复议案件、作出行政复议决定，与行政复议的制度功能存在偏差，已经没有实际意义。

针对这种情况，《行政复议法实施条例》第48条中规定，申请人认为行政机关不履行法定职责申请行政复议，行政复议机关受理后发现该行政机关没有相应法定职责或者在受理前已经履行法定职责的，行政复议机关应当决定驳回行政复议申请。此次修订行政复议法，将行政法规中有关内容进行修改后，上升为法律规定。

二、驳回行政复议请求决定的适用

决定驳回行政复议请求应当符合下列条件：一是，此类案件为申请人认为被申请人不履行法定职责的案件。对于申请人认为被申请人已经履行法定职责，而对被申请人作出的行政行为不服的，不属于本条规定的适用情形。二是，行政复议机关已经受理行政复议申请。对于行政复议机关收到行政复议申请，尚未作出受理或者不予受理决定的，不属于本条规定的适用情形。

驳回行政复议请求的决定适用于下列情形：一是，行政复议机关发现被申请人没有相应法定职责。这里的法定职责，是指申请人认为被申请人所不履行的法定职责，包括两种情况。一种是行政机关没有相关法定职责，表明行政复议申请不属于本法规定的行政复议范围；另一种是此法定职责属于其他行政机关应当履行的职责，行政复议申请中的被申请人不符合本法的受理条件。二是，行政复议机关发现被申请人在受理前已经履行法定职责。本法第 66 条规定，被申请人不履行法定职责的，行政复议机关决定被申请人在一定期限内履行。如果被申请人在受理前已经履行法定职责，那么行政复议机关责令被申请人履行法定职责已经没有现实基础。需要指出的是，"行政机关已经履行法定职责"是指在行政复议机关受理行政复议申请前，被申请人已经履行法定职责；如果是在行政复议机关受理行政复议申请后，行政机关才履行法定职责，那么除非申请人撤回行政复议申请，否则不影响行政复议案件的审理。

三、本条规定与驳回"行政复议申请"的关系

"决定驳回申请人的行政复议请求"中使用的表述是"行政复议请求"而不是"行政复议申请"。对此类不履行法定职责的行政复议申请，行政机关已经进行了实质审查，而不仅仅是程序上的形式审查，采用驳回"行政复议请求"的表述更准确。本法第 33 条规定，行政复议机关受理行政复议申请后，发现该行政复议申请不符合本法第 30 条第 1 款规定的，应当决定驳回申请并说明理由。这里使用的是"驳回申请"，因为此时仅是程序上的形式审查，尚未进行实质审查。因此，本条使用驳回"行政复议请求"的表述，与本法第 33 条规定的程序性驳回行政复议申请相区别。

第七十条 被申请人不按照本法第四十八条、第五十四条的规定提出书面答复、提交作出行政行为的证据、依据和其他有关材料的，视为该行政行为没有证据、依据，行政复议机关决定撤销、部分撤销该行政行为，确认该行政行为违法、无效或者决定被申请人在一定期限内履行，但是行政行为涉及第三人合法权益，第三人提供证据的除外。

【释义】本条是关于申请人不按规定提出书面答复、提交证据、依据和其他有关材料，行政复议机关如何处理的规定。

根据修改前的行政复议法第 28 条中规定，被申请人不按照规定提出书

面答复、提交当初作出具体行政行为的证据、依据和其他有关材料的，视为该具体行政行为没有证据、依据，决定撤销该具体行政行为。修改后的行政复议法进一步完善有关内容，并单独作为一条。本条的规定有利于督促行政机关切实承担行政复议举证责任，同时也有利于行政机关遵守行政程序、避免出现违法行政行为，更好维护公民、法人和其他组织的合法权益。

一、被申请人提出书面答复、提交材料的义务

行政复议中，被申请人对其所作出的行政行为的合法性、适当性负有举证责任。本法对于普通程序和简易程序中被申请人提交书面答复和证据材料的时限作了区分。对于适用普通程序的案件，本法第 48 条中规定，被申请人应当自收到行政复议申请书副本或者行政复议申请笔录复印件之日起 10 日内，提出书面答复，并提交作出行政行为的证据、依据和其他有关材料。对于适用简易程序的案件，本法第 54 条中规定，被申请人应当自收到行政复议申请书副本或者行政复议申请笔录复印件之日起 5 日内，提出书面答复，并提交作出行政行为的证据、依据和其他有关材料。

行政机关应当在充分收集证据的前提下作出行政行为。在作出行政行为以前，被申请人应当取得能够证明据以作出行政行为的事实确实存在的证据。行政复议期间，被申请人不得自行向申请人和其他有关单位或者个人收集证据；自行收集的证据不作为认定行政行为合法性、适当性的依据。行政机关在作出行政行为时，必须有充分、确实的证据和依据。行政复议中，被申请人对其所作出的行政行为的合法性、适当性负有举证责任。被申请人不按时提出书面答复和证据、依据等有关材料，意味着被申请人未承担举证责任，理应承担相应的法律后果。

二、被申请人不按时提出书面答复、提交有关材料的法律后果

被申请人不按照规定提出书面答复，提交作出行政行为的证据、依据和其他有关材料的，其法律后果主要是，在行政复议案件审理中，视为该行政行为没有证据、依据。基于这种法律后果，行政复议机关可以根据案件的具体情况，作出相应决定：一是根据本法第 64 条的规定，作出撤销、部分撤销该行政行为的决定；二是根据本法第 65 条的规定，作出确认该行政行为违法的决定；三是根据本法第 66 条的规定，作出被申请人在一定期限内履行的决定；四是根据本法第 67 条的规定，作出确认该行政行为无效的决定。

本条还规定了行政行为涉及第三人合法权益，第三人提供证据这一除外情形。第三人是指同被申请行政复议行为有利害关系但没有申请行政复议，或者同案件处理结果有利害关系的人员。在行政复议中，虽然通常第三人举证只围绕自己的利益主张，但有时第三人的利益主张也与行政行为的合法性、适当性相关。如甲殴打乙致伤，被公安机关处以行政拘留，甲申请行政复议要求撤销处罚决定，而乙认为处罚决定合法，此时乙可以作为第三人参加行政复议，并提出行政拘留决定合法的相关证据。

三、相关法律责任

对于不按照规定提出书面答复，提交作出行政行为的证据、依据和其他有关材料的，本法第 82 条规定了相应的法律责任，即被申请人违反本法规定，不提出书面答复或者不提交作出行政行为的证据、依据和其他有关材料，对负有责任的领导人员和直接责任人员依法给予警告、记过、记大过的处分；进行报复陷害的，依法给予降级、撤职、开除的处分；构成犯罪的，依法追究刑事责任。

第七十一条　被申请人不依法订立、不依法履行、未按照约定履行或者违法变更、解除行政协议的，行政复议机关决定被申请人承担依法订立、继续履行、采取补救措施或者赔偿损失等责任。

被申请人变更、解除行政协议合法，但是未依法给予补偿或者补偿不合理的，行政复议机关决定被申请人依法给予合理补偿。

【释义】本条是关于行政协议案件的行政复议决定的规定。

本条是此次修改行政复议法新增的条文。主要考虑是此次行政复议法修改，将行政协议有关行政行为纳入行政复议范围，对行政协议行为的救济，与其他行政行为存在明显不同，有必要规定单独的行政复议决定形式。

一、关于行政复议中的行政协议案件

在签订、履行、变更、解除行政协议等各个环节，行政机关均可能违法行使行政权力。为了加强对行政机关依法行政的监督，结合近些年来的行政协议实践，同时参考行政诉讼法的有关规定，本法第 11 条第 13 项将"认为行政机关不依法订立、不依法履行、未按照约定履行或者违法变更、解除政府特许经营协议、土地房屋征收补偿协议等行政协议"列入行政复议受案范围。行政协议作为一种新的行政管理方式，实践中运用得越来越多，因其兼具行政管理与合同的特性，必然存在行政协议的履行、变更、解除及责任承担等问题。为了更好地解决行政争议，将因订立、履行、变更、解除这些协议发生的争议纳入行政复议解决是必要的。同时，需要对行政协议类行政复议案件的决定形式予以明确。

二、关于行政协议案件的行政复议决定

本法第 63 条至第 67 条对行政复议机关作出的变更、撤销、确认违法、限期履行、确认无效等决定作了规定。与其他类型的行政复议案件不同，行政协议案件相对比较特殊。行政协议是行政机关与公民、法人或者其他组织达成的协议，具有双方行为的特征，针对行政协议案件的行政复议决定难以适用变更、撤销、限期履行等决定方式。因此，对于本法第 11 条第 13 项规定的不依法订立、不依法履行、未按照约定履行或者违法变更、解除行政特许经营协议、土地房屋征收补偿协议等行政协议的情形，有必要单独增加一类行政协议案件决定方式。本条第 1 款规定，被申请人不依法订立、不依法履行、未按照约定履行或者违法变更、解除行政协议的，行政复议机关决定被申请人承担依法订立、继续履行、采取补救措施或者赔偿损失等责任。

被申请人不履行行政协议的情形主要包括不依法履行、未按照约定履行或者违法变更、解除行政协议，此外还存在被申请人不依法订立行政协议的情形。上述情形之间可能存在交叉，如违法解除可能导致行政机关不依法履行行政协议，违法变更可能导致行政机关未按照约定履行。不依法履行主要是指政机关拒绝履行行政协议。民法典规定，不履行合同将承担违约责

任。与民事合同不同的是，有些法律规定行政机关为了社会公共利益的需要可能不履行行政协议，因此这里规定的是"不依法履行"。未按照约定履行是指行政机关履行了行政协议，但未完全按照行政协议的约定履行，需要承担相应违约责任。违法变更、解除是指行政机关违法单方变更、解除行政协议。在行政协议履行过程中，行政机关根据有关法律法规的规定，享有单方变更、解除行政协议的权限。如《市政公用事业特许经营管理办法》规定，获得特许经营权的企业在特许经营期间有擅自转让出租特许经营权行为的，主管部门有权解除特许经营协议，取消其特许经营权。如果行政机关依照该规定行使单方解除行政协议的权限，则不属于本条规定的违法解除，如果获得特许经营权的企业不存在上述法定情形，行政机关单方解除行政协议的，就属于违法解除。

对于被申请人不依法订立、不依法履行、未按照约定履行或者违法变更、解除行政协议的情形，行政复议机关决定被申请人承担依法订立、继续履行、采取补救措施或者赔偿损失等责任。一是依法订立。依法订立是指行政机关依法应当订立行政协议，但拒绝签订行政协议的，行政复议机关决定其承担依法订立的责任。二是继续履行。继续履行是指行政协议当事人一方不履行行政协议义务或者履行行政协议义务不符合约定时，经另一方当事人的请求，法律强制其按照行政协议的约定继续履行行政协议的义务。在行政协议案件中，行政机关不依法履行、未按照约定履行或者违法变更、解除行政协议的，行政复议机关可以决定继续履行。三是采取补救措施。对于被申请人不依法订立、不依法履行、未按照约定履行行政协议义务或者违法变更、解除行政协议，继续订立或者履行行政协议已经没有实际意义的，可以决定被申请人采取补救措施，减少申请人因此造成的损失。四是赔偿损失。赔偿损失是指行政机关由于不依法履行、未按照约定履行行政协议义务或者违法变更、解除行政协议，给相对人造成财产上的损失，由其以财产赔偿对方所遭受损失的一种违约责任形式。

三、合理补偿的决定

本条第 2 款规定，被申请人变更、解除行政协议合法，但是未依法给予补偿或者补偿不合理的，行政复议机关决定被申请人依法给予合理补偿。行政协议订立后，存在发生双方事前不可预见情况的可能，如果再继续履行有可能对社会公共利益造成重大威胁，因此，行政主体可以依法单方面变更，无法变更的则直接解除。变更、解除行政协议对对方当事人明显不利，基于信赖利益保护原则，应当对对方进行补偿。根据本条规定，对于未依法给予补偿、补偿不合理这两种情形，行政复议机关决定被申请人依法给予合理补偿。立法过程中，有的意见建议将补偿"不合理"修改为补偿"明显不合理"。对此，多数意见认为，"明显不合理"的标准不好把握，为了更好发挥行政复议化解行政争议的主渠道作用，实现"案结事了"，不宜增加"明显"二字。立法机关采纳了多数意见。因此，对于补偿不合理的，无须达到"明显不合理"的程度，行政复议机关就可以决定被申请人依法给予合理补偿。

第七十二条　申请人在申请行政复议时一并提出行政赔偿请求，行政复议机关对依照《中华人民共和国国家赔偿法》的有关规定应当不予赔偿的，在作出行政复议决定时，应当同时决定驳回行政赔偿请求；对符合《中华人民共和国国家赔偿法》的有关规定应当给予赔偿的，在决定撤销或者部分撤销、变更行政行为或者确认行政行为违法、无效时，应当同时决定被申请人依法给予赔偿；确认行政行为违法的，还可以同时责令被申请人采取补救措施。

申请人在申请行政复议时没有提出行政赔偿请求的，行政复议机关在依法决定撤销或者部分撤销、变更罚款，撤销或者部分撤销违法集资、没收财物、征收征用、摊派费用以及对财产的查封、扣押、冻结等行政行为时，应当同时责令被申请人返还财产，解除对财产的查封、扣押、冻结措施，或者赔偿相应的价款。

【释义】本条是行政复议中一并赔偿的规定。

申请人申请行政复议时一并提出行政赔偿请求的规定，是原行政复议法的内容。此次修订进一步明确了行政复议机关对依照国家赔偿法的有关规定不予赔偿时的处理，即"在作出行政复议决定时，应当同时决定驳回行政赔偿请求";同时,增加规定"确认行政行为违法的,还可以同时责令被申请人采取补救措施"。

一、关于一并提出赔偿请求

本法第 11 条第 6 项规定,对行政机关作出的赔偿决定或者不予赔偿决定不服,可以申请行政复议。该规定的前提是向行政机关申请行政赔偿,对行政赔偿的有关决定不服后再申请行政复议。与此不同的是,本条规定所针对的是申请人在申请行政复议前未申请行政赔偿,而后在申请行政复议时一并提出赔偿请求的情形。国家赔偿法第 9 条第 2 款规定,赔偿请求人要求赔偿,应当先向赔偿义务机关提出,也可以在申请行政复议或者提起行政诉讼时一并提出。在行政复议或行政诉讼中一并提出赔偿请求的优点是,由于行政复议或者行政诉讼是由行政赔偿义务机关的上级机关或法院进行处理,在处理结果的公正性上更有保障,同时经过行政复议或行政诉讼的审理过程,对于是否应当予以赔偿的事实和法律适用也更加明确、清晰。

申请人在申请行政复议时一并提出行政赔偿请求后,行政复议机关根据不同情形分别处理。第一,对于依照国家赔偿法的有关规定应当不予赔偿的,在作出行政复议决定时,应当同时决定驳回行政赔偿请求。第二,对于符合国家赔偿法的有关规定应当给予赔偿的,在决定撤销或者部分撤销、变更行政行为或者确认行政行为违法、无效时,应当同时决定被申请人依法给予赔偿。第三,确认行政行为违法的,还可以同时责令被申请人采取补救措施。

对一并提出赔偿请求的处理,与行政赔偿的程序有以下区别:一是,行政赔偿请求由赔偿义务机关处理,一并赔偿请求由行政复议机关处理;多数情况下,行政复议机关为地方人民政府,是赔偿义务机关的上级机关。二是,行政赔偿的处理结果由赔偿义务机关通过赔偿决定的形式作出,一并赔偿请求的处理结果则是在行政复议决定中一并作出。三是,对行政赔偿决定不服的,可以申请行政复议或者提起行政诉讼;对一并赔偿处理结果不服的,可以提起行政诉讼。

二、主动保护申请人合法权益的特别规定

本条第 2 款赋予了行政复议机关主动履行保护申请人合法权益的法定职责。一是，如果申请人在申请行政复议时未一并提出赔偿的请求，在特定情况下，行政复议机关经过审理，可以决定被申请人履行赔偿等义务。二是，要求被申请人履行相关义务，以行政复议机关作出下列行政复议决定为前提：撤销或者部分撤销、变更罚款；撤销或者部分撤销违法集资、没收财物、征收征用、摊派费用；撤销或者部分撤销对财产的查封、扣押、冻结。除此之外的行政复议决定不能主动决定给予赔偿或者责令返还财产等。

在上述情形下，行政复议机关可以同时对被申请人作出的决定包括三类。第一类是责令被申请人返还财产，这类情形主要适用于行政处罚、行政征收、摊派费用等行政行为，其中以罚款、没收违法所得最为常见。罚款、没收违法所得主要以缴纳现金的方式出现，行政相对人缴纳罚款或者被没收违法所得后，如果行政处罚被撤销或者变更，返还财产是弥补当事人损失的最直接、最有效的方式。第二类是解除对财产的查封、扣押、冻结措施。行政强制法规定，行政强制措施包括查封场所、设施或财物，扣押财物，冻结存款、汇款等措施，行政机关作出上述行政强制措施后，行政相对人的财物、场所等被暂时性控制，在行政强制措施被行政复议机关撤销或者部分撤销后，应当及时解除控制，从而有效解决纠纷。第三类是赔偿相应的价款。对于前两类措施难以直接弥补损失的，可以依照法律法规规章的规定，以及损失的相关情况，决定被申请人赔偿相应价款。

第七十三条 当事人经调解达成协议的，行政复议机关应当制作行政复议调解书，经各方当事人签字或者签章，并加盖行政复议机关印章，即具有法律效力。

调解未达成协议或者调解书生效前一方反悔的，行政复议机关应当依法审查或者及时作出行政复议决定。

【释义】本条是行政复议调解书及其生效程序的规定。

行政复议调解经过多年的实践，已经成为化解行政争议的一种重要方式，调解程序也逐步规范，因此，调解应当符合一定的要式条件。本条是此

次修法新增内容，主要对调解书的制作和生效程序作出规定，并对调解未达成协议或者调解书生效前一方反悔的后续处理作出规定。

一、行政复议调解书的制作和生效程序

作为行政复议的一种结案方式，经行政复议机关主持调解的案件，应当对当事人达成的调解协议予以书面记载，即制作行政复议调解书。行政复议调解书由行政复议机关制作，应当载明行政复议请求、事实、理由和调解结果。行政复议调解书的效力不同于和解协议的效力，也与行政诉讼调解书由双方签收即生效不同。行政复议调解书经各方当事人签字或者签章，并加盖行政复议机关印章，即具有法律效力。各方当事人都必须遵守行政复议调解书的内容，履行行政复议调解书中规定的义务。被申请人不履行或者无正当理由拖延履行行政复议调解书的，行政复议机关或者有关上级行政机关应当责令其限期履行，并可以约谈被申请人的有关负责人或者予以通报批评，依法追究负有责任的领导人员和直接责任人员的法律责任。行政复议调解书是各方当事人在行政复议机关的主持下，自愿接受调解结果并达成协议后形成的法律文书。申请人不履行行政复议调解书的，由行政复议机关依法强制执行，或者申请人民法院强制执行。

二、调解未达成协议或者调解书生效前一方反悔的处理

由于各方当事人对行政争议的立场、诉求和处理预期不同，并非所有的行政复议调解都能达成各方满意的结果，经行政复议机关主持调解的案件很可能最终未达成调解协议；即便达成了调解协议的行政复议案件，在调解书生效前，一方或者双方当事人都可能反悔。在此情况下，行政复议案件要转入通常的办案流程，分为两种情况：一是在行政复议申请受理前进行的调解，调解未达成协议或者调解书生效前一方反悔的，行政复议机关继续依法审查，决定是否受理；二是在行政复议审理过程中进行的调解，调解未达成协议或者调解书生效前一方反悔的，行政复议机关依法审理后，根据第五章"行政复议决定"的不同情形，及时作出相应的行政复议决定。

第七十四条　当事人在行政复议决定作出前可以自愿达成和解，和解内容不得损害国家利益、社会公共利益和他人合法权益，不得违反法律、法规的强制性规定。

当事人达成和解后，由申请人向行政复议机构撤回行政复议申请。行政复议机构准予撤回行政复议申请、行政复议机关决定终止行政复议的，申请人不得再以同一事实和理由提出行政复议申请。但是，申请人能够证明撤回行政复议申请违背其真实意愿的除外。

【释义】本条是关于行政复议和解的规定。

行政复议和解是当事人在行政复议决定作出前，自愿达成和解，行政复议机构经审查准许后，由行政复议机关决定终止行政复议的制度。1999年制定行政复议法时，对行政复议和解未作规定。2007年制定的《行政复议法实施条例》对行政复议和解作出规定，并将行政复议机构准许达成和解作为行政复议终止的情形之一。此次修法根据行政法规的规定及其实践，增加了本条关于行政复议和解的规定。

一、关于行政复议和解的原则要求

早在《行政复议法实施条例》确立行政复议和解制度之前，为探索预防和解决社会纠纷的机制和途径，不少行政复议机关就开始采取协调和调解等方法，促成申请人和被申请人达成和解，大量行政复议案件以申请人撤回行政复议申请而终止。从实践效果看，和解有利于缓和申请人与行政机关的对立情绪，促使行政争议的柔性解决，体现了法律效果与社会效果的结合，达到息诉止纷、稳定社会的良好效果。行政复议和解还有助于行政争议的彻底解决，节约行政成本和当事人维权救济的成本，是行政复议化解行政争议的一种有效方式。

1. 关于当事人进行和解的阶段和期限。一是当事人在行政复议决定作出前可以自愿达成和解。也就是说，无论是在行政复议申请过程中、行政复议机关决定受理前，还是在行政复议案件审理过程中，只要行政复议机关尚未作出行政复议决定，当事人都可以自愿达成和解。二是关于当事人进行和解的期限。根据本法第39条的规定，申请人和被申请人进行和解并同意中止的，行政复议中止。为避免案件久拖不决，实践中行政复议和解的最长期限一般是 60 日，特殊情况下可以延长到 90 日。超过相应的期限，行政复议机关应依法进行审查，及时作出行政复议决定。

2. 各方当事人自愿达成和解协议。行政复议和解注重各方当事人的自愿，和解是建立在当事人的同意与合意的基础上，被申请人不能强迫、威胁或者欺骗申请人与之达成和解，而应当建立在事实清楚、是非分明、当事人自愿的基础上。行政复议和解与行政复议调解不同，调解是行政复议机关占据主导地位，通过主动调停促使当事人之间纠纷解决；和解主要是当事人之间就纠纷自愿让步，达成合意解决纠纷的活动。和解更加注重双方的沟通和理解，行政复议机构在其中的职责是为和解创造条件，而非主导双方的和解过程。同时，鉴于行政复议机构要对当事人之间达成的和解协议进行审查，在和解协议达成前，行政复议机构可以提前介入，通过"有限作为"，积极为当事人之间的和解创造条件，增进当事人与行政机关之间的相互理解和信任，帮助双方达成和解，促使纠纷彻底解决。

3. 行政复议和解内容不得损害国家利益、社会公共利益和他人合法权益，不得违反法律、法规的强制性规定。行政复议是政府系统自我纠错的监督制度，这一制度要求行政复议和解必须坚持应有的原则，有一定的限制，当事人不能无范围、无原则、无条件的和解。和解不能影响行政复议的严肃性和权威性，因此本条第 1 款对行政复议和解内容作了限制性规定。首先，并非所有的行政复议案件都可以用和解的方式予以解决。行政复议机关要考虑行政机关在作出行政行为时是否拥有裁量权等因素，判断当事人是否可以就行政复议案件进行和解。其次，行政复议和解的内容应当遵循合法原则，不得损害国家利益、社会公共利益和他人合法权益，不得违反法律、法规的强制性规定。

二、行政复议和解后的处理

1. 达成和解协议。当事人达成和解后，应当签订和解协议。作为当事人之间依法达成的协议，和解协议在当事人双方之间具有法律效力，任何一方都应当执行。任何一方当事人不履行和解协议，另一方都可以要求对方履行。对于一方当事人不履行行政和解协议的，其他当事人可以依法寻求相应的救济。比如，被申请人不履行行政和解协议的，可以参照不履行行政复议决定来处理。

2. 撤回行政复议申请。申请人撤回行政复议申请，须经行政复议机构审查。行政复议机构经审查认为和解协议不存在胁迫等因素，是各方当事人自愿达成且没有损害国家利益、社会公共利益和他人合法权益，没有违反法律、法规的强制性规定的，准予申请人撤回行政复议申请。按照本法第41条的规定，行政复议机构准予申请人撤回行政复议申请的，由行政复议机关决定终止行政复议。

3. 行政复议机关决定终止行政复议的效力。根据本条第2款的规定，申请人撤回行政复议申请、行政复议机关决定终止行政复议后，申请人不得再以同一事实和理由提出行政复议申请。主要考虑是，行政复议和解协议是在当事人合意基础上自愿达成的，且行政复议机构在审查申请人撤回行政复议的申请时，对各方当事人是否自愿，以及和解协议内容是否合法已经作出了判断，最后由行政复议机关以决定形式予以终止，是终结案件审理的法定形式。

同时，考虑到实践中情况比较复杂，被申请人往往占据优势地位，不排除在具体的案件中被申请人通过欺诈、胁迫等方式使申请人同意达成和解协议，行政复议机构在审查申请人撤回行政复议申请的过程中也没有发现相关情况。如果出现这些情况，申请人能够证明撤回行政复议申请违背其真实意愿的，可以再向行政复议机关提出行政复议申请。

第七十五条　行政复议机关作出行政复议决定，应当制作行政复议决定书，并加盖行政复议机关印章。

行政复议决定书一经送达，即发生法律效力。

【释义】本条是关于行政复议决定形式和送达的规定。

行政复议决定书是行政复议机关作出行政复议决定的形式和书面载体，是正式的法律文书。为了规范行政复议机关作出行政复议决定，本条对行政复议决定的形式和送达作了规定。

一、行政复议决定的形式

本条第 1 款规定，行政复议机关作出行政复议决定，应当制作行政复议决定书，并加盖行政复议机关印章。根据本法第 61 条第 1 款规定，行政复议机关依照本法审理行政复议案件，由行政复议机构对行政行为进行审查，提出意见，经行政复议机关的负责人同意或者集体讨论通过后，以行政复议机关的名义作出行政复议决定。行政复议机关作出行政复议决定，需要有相应的形式和载体，即行政复议决定书。根据有关地方性法规、部门规章等规定，行政复议决定书通常记载以下事项：

1. 申请人、被申请人、第三人的姓名、性别、年龄、职业、住址，或者法人或其他组织的名称、地址、法定代表人或主要负责人的姓名等情况。

2. 申请人申请行政复议的主要请求和理由。根据本法规定，公民、法人或者其他组织认为行政机关的行政行为侵犯其合法权益，向行政复议机关提出行政复议申请，应当明确提出行政复议请求、申请行政复议的主要事实、理由和时间等。

3. 被申请人的答复意见以及第三人提出的意见。根据本法规定，被申请人收到行政复议申请书副本或者行政复议申请笔录复印件后，应当提出书面答复，并提交作出行政行为的证据、依据和其他有关材料。申请人以外的同被申请行政复议的行政行为或者行政复议案件处理结果有利害关系的公民、法人或者其他组织，可以作为第三人参加行政复议，行政复议机构应当听取第三人的意见。

4. 行政复议机关认定的事实、理由，适用的依据。本法第 37 条第 1 款规定，行政复议机关依照法律、法规、规章审理行政复议案件。本法还对行政复议证据收集、调查取证、审理程序等作了规定。行政复议机关应当根据审查认定的事实和证据等，依法作出行政复议决定。行政复议案件经过听证的，应当对听证情况予以说明；经过行政复议委员会提出咨询意见的，也可以对有关情况予以介绍。

5. 行政复议决定的内容。本法对行政复议决定的内容和类型作出规定，包括变更、撤销、确认违法、限期履行、确认无效、维持、驳回行政复议申请等决定，以及根据本法第 71 条规定作出的行政协议案件相关决定，根据本法第 72 条规定作出的赔偿决定、驳回行政赔偿请求决定等。

6. 不服行政复议决定的救济途径以及期限。根据行政诉讼法第 45 条和本法第 34 条的规定，除法律另有规定外，公民、法人或者其他组织不服行政复议决定的，可以在收到行政复议决定书之日起 15 日内向人民法院提起诉讼。根据本法第 26 条规定，对省级人民政府、国务院部门作出的行政复议决定不服的，可以向人民法院提起行政诉讼，也可以向国务院申请裁决，国务院依照本法的规定作出最终裁决。

行政复议机关作出行政复议决定，还应当在行政复议决定书上加盖行政复议机关印章。行政复议机关印章是行政复议机关行使职权的重要凭证，加盖印章的行政复议决定书代表行政复议机关的意志，具有法律效力。需要注意的是，加盖的印章必须是行政复议机关的印章，而具体办理行政复议事项的行政复议机构印章不能用于行政复议决定书。

二、行政复议决定书的送达

本条第 2 款规定，行政复议决定书一经送达，即发生法律效力。行政复议决定书的送达是行政复议机关依照法律规定的程序和方式，将行政复议决定书送交当事人的行为。根据本法第 88 条的规定，行政复议决定书的送达，本法没有规定的，可以依照民事诉讼法第 7 章第 2 节关于送达的规定执行。根据民事诉讼法的规定，送达诉讼文书必须有送达回证，由受送达人在送达回证上记明收到日期，签名或者盖章。受送达人在送达回证上的签收日期为送达日期。民事诉讼法还对送达情形及方式等作了详细规定。需要注意的是，与行政复议调解书经各方当事人签字或者盖章并加盖行政复议机关印章即具有法律效力不同，加盖印章的行政复议决定书须经送达才发生法律效力。

行政复议决定书经送达发生法律效力后，双方当事人应当自觉履行。在当事人不自觉履行时，依法予以强制执行。根据本法规定，如被申请人不履行或者无正当理由拖延履行行政复议决定书，行政复议机关或者有关上级行政机关应当责令其限期履行，并可以约谈被申请人的有关负责人或者予以通报批评。如申请人、第三人逾期不起诉又不履行行政复议决定书，或者不履行最终裁决的行政复议决定，对维持行政行为的行政复议决定书，由作出行政行为的行政机关依法强制执行或者申请人民法院强制执行；对变更行政行为的行政复议决定书，由行政复议机关依法强制执行或者申请人民法院强制执行。同时，本法第83条针对被申请人不履行或者无正当理由拖延履行行政复议决定书的情形，规定了相应的法律责任。

第七十六条 **行政复议机关在办理行政复议案件过程中，发现被申请人或者其他下级行政机关的有关行政行为违法或者不当的，可以向其制发行政复议意见书。有关机关应当自收到行政复议意见书之日起六十日内，将纠正相关违法或者不当行政行为的情况报送行政复议机关。**

【释义】本条是关于行政复议意见书的规定。

本条规定是本次修订行政复议法新增的内容。近年来，各地行政复议机关持续推动行政复议工作规范化建设，通过制发行政复议意见书，及时纠正行政执法过程中存在的问题，督促行政机关规范执法行为。行政复议意见书成为行政监督的重要手段，是行政复议机构履行监督职责的重要体现，既能指出行政机关在行政执法过程中存在的问题，又对行政机关作出行政行为起到监督指导作用。中央有关文件提出，县级以上地方人民政府要建立运用行政复议倒逼依法行政、推进法治政府建设的监督机制。本次行政复议法修改，增加了行政复议意见书的规定，明确行政复议机关在办理行政复议案件过程中，发现被申请人或者其他下级行政机关的有关行政行为违法或者不当的，可以向其制发行政复议意见书；有关机关应当自收到行政复议意见书之日起60日内，将纠正相关违法或者不当行政行为的情况报送行政复议机关。具体包括：

1. 制发主体。行政复议意见书的制发主体是行政复议机关。本法第4条第1款规定，县级以上各级人民政府以及其他依照本法履行行政复议职责的行政机关是行政复议机关。行政复议意见书代表的是行政复议机关的意志，要求有关机关在一定期限内反馈纠正相关违法或者不当行政行为的情况。

2. 监督对象。包括被申请人或者其他下级行政机关。行政复议意见书的主要制发对象是行政复议被申请人。本法第19条规定，公民、法人或者其他组织对行政行为不服申请行政复议的，作出行政行为的行政机关或者法律、法规、规章授权的组织是被申请人；两个以上行政机关以共同的名义作出同一行政行为的，共同作出行政行为的行政机关是被申请人；行政机关委托的组织作出行政行为的，委托的行政机关是被申请人；作出行政行为的行政机关被撤销或者职权变更的，继续行使其职权的行政机关是被申请人。此外，在办理行政复议案件过程中发现其他下级行政机关有违法或者不当行政行为的，行政复议机关也可以制发意见书。一般情况下，其他下级行政机关是指与被申请行政复议的行政行为有密切关系的行政机关。比如，本级人民政府工作部门管理的法律、法规、规章授权的组织作为被申请人的，或者本级人民政府工作部门依法设立的派出机构作为被申请人的，该工作部门作出的有关行政行为存在违法或不当情形，行政复议机关有权向其制发行政复议意见书。

3. 适用情形。主要是在办理行政复议案件过程中，发现被申请人或者其他下级行政机关的有关行政行为违法或者不当。一是关于有关行政行为。行政复议作为化解行政争议的重要手段，主要是对行政相对人认为行政主体违法或者不当行使职权侵犯其合法权益的请求依法予以审理并作出行政复议决定。在行政复议工作实践中，行政复议机关在办理行政复议案件中还会发现与该行为有关的其他行政行为违法或者不当，不宜在行政复议决定书中直接予以纠正，对该类行政行为可以通过制发行政复议意见书，向有关行政机关提出纠正违法或者不当行政行为的意见，推动有关行政机关规范行政行为，从源头上预防和减少行政争议的产生。二是关于违法或者不当。行政复议对行政行为审理的范围包括合法性审查与合理性审查两个方面。合法性审查主要审查行政行为事实是否清楚、证据是否确凿、适用依据是否正确、程序是否合法等。合理性审查主要审查行政行为是否公平、合理。行政复议意见书也主要从合法性与合理性两方面，对被申请人或者其他下级行政机关有关行政行为违法或者不当的情形提出意见、要求纠正。

4. 法律后果。要求有关机关自收到行政复议意见书之日起60日内，将纠正相关违法或者不当行政行为的情况报送行政复议机关。如果被申请人不履行或者无正当理由拖延履行行政复议意见书，根据本法第83条规定，对负有责任的领导人员和直接责任人员依法给予警告、记过、记大过的处分；经责令履行仍拒不履行的，依法给予降级、撤职、开除的处分。

第七十七条　被申请人应当履行行政复议决定书、调解书、意见书。

被申请人不履行或者无正当理由拖延履行行政复议决定书、调解书、意见书的，行政复议机关或者有关上级行政机关应当责令其限期履行，并可以约谈被申请人的有关负责人或者予以通报批评。

【释义】本条是关于被申请人履行行政复议决定书、调解书、意见书的规定。

行政复议决定书、调解书、意见书生效后，即具有法律效力。对行政复议决定书、调解书，各方当事人都应当自觉履行，包括申请人、第三人和被申请人；对行政复议意见书，被申请人或者有关行政机关也应当自觉履行。本条对被申请人履行作了规定。

一、被申请人自觉履行

行政复议决定书、调解书、意见书都是具有法律效力的法律文书。本法第 75 条规定，行政复议机关作出行政复议决定，应当制作行政复议决定书，并加盖行政复议机关印章。行政复议决定书一经送达，即发生法律效力。本法第 73 条第 1 款规定，当事人经调解达成协议的，行政复议机关应当制作行政复议调解书，经各方当事人签字或者签章，并加盖行政复议机关印章，即具有法律效力。本法第 76 条规定，行政复议机关在办理行政复议案件过程中，发现被申请人或者其他下级行政机关的有关行政行为违法或者不当的，可以向其制发行政复议意见书。有关机关应当自收到行政复议意见书之日起 60 日内，将纠正相关违法或者不当行政行为的情况报送行政复议机关。

本条第 1 款规定，被申请人应当履行行政复议决定书、调解书、意见书。履行主要是指采取措施实施行政复议决定书、调解书、意见书的内容。第一，履行行政复议决定书。行政复议机关根据本法第 63 条至第 67 条作出有关行政复议决定的，行政机关应当履行有关内容。比如，行政复议机关决定撤销或者部分撤销行政行为，并责令被申请人在一定期限内重新作出行政行为的，被申请人应当在规定的期限内重新作出行政行为，且不得以同一事实和理由作出与被申请行政复议的行政行为相同或者基本相同的行政行为。行政复议机关决定变更行政行为的，被申请人应当根据行政复议机关的决定对原行政行为的有关内容进行调整并执行。第二，履行行政复议调解书。行政复议调解书经签字、盖章后具有法律效力，其中需要被申请人履行有关内容的，被申请人应当履行。第三，履行行政复议意见书。如被申请人收到行政复议机关就有关行政行为违法或者不当制发的行政复议意见书，应当及时纠正相关违法或者不当行政行为，并在规定期限内向行政复议机关报送纠正情况。

二、责令被申请人履行

本条第 2 款规定，被申请人不履行或者无正当理由拖延履行行政复议决定书、调解书、意见书的，行政复议机关或者有关上级行政机关应当责令其限期履行，并可以约谈被申请人的有关负责人或者予以通报批评。执行行政复议决定书、调解书、意见书，是行政机关的法定职责。不履行主要是指被申请人不在一定期限内执行行政复议决定书、调解书、意见书的内容，仍按照原来意愿去办理或者仍坚持原行政行为。无正当理由拖延履行主要是指被申请人坚持自己的意见，不立即采取措施执行行政复议决定书、调解书、意见书的内容。

对上述行为，行政复议机关或者有关上级行政机关应当责令其限期履行，并可以约谈被申请人的有关负责人或者予以通报批评。

1. 责令限期履行。责令限期履行是上级行政机关督促下级行政机关依法履行法定职责的一种方式。考虑到实践中，行政机关履行行政复议决定书、调解书、意见书需要一定期限，本条特别强调行政复议机关或者有关上级行政机关采用责令限期履行的方式，要求被申请人在一定期限内履行。行政复议机关或者有关上级行政机关在责令限期履行通知书中应明确责令履行的具体期限以及其他有关内容。

2. 约谈。本条规定的约谈是行政机关系统内部上级机关对下级机关进行监督的一种方式，可以有效地监督下级行政机关依法履行职责，防止下级行政机关不作为、乱作为。作为行政机关内部监督措施，约谈的主要目的是提出问题，进行告诫，落实责任，督促整改。本条规定的约谈对象为被申请人的有关负责人，既体现了行政机关的首长负责制，也可以提高被约谈行政机关的重视程度。被约谈的被申请人应对此予以高度重视，立即采取有效措施，积极进行整改，依法履行行政复议决定书、调解书、意见书。

3. 通报批评。通报批评适用范围较广，不仅适用于对行政违法行为的惩处，也适用于行政机关内部监督和党内监督。行政机关对行政违法行为人予以通报批评，属于行政处罚。上级行政机关对下级行政机关及其工作人员的违法违规行为予以通报批评，以及党组织对党员干部违规违纪行为予以通报批评，则属于党政问责的追责措施，不属于行政处罚。本条规定的通报批评，是行政复议机关或者有关上级行政机关对被申请人的有关负责人的通报批评，属于行政机关内部监督的一种方式，目的在于对被申请人不履行行政复议决定书、调解书、意见书予以告诫，督促其履行。

此外，根据本法第 83 条规定，被申请人不履行或者无正当理由拖延履行行政复议决定书、调解书、意见书的，对负有责任的领导人员和直接责任人员依法给予警告、记过、记大过的处分；经责令履行仍拒不履行的，依法给予降级、撤职、开除的处分。

第七十八条 申请人、第三人逾期不起诉又不履行行政复议决定书、调解书的，或者不履行最终裁决的行政复议决定的，按照下列规定分别处理：

（一）维持行政行为的行政复议决定书，由作出行政行为的行政机关依法强制执行，或者申请人民法院强制执行；

（二）变更行政行为的行政复议决定书，由行政复议机关依法强制执行，或者申请人民法院强制执行；

（三）行政复议调解书，由行政复议机关依法强制执行，或者申请人民法院强制执行。

【释义】 本条是关于申请人、第三人不履行行政复议决定书、调解书或者最终裁决的行政复议决定的处理规定。

根据本法规定，行政复议决定书一经送达，即发生法律效力；当事人经调解达成协议的，行政复议机关应当制作行政复议调解书，经各方当事人签字或者盖章，并加盖行政复议机关印章，即具有法律效力。对生效的行政复议决定书、行政复议调解书，以及最终裁决的行政复议决定，申请人、第三人负有履行义务。当然，法律也规定了申请人、第三人不服行政复议决定的救济渠道，允许申请人、第三人寻求司法救济和保护。根据本法规定，除法律规定行政复议决定为最终裁决的外，申请人、第三人对行政复议决定不服，可以依照行政诉讼法的规定向人民法院提起行政诉讼。在人民法院对行政复议决定的合法性作出裁判之前，行政复议决定始终具有效力，申请人、第三人应当履行。如果申请人、第三人逾期不提起行政诉讼，表明其已经放弃了司法救济的权利，但是又不履行行政复议决定，这就需要通过行政强制执行的方式，确保行政复议决定得到履行。

根据行政强制法的规定，行政强制执行是指行政机关或者行政机关申请法院，对不履行行政决定的公民、法人或者其他组织，依法强制履行义务的行为。从本质上看，行政复议决定是行政决定的一种具体类型。对申请人、第三人不履行行政复议决定，实施强制执行的，行政强制法是主要的法律依据。本条针对不同类型的行政复议决定，分别规定了行政强制执行程序的启动主体和方式。

一、关于维持行政行为的行政复议决定书的强制执行

行政复议决定维持行政行为的，意味着被申请复议的行政行为通过了合法性、适当性审查，具体产生了两个方面的法律后果：一是申请人的行政复议请求被行政复议机关驳回；二是被申请人作出的行政行为效力得到肯定。这种情况下，由作出行政行为的行政机关，即被申请人依法强制执行，或者由其申请人民法院强制执行。具体分为两类情形：

第一类是，作出行政行为的行政机关具有行政强制执行权的，由其自行依法实施。比如，黄河保护法第118条规定，违反本法规定，有违法利用、占用黄河流域河道、湖泊水域和岸线等行为的，由县级以上地方人民政府水行政主管部门或者黄河流域管理机构及其所属管理机构责令停止违法行为，限期拆除违法建筑物、构筑物或者恢复原状，处5万元以上50万元以下罚

款；逾期不拆除或者不恢复原状的，强制拆除或者代为恢复原状，所需费用
由违法者承担。根据这一规定，县级以上地方人民政府水行政主管部门或者
黄河流域管理机构及其所属管理机构对相关的维持行政行为的行政复议决
定，有权依法强制执行。

第二类是，作出行政行为的行政机关不具有行政强制执行权的，由其向
人民法院申请强制执行。根据行政强制法的规定，法律没有规定行政机关强
制执行的，作出行政决定的行政机关应当申请人民法院强制执行。比如，计
量法第31条规定："当事人对行政处罚决定不服的，可以在接到处罚通知之
日起十五日内向人民法院起诉；对罚款、没收违法所得的行政处罚决定期满
不起诉又不履行的，由作出行政处罚决定的机关申请人民法院强制执行。"
根据这一规定，作出计量行政处罚决定的行政机关对相关的维持行政处罚的
复议决定，就应当依法申请人民法院强制执行。

二、关于变更行政行为的行政复议决定书的强制执行

行政复议决定变更行政行为的，意味着被申请复议的行政行为存在合法
性或者适当性的问题，具体产生了两个方面的法律后果：一是申请人的行政
复议请求获得行政复议机关的支持或者部分支持；二是被申请人作出的行政
行为失效或者部分失效，行政复议机关作出新的行政决定，重新确定了需要
申请人履行的义务性内容。这种情况下，由行政复议机关依法强制执行，或
者由其申请人民法院强制执行。具体分为两类情形：

第一类是，行政复议机关具有行政强制执行权的，由其自行依法实施。
目前，法律没有对行政复议机关具有行政强制执行权作出直接的规定，但是
行政复议机关本质上也属于行政机关，因此，如果法律规定行政机关在具体
情形下可以依法实施强制执行，同时这个行政机关又依法履行行政复议职责
的，那么其作为行政复议机关，也享有相应的行政强制执行权。比如海关法
第60条第1款规定："进出口货物的纳税义务人，应当自海关填发税款缴款
书之日起十五日内缴纳税款；逾期缴纳的，由海关征收滞纳金。纳税义务
人、担保人超过三个月仍未缴纳的，经直属海关关长或者其授权的隶属海关
关长批准，海关可以采取下列强制措施：（一）书面通知其开户银行或者其

他金融机构从其存款中扣缴税款；（二）将应税货物依法变卖，以变卖所得抵缴税款；（三）扣留并依法变卖其价值相当于应纳税款的货物或者其他财产，以变卖所得抵缴税款。"根据这一规定，海关具有行政强制执行权，其作为行政复议机关作出变更行政行为的复议决定时，可以对不履行义务的申请人、第三人依法强制执行。

第二类是，行政复议机关不具有行政强制执行权的，由其向人民法院申请强制执行。行政复议体制改革后，县级以上地方各级人民政府统一行使行政复议职责，原则上不再保留地方各级人民政府工作部门的行政复议职责。目前，法律中规定县级以上地方各级人民政府实施行政强制的情况较少。当县级以上地方各级人民政府作为行政复议机关时，对申请人、第三人不履行变更行政行为的复议决定，可以向人民法院申请强制执行，在实践中这是比较普遍的情况。

三、关于行政复议调解书的强制执行

行政复议调解是指当事人在行政复议机关的主持下，自愿达成协议，解决纠纷的活动。近年来，行政复议机关通过调解的方式结案，解决行政争议，化解矛盾取得了较好的实践效果，也积累了一些制度经验。本次修法强化调解在行政复议办案中的运用，对调解的程序作了规定。行政复议机关应当在当事人达成调解协议的基础上，制作行政复议调解书，不仅需要各方当事人签字或者盖章，同时需要加盖行政复议机关印章，才具备法律效力。主要考虑到，行政复议调解要达到实质性化解行政争议的效果，调解的内容得到履行是一个重要的影响因素。因此，有必要明确行政复议调解书制作与生效的程序，肯定其法律效力，保障其得到履行。

对申请人、第三人不履行行政复议调解书，由行政复议机关依法强制执行，或者向人民法院申请强制执行。至于行政复议机关依法强制执行、向人民法院申请强制执行的具体情形区分，可参照前述变更行政行为的行政复议决定书的强制执行有关内容理解。

第七十九条　行政复议机关根据被申请行政复议的行政行为的公开情

况，按照国家有关规定将行政复议决定书向社会公开。

县级以上地方各级人民政府办理以本级人民政府工作部门为被申请人的行政复议案件，应当将发生法律效力的行政复议决定书、意见书同时抄告被申请人的上一级主管部门。

【释义】本条是关于行政复议决定书公开和有关行政复议决定书、意见书抄告被申请人上一级主管部门的规定。

一、关于行政复议决定书向社会公开

2021 年中共中央、国务院印发的《法治政府建设实施纲要（2021—2025 年)》提出，全面落实行政复议决定书网上公开制度。本法第 3 条中规定，行政复议机关履行行政复议职责，应当遵循公开等原则。将行政复议决定书向社会公开，是贯彻落实党中央有关要求，遵循和体现行政复议公开原则的一个重要举措。在修订草案征求意见过程中，有些意见提出，增加行政复议决定书公开的内容。综合各方面的情况和意见建议，考虑到行政复议决定书向社会公开，有利于充分发挥全社会的监督作用，保障行政复议公正高效进行，督促推动行政复议机关依法保障公民、法人和其他组织的合法权益，达到实质性化解行政争议的效果，本条第 1 款作了规定，明确行政复议机关公开行政复议决定书遵循两个方面的要求：

一是根据被申请行政复议的行政行为的公开情况，公开行政复议决定书。行政复议决定书公开不是无条件的，取决于被申请行政复议的行政行为的公开情况，这是一个重要的实质性条件。比如，行政处罚法第 48 条对行政处罚决定书的公开作了规定，即具有一定社会影响的行政处罚决定应当依法公开。行政复议机关应当结合被申请行政复议的行政行为是否公开、公开范围、公开方式等情况来决定行政复议决定书是否公开，是全部公开还是部分公开。

二是按照国家有关规定，公开行政复议决定书。根据《中华人民共和国政府信息公开条例》规定，行政机关制作的政府信息，由制作该政府信息的行政机关负责公开。依法确定为国家秘密的政府信息，法律、行政法规禁止公开的政府信息，以及公开后可能危及国家安全、公共安全、经济安全、社

会稳定的政府信息，不予公开。涉及商业秘密、个人隐私等公开会对第三方合法权益造成损害的政府信息，行政机关不得公开。但是，第三方同意公开或者行政机关认为不公开会对公共利益造成重大影响的，予以公开。行政复议决定书属于政府信息的范畴，由行政复议机关制作，也由行政复议机关负责公开。同时，还要遵循政府信息公开有关保密审查、载体方式、便民等要求。

二、关于行政复议决定书、意见书抄告被申请人的上一级主管部门

本条第 2 款规定，县级以上地方各级人民政府办理以本级人民政府工作部门为被申请人的行政复议案件，应当将发生法律效力的行政复议决定书、意见书同时抄告被申请人的上一级主管部门。行政复议是化解行政争议的法定机制，行政复议决定书、意见书都是具有法律效力的文书，其是否得到履行和落实，关系到行政复议解决行政争议、权利救济、监督纠错等功能的发挥，同时也影响行政复议制度的权威性和公信力。按照《行政复议体制改革方案》，在办理涉及本级人民政府部门的案件时，要将行政复议决定同时抄告被申请人的上一级主管部门。《法治政府建设实施纲要（2021—2025 年）》中提出，建立行政复议决定书以及行政复议意见书、建议书执行监督机制，实现个案监督纠错与倒逼依法行政的有机结合。

根据本法规定，县级以上地方各级人民政府管辖对本级人民政府工作部门作出的行政行为不服的行政复议案件。行政复议机关依照本法审理行政复议案件，由行政复议机构对行政行为进行审查，提出意见，经行政复议机关负责人同意或者集体讨论通过后，以行政复议机关的名义作出行政复议决定。行政复议机关作出行政复议决定，应当制作行政复议决定书。行政复议机关在办理行政复议案件过程中，发现被申请人或者其他下级行政机关的有关行政行为违法或者不当的，可以向其制发行政复议意见书。被申请人应当履行行政复议决定书、调解书、意见书。为贯彻落实中央决策部署，加强对行政复议决定书、意见书执行的监督，保障和提升行政复议的权威性和公信力，本次修法增加规定将发生法律效力的行政复议决定书、意见书抄告被申请人的上一级主管部门。

对于行政机关不依法履行行政复议法律文书的，本法第 77 条第 2 款规定，被申请人或者其他下级行政机关不履行或者无正当理由拖延履行的，行政复议机关或者有关上级行政机关应当责令其限期履行；仍不履行的，行政复议机关或者有关上级行政机关可以约谈被申请人或者其他下级行政机关的有关负责人或者予以通报批评。本条第 2 款对行政复议决定书、意见书抄告被申请人的上一级主管部门作出规定，有利于上一级主管部门及时掌握被申请人依法行政情况，加强对行政复议决定书、意见书执行的监督。制发行政复议意见书，适用于行政复议机关发现被申请人或者其他下级行政机关的有关行政行为违法或者不当的情形，应当按照本法规定抄告。行政复议决定书涉及维持、变更、撤销或者部分撤销行政行为等多种情形，其中重点抄告的应当是被申请人有履行义务的；有的行政复议决定，比如维持行政行为、确认行政行为违法，虽不涉及监督执行问题，但抄告上一级主管部门也有利于其全面了解下级部门依法行政情况，也应当依法抄告。

第六章 法律责任

第八十条 行政复议机关不依照本法规定履行行政复议职责，对负有责任的领导人员和直接责任人员依法给予警告、记过、记大过的处分；经有权监督的机关督促仍不改正或者造成严重后果的，依法给予降级、撤职、开除的处分。

【释义】本条是关于行政复议机关不依法履行行政复议职责的法律责任的规定。

法律责任是指公民、法人或其他组织实施违法行为所必须承担的法律后果，即因违法行为而在法律上受到的相应制裁。法律责任具有强制性，由国家强制力保障实施，是违法者必须承担的责任。在法律中根据其所调整的社会关系的性质、特点，正确、合理地规定法律责任条款，对保证法律有效实施具有非常重要的法律意义和社会意义。行政复议作为一种行政机关内部的监督纠错机制和对公民、法人或者其他组织的救济手段，也应当根据其性质和特点规定相应的法律责任，这也是确保行政复议活动能够合法、高效进行的重要保障。法律责任从性质上可分为行政责任、民事责任和刑事责任。根据行政复议的性质和特点，其法律责任的种类包括行政责任和刑事责任，其中行政责任重点针对的主体是行政复议机关及其工作人员、被申请人。

一、关于行政复议机关不依照本法履行行政复议职责

本条规定了行政复议机关不依照本法履行行政复议职责的法律责任。这里的"不依照本法规定履行行政复议职责"，既包括不履行职责，也包括不正确履行职责，比如履行职责超出法定时限、仅履行部分职责。本法在总则中对行政复议机关的职责作出了一些原则性的规定。比如，行政复议机关履行行政复议职责，应当遵循合法、公正、公开、高效、便民、为民的原则，

坚持有错必纠，保障法律、法规的正确实施；行政复议机关应当加强行政复议工作，支持和保障行政复议机构依法履行职责；行政复议机关调解应当遵循合法、自愿的原则，不得损害国家利益、社会公共利益和他人合法权益，不得违反法律、法规的强制性规定。同时，本法也明确了行政复议机关在行政复议各阶段应当履行的职责，具体规定在行政复议申请、行政复议管辖、行政复议受理、行政复议审理、行政复议决定等有关章节中。比如，行政复议机关应当按照行政复议范围和管辖要求，依法审查复议申请，符合本法规定受理条件的应当予以受理，不符合受理条件的应当说明理由，需要申请人补正的应当自收到申请之日起 5 日内书面通知且一次性载明需要补正的事项；行政复议机关审理行政复议案件依法适用普通程序和简易程序，调查取证、组织听证、附带审查等都需要符合本法规定的实体性和程序性要求，根据实际情况终止、中止、恢复行政复议案件的审理；行政复议机关依法在法定期限内作出相应的行政复议决定，并依法监督行政复议法律文书执行。

二、相关的法律责任

行政复议机关不依照本法规定履行行政复议职责，对负有责任的领导人员和直接责任人员依法给予处分。这里的"依法"，主要是指依照公务员法、公职人员政务处分法以及《行政机关公务员处分条例》等规定。根据公务员法的规定，公务员因违纪违法应当承担纪律责任的，依照本法给予处分或者由监察机关依法给予政务处分；违纪违法行为情节轻微，经批评教育后改正的，可以免予处分。根据公职人员政务处分法的规定，有关机关、单位、组织集体作出的决定违法或者实施违法行为的，对负有责任的领导人员和直接责任人员中的公职人员依法给予政务处分或者由公职人员任免机关、单位依法给予处分。处分和政务处分的种类，包括警告、记过、记大过、降级、撤职、开除。

本条规定的责任主体包括负有责任的领导人员和直接责任人员。根据违法的性质、情节等因素，分两个层次规定了具体的法律责任：一是在一般情形下，依法给予警告、记过、记大过的处分；二是在经有权监督的机关督促仍不改正的，或者造成严重后果的情形下，依法给予降级、撤职、开除的处分。上级行政机关或者有关机关应当综合违法性质、情节、危害程度等因素，依法给予处分。根据公务员法、公职人员政务处分法的规定，公务员受处分期间不得晋升职务、职级和级别，其中受记过、记大过、降级、撤职处分的，不得晋升工资档次；受撤职处分的，按照规定降低职务、职级、衔级和级别，同时降低工资和待遇。受处分的期间为：警告，6个月；记过，12个月；记大过，18个月；降级、撤职，24个月。

第八十一条　行政复议机关工作人员在行政复议活动中，徇私舞弊或者有其他渎职、失职行为的，依法给予警告、记过、记大过的处分；情节严重的，依法给予降级、撤职、开除的处分；构成犯罪的，依法追究刑事责任。

【释义】本条是关于行政复议机关工作人员在行政复议活动中，徇私舞弊或者有其他渎职、失职行为的法律责任的规定。

行政复议是防止和纠正违法的或者不当的行政行为，保护公民、法人和其他组织的合法权益，监督和保障行政机关依法行使职权的重要法律制度。本法第3条第2款规定，行政复议机关履行行政复议职责，应当遵循合法、公正、公开、高效、便民、为民的原则，坚持有错必纠，保障法律、法规的正确实施。行政复议机关工作人员在行政复议活动中，应当遵守法律规定，正确履行职权，不得徇私舞弊或者有其他渎职、失职行为，否则将承担相应的法律责任。

一、关于行政复议机关工作人员在行政复议活动中，徇私舞弊或者有其他渎职、失职行为

本条规定的违法行为，针对的主体是行政复议机关工作人员。具体违法情形包括两类：

一是徇私舞弊。所谓徇私，就是徇个人私情、私利；徇私舞弊是指行政复议机关工作人员为徇个人私情、私利而弄虚作假，损害国家利益、社会公共利益或者公民、法人和其他组织合法权益的行为。如本法第五章对行政复议决定作出规定，明确变更、撤销或者部分撤销行政行为、确认行政行为违法等不同类型的行政复议决定，以及各自的适用情形。若行政复议机关工作人员为徇私情、私利，故意违反本章规定，不严格依照适用情形，作出不正确的行政复议决定，就构成徇私舞弊行为。

二是其他渎职、失职行为。渎职、失职是指行政复议机关工作人员在行政复议活动中，玩忽职守、滥用职权或者徇私舞弊，损害国家利益、社会公共利益或者公民、法人和其他组织合法权益的行为。如本法第36条第2款要求行政复议人员对办理行政复议案件过程中知悉的国家秘密、商业秘密和个人隐私予以保密。若行政复议人员故意或者过失泄露前述秘密或者个人隐私，就构成渎职、失职行为。又如，本法第30条第1款规定，行政复议机关收到行政复议申请后，应当在5日内进行审查，对符合规定的应当予以受理。若行政复议机关工作人员在5日内不进行审查，或者对符合规定的申请不予受理，就构成渎职、失职行为。

二、关于法律责任

本条规定的法律责任包括政务处分和刑事责任。根据违法行为的性质、情节等因素，分三个层次规定了具体的法律责任：一是在一般情形下，依法给予警告、记过、记大过的处分；二是对情节严重的，依法给予降级、撤职、开除的处分；三是构成犯罪的，依法追究刑事责任。

对行政复议机关工作人员在行政复议活动中的徇私舞弊或者其他渎职、失职行为，应当依照公职人员政务处分法等有关规定给予处分。公职人员政务处分法第39条规定："有下列行为之一，造成不良后果或者影响的，予以警告、记过或者记大过；情节较重的，予以降级或者撤职；情节严重的，予以开除：（一）滥用职权，危害国家利益、社会公共利益或者侵害公民、法人、其他组织合法权益的；（二）不履行或者不正确履行职责，玩忽职守，贻误工作的；（三）工作中有形式主义、官僚主义行为的；（四）工作中有弄虚作假，误导、欺骗行为的；（五）泄露国家秘密、工作秘密，或者泄露因履行职责掌握的商业秘密、个人隐私的。"

对行政复议机关工作人员在行政复议活动中的徇私舞弊或者其他渎职、失职行为，构成犯罪的，应当依照刑法规定追究刑事责任。我国刑法设专章规定了渎职罪。刑法第 397 条规定了滥用职权罪、玩忽职守罪，明确国家机关工作人员滥用职权或者玩忽职守，致使公共财产、国家和人民利益遭受重大损失的，处 3 年以下有期徒刑或者拘役；情节特别严重的，处 3 年以上 7 年以下有期徒刑。国家机关工作人员徇私舞弊，犯前款罪的，处 5 年以下有期徒刑或者拘役；情节特别严重的，处 5 年以上 10 年以下有期徒刑。刑法第 398 条规定了故意泄露国家秘密罪、过失泄露国家秘密罪，明确国家机关工作人员违反保守国家秘密法的规定，故意或者过失泄露国家秘密，情节严重的，处 3 年以下有期徒刑或者拘役；情节特别严重的，处 3 年以上 7 年以下有期徒刑。刑法第 253 条之一还规定了侵犯公民个人信息罪，明确违反国家有关规定，向他人出售或者提供公民个人信息，情节严重的，处 3 年以下有期徒刑或者拘役，并处或者单处罚金；情节特别严重的，处 3 年以上 7 年以下有期徒刑，并处罚金。违反国家有关规定，将在履行职责或者提供服务过程中获得的公民个人信息，出售或者提供给他人的，依照前款的规定从重处罚。

第八十二条 被申请人违反本法规定，不提出书面答复或者不提交作出行政行为的证据、依据和其他有关材料，或者阻挠、变相阻挠公民、法人或者其他组织依法申请行政复议的，对负有责任的领导人员和直接责任人员依法给予警告、记过、记大过的处分；进行报复陷害的，依法给予降级、撤职、开除的处分；构成犯罪的，依法追究刑事责任。

【释义】 本条是关于被申请人不提出书面答复或者不提交作出行政行为的有关材料，或者阻挠、变相阻挠公民、法人或者其他组织依法申请行政复议的法律责任的规定。

被申请人是行政争议的一方当事人，应当积极参与到行政复议活动中来，对申请人的行政复议申请进行书面答复，提交作出行政行为的证据、依据和其他有关材料，正确对待公民、法人或者其他组织对其行政行为提出的行政复议申请，这些都是法定义务。违反这些义务，需要承担相应的法律责任。

一、关于被申请人不提出书面答复或者不提交作出行政行为的有关材料，或者阻挠、变相阻挠公民、法人或者其他组织依法申请行政复议

本条规定的违法行为，针对的主体是被申请人，即作出被申请复议的行政行为的行政机关。具体违法情形包括两类：

一是被申请人不提出书面答复或者不提交作出行政行为的证据、依据和其他有关材料。本法第44条第1款规定，被申请人对其作出的行政行为的合法性、适当性负有举证责任。对适用普通程序审理的行政复议案件，本法第48条规定，行政复议机构应当自行政复议申请受理之日起7日内，将行政复议申请书副本或者行政复议申请笔录复印件发送被申请人。被申请人应当自收到行政复议申请书副本或者行政复议申请笔录复印件之日起10日内，提出书面答复，并提交作出行政行为的证据、依据和其他有关材料。对适用简易程序审理的行政复议案件，本法第54条第1款规定，行政复议机构应当自受理行政复议申请之日起3日内，将行政复议申请书副本或者行政复议申请笔录复印件发送被申请人。被申请人应当自收到行政复议申请书副本或者行政复议申请笔录复印件之日起5日内，提出书面答复，并提交作出行政行为的证据、依据和其他有关材料。被申请人提出书面答复，提交作出行政行为的证据、依据和其他有关材料，是行政复议机关对行政行为的合法性和适当性、行政机关是否正确履行职责等作出判断的基础，被申请人不履行这些义务，理应承担不利后果。

二是被申请人阻挠、变相阻挠公民、法人或者其他组织依法申请行政复议。依法申请行政复议是公民、法人或者其他组织的法定权利。我国宪法第41条中规定，中华人民共和国公民对于任何国家机关和国家工作人员的违法失职行为，有向有关国家机关提出申诉、控告或者检举的权利；对于公民的申诉、控告或者检举，有关国家机关必须查清事实，负责处理，任何人不得压制和打击报复。根据本法第2条、第11条的规定，公民、法人或者其他组织认为行政机关的行政行为侵犯其合法权益，可以依法申请行政复议。被申请人阻挠、变相阻挠公民、法人或者其他组织依法申请行政复议，是妨碍和限制公民、法人或者其他组织行使权利，不利于纠正违法的或者不当的行政行为，也不利于监督行政机关依法行使职权，应当承担相应的法律责任。

二、法律责任

本条规定的法律责任包括政务处分和刑事责任。根据违法行为的性质、情节等因素，分三个层次规定了具体的法律责任：一是在一般情形下，对负有责任的领导人员和直接责任人员依法给予警告、记过、记大过的处分；二是对进行报复陷害的，依法给予降级、撤职、开除的处分；三是构成犯罪的，依法追究刑事责任。

被申请人有本条规定的违法行为的，应当依照公职人员政务处分法给予处分。公职人员政务处分法第10条规定，有关机关、单位、组织集体作出的决定违法或者实施违法行为的，对负有责任的领导人员和直接责任人员中的公职人员依法给予政务处分。据此，由于被申请人实施本条规定的违法行为属于集体行为，所以应当对负有责任的领导人员和直接责任人员依法给予政务处分。

具体来说，被申请人有本条规定的违法行为的，应当依照公职人员政务处分法第39条、第32条的规定给予处分。公职人员政务处分法第39条中规定，不履行或者不正确履行职责，玩忽职守，贻误工作，造成不良后果或者影响的，予以警告、记过或者记大过；情节较重的，予以降级或者撤职；情节严重的，予以开除。公职人员政务处分法第32条中规定，对依法行使批评、申诉、控告、检举等权利的行为进行压制或者打击报复的，予以警告、记过或者记大过；情节较重的，予以降级或者撤职；情节严重的，予以开除。

被申请人有本条规定的违法行为，构成犯罪的，依照刑法追究刑事责任。刑法第254条规定了报复陷害罪，明确国家机关工作人员滥用职权、假公济私，对控告人、申诉人、批评人、举报人实行报复陷害的，处2年以下有期徒刑或者拘役；情节严重的，处2年以上7年以下有期徒刑。刑法第397条规定了滥用职权罪、玩忽职守罪，明确国家机关工作人员滥用职权或者玩忽职守，致使公共财产、国家和人民利益遭受重大损失的，处3年以下有期徒刑或者拘役；情节特别严重的，处3年以上7年以下有期徒刑。国家机关工作人员徇私舞弊，犯前款罪的，处 5 年以下有期徒刑或者拘役；情节特别严重的，处 5 年以上 10 年以下有期徒刑。

第八十三条 被申请人不履行或者无正当理由拖延履行行政复议决定书、调解书、意见书的，对负有责任的领导人员和直接责任人员依法给予警告、记过、记大过的处分；经责令履行仍拒不履行的，依法给予降级、撤职、开除的处分。

【释义】本条是关于被申请人不履行或者无正当理由拖延履行行政复议决定书、调解书、意见书的法律责任的规定。

本法对行政复议决定书、调解书、意见书的生效和当事人的履行义务作了规定，被申请人应当履行行政复议决定书、调解书、意见书。根据此次修订增加规定行政复议调解、行政复议机关制发行政复议意见书等内容及被申请人的有关义务，本条增加规定了相应的法律责任。

一、本条规定的违法行为主体

本条规定的违法行为主体是特定主体，即被申请人，其他主体不能成为本条规定的违法行为主体。被申请人是指作出行政行为的主体，其范围包括政府及其工作部门、派出机关，政府及其工作部门管理的法律、法规、规章授权的组织，以及能够以自己名义作出行政行为的政府工作部门依法设立的派出机构。被申请人不履行或者无正当理由拖延履行行政复议决定书、调解书、意见书的，要承担本条规定的法律责任。

二、本条规定的违法行为

履行行政复议机关作出的生效法律文书，是包括被申请人在内的行政复议案件当事人的法定义务。本法第 77 条第 1 款规定，被申请人应当履行行政复议决定书、调解书、意见书。本法规定的违法行为包括两种情形：一是被申请人不履行行政复议决定书、调解书、意见书；二是被申请人无正当理由拖延履行行政复议决定书、调解书、意见书。被申请人的违法行为主要是不履行或者拖延履行以下三类文书：

1. 关于行政复议决定书。本法第 75 条规定，行政复议机关作出行政复议决定，应当制作行政复议决定书，并加盖行政复议机关印章。行政复议决定书一经送达，即发生法律效力。

2. 关于行政复议调解书。本法第 73 条第 1 款规定，当事人经调解达成协议的，行政复议机关应当制作行政复议调解书，经各方当事人签字或者签章，并加盖行政复议机关印章，即具有法律效力。

3. 关于行政复议意见书。本法第 76 条规定，行政复议机关在办理行政复议案件过程中，发现被申请人或者其他下级行政机关的有关行政行为违法或者不当的，可以向其制发行政复议意见书。有关机关应当自收到行政复议意见书之日起 60 日内，将纠正相关违法或者不当行政行为的情况报送行政复议机关。

三、本条规定的法律责任

本条规定的法律责任主要从以下两个方面来理解：

1. 关于具体承担法律责任的主体。本条规定的违法主体是被申请人，具体到承担法律责任的主体，包括两类：一是"负有责任的领导人员"；二是"直接责任人员"。需要注意的是，本条规定的责任承担主体与本法第 77 条规定的行政复议机关采取有关措施的对象有所不同。根据第 77 条第 2 款的规定，被责令限期履行的对象是被申请人，被约谈的对象是被申请人的有关负责人，被通报批评的对象是被申请人及其有关负责人。

2. 关于承担法律责任的形式。根据违法的性质、情节等因素，本条分两个层次规定了具体的法律责任：一是普通违法情形。被申请人不履行或者无正当理由拖延履行行政复议决定书、调解书、意见书的，除了按照第 77 条第 2 款的规定，行政复议机关或者有关上级行政机关应当责令其限期履行，并可以约谈被申请人的有关负责人或者予以通报批评外，对负有责任的领导人员和直接责任人员，依法给予警告、记过、记大过的处分。二是加重情形。即对于经责令履行仍拒不履行的，对负有责任的领导人员和直接责任人员，依法给予降级、撤职、开除的处分。

第八十四条　拒绝、阻挠行政复议人员调查取证，故意扰乱行政复议工作秩序的，依法给予处分、治安管理处罚；构成犯罪的，依法追究刑事责任。

【释义】本条是关于拒绝、阻挠行政复议人员调查取证，故意扰乱行政复议工作秩序的法律责任的规定。

本次修订专门增加了行政复议机关调查取证的规定，要求被调查取证的单位和个人应当积极配合行政复议人员的工作，不得拒绝和阻挠；同时，还增加了行政复议机构组织听证等程序性规定以及当事人的相关义务。为保证行政复议机关调查取证等行为的权威性，维护行政复议工作秩序，本条针对有关违法行为增加规定了法律责任。

一、本条规定的违法行为

本条规定的违法行为主体，包括被调查取证的单位和个人，以及参加行政复议、涉及行政复议秩序的申请人、被申请人等单位和个人。具体的违法行为主要有以下两种情况：

1. 拒绝、阻挠行政复议人员调查取证。本法第 45 条第 1 款、第 3 款规定，行政复议机关有权向有关单位和个人调查取证，查阅、复制、调取有关文件和资料，向有关人员进行询问。被调查取证的单位和个人应当积极配合行政复议人员的工作，不得拒绝或者阻挠。被调查取证的单位和个人拒绝行政复议人员调查取证，或者阻挠行政复议人员调查取证的，属于本条规定的违法行为。

2. 故意扰乱行政复议工作秩序。本法第 4 条对行政复议机关、行政复议机构的职责作了规定；第三章、第四章对行政复议受理、审理的具体工作作了规定。行政复议机关、行政复议机构在办理行政复议案件过程中，需要良好的工作秩序保障，特别是在行政复议机构组织听证过程中，需要申请人、被申请人的积极配合。故意扰乱行政复议工作秩序，属于本条规定的违法行为。

二、本条规定的法律责任

1. 拒绝、阻挠行政复议人员调查取证，故意扰乱行政复议工作秩序的，依照本法和公职人员政务处分法、公务员法、《行政机关公务员处分条例》等给予处分。

2. 拒绝、阻挠行政复议人员调查取证，故意扰乱行政复议工作秩序的，依法给予治安管理处罚。治安管理处罚法第 50 条第 1 款第 2 项规定，阻碍国家机关工作人员依法执行职务的，处警告或者 200 元以下罚款；情节严重的，处 5 日以上 10 日以下拘留，可以并处 500 元以下罚款。治安管理处罚法第 23 条规定，扰乱机关秩序，致使工作不能正常进行，尚未造成严重损失的，处警告或者 200 元以下罚款；情节较重的，处 5 日以上 10 日以下拘留，可以并处 500 元以下罚款。聚众实施上述行为的，对首要分子处 10 日以上 15 日以下拘留，可以并处 1000 元以下罚款。

3. 拒绝、阻挠行政复议人员调查取证，故意扰乱行政复议工作秩序，构成犯罪的，依法追究刑事责任。刑法第 277 条第 1 款规定，以暴力、威胁方法阻碍国家机关工作人员依法执行职务的，处 3 年以下有期徒刑、拘役、管制或者罚金。刑法第 290 条第 3 款规定，多次扰乱国家机关工作秩序，经行政处罚后仍不改正，造成严重后果的，处 3 年以下有期徒刑、拘役或者管制。

第八十五条 行政机关及其工作人员违反本法规定的，行政复议机关可以向监察机关或者公职人员任免机关、单位移送有关人员违法的事实材料，接受移送的监察机关或者公职人员任免机关、单位应当依法处理。

【释义】本条是行政复议机关移送有关人员违法事实材料的规定。

行政复议是政府系统自我纠错的监督制度。本法第 1 条规定的立法目的之一，是监督和保障行政机关依法行使职权。据此，在办理行政复议案件过程中，发现被申请人和其他行政机关违反本法规定，涉及监察机关或者公职人员任免机关、单位权限的，行政复议机关可以向这些单位移送有关人员的违法事实材料。此次修订在原法基础上，进一步明确了接受违法事实材料的机关和单位。

一、行政机关及其工作人员违反本法规定，行政复议机关可以向监察机关或者公职人员任免机关、单位移送有关人员违法的事实材料

何谓行政机关？本法第 2 条第 1 款规定，本法的适用范围是公民、法人或者其他组织认为行政机关的行政行为侵犯其合法权益。本法第 19 条第 1 款规定，公民、法人或者其他组织对行政行为不服申请行政复议的，作出行政行为的行政机关或者法律、法规、规章授权的组织是被申请人。据此，行政机关包括作出行政行为的被申请人。本法第 4 条第 1 款规定，县级以上各级人民政府以及其他依照本法履行行政复议职责的行政机关是行政复议机关。据此，行政机关也包括行政复议机关。本法第 4 条第 2 款中规定，行政复议机关办理行政复议事项的机构是行政复议机构，行政复议机构及其工作人员违反本法规定，也要适用本条规定。

据此，行政机关及其工作人员违反本法规定，主要包括以下情形：一是作为被申请人的行政机关有本法第 82 条、第 83 条、第 84 条规定的违法行为，以及其他违反本法规定的行为；二是行政复议机关、行政复议机构及其工作人员有本法第 80 条、第 81 条规定的违法行为，以及无正当理由不予受理行政复议申请、驳回申请或者受理后超过行政复议期限不作答复等违反本法规定的行为。出现这些行为，行政复议机关及其上级行政复议机关可以向监察机关或者公职人员任免机关、单位移送有关人员违法的事实材料。

二、接受移送的监察机关或者公职人员任免机关、单位应当依法处理

行政机关及其工作人员违反本法规定，接受移送的监察机关或者公职人员任免机关、单位应当依照本法和公职人员政务处分法、公务员法、《行政机关公务员处分条例》等处理。公职人员政务处分法第 2 条第 1 款、第 2 款规定："本法适用于监察机关对违法的公职人员给予政务处分的活动。本法第二章、第三章适用于公职人员任免机关、单位对违法的公职人员给予处分。处分的程序、申诉等适用其他法律、行政法规、国务院部门规章和国家有关规定。"第 3 条第 1 款、第 2 款规定："监察机关应当按照管理权限，加强对公职人员的监督，依法给予违法的公职人员政务处分。公职人员任免机关、单位应当按照管理权限，加强对公职人员的教育、管理、监督，依法给

予违法的公职人员处分。"第10条规定："有关机关、单位、组织集体作出的决定违法或者实施违法行为的，对负有责任的领导人员和直接责任人员中的公职人员依法给予政务处分。"第16条规定："对公职人员的同一违法行为，监察机关和公职人员任免机关、单位不得重复给予政务处分和处分。"《行政机关公务员处分条例》第16条规定："行政机关经人民法院、监察机关、行政复议机关或者上级行政机关依法认定有行政违法行为或者其他违法违纪行为，需要追究纪律责任的，对负有责任的领导人员和直接责任人员给予处分。"

第八十六条　行政复议机关在办理行政复议案件过程中，发现公职人员职务涉嫌贪污贿赂、失职渎职等违法或者职务犯罪的问题线索，应当依照有关规定移送监察机关，由监察机关依法调查处置。

【释义】本条是关于在行政复议办案中发现公职人员涉嫌职务违法或者职务犯罪的问题线索的处理规定。

根据监察法的规定，监察机关是行使国家监察职能的专责机关，对所有行使公权力的公职人员进行监察，调查职务违法和职务犯罪。人民法院、人民检察院、公安机关、审计机关等国家机关在工作中，发现公职人员涉嫌贪污贿赂、失职渎职等职务违法或者职务犯罪的问题线索，应当移送监察机关，由监察机关依法调查处置。对涉嫌贪污贿赂、滥用职权、玩忽职守、权力寻租、利益输送、徇私舞弊以及浪费国家资财等职务违法和职务犯罪进行调查，是监察机关的一项法定职责。

行政复议机关办理行政复议案件，应当遵循合法的原则，严格依照法定职权和法定程序审查，作出行政复议决定，纠正违法的或者不当的行政行为，保障公民、法人和其他组织的合法权益。在办理行政复议案件过程中，行政复议机关发现公职人员涉嫌贪污贿赂、失职渎职等职务违法或者职务犯罪的问题线索，应当移送监察机关，由监察机关依法调查处置。这一规定有利于完善行政复议机关等国家机关及时移送涉嫌职务违法或者职务犯罪问题线索的法律依据，发挥有关机关反腐败的协同配合作用，确保监察机关及时查处各种职务违法犯罪行为。

关于"职务违法或者职务犯罪的问题线索",本条规定了"涉嫌贪污贿赂、失职渎职等"情形,但不局限于这两种情形;监察法第 11 条第 2 项规定了"涉嫌贪污贿赂、滥用职权、玩忽职守、权力寻租、利益输送、徇私舞弊以及浪费国家资财等"情形,也不是完全列举。在具体办案中,认定职务违法或者职务犯罪的问题线索,要结合所行使的公权力类型、违法事实情节、社会危害性等因素进行综合考量。

第七章 附　　则

第八十七条　行政复议机关受理行政复议申请，不得向申请人收取任何费用。

【释义】本条是关于行政复议机关受理行政复议申请不收取费用的规定。

根据本法第3条规定，行政复议应当遵循便民、为民等原则。明确行政复议机关受理行政复议申请，不得收取任何费用，是行政复议便民、为民原则以及制度优势的一个重要体现。从行政复议机关的角度来说，受理行政复议申请，对违法的或者不当的行政行为进行监督纠错，有效化解行政争议是法律赋予行政复议机关的职责。行政复议机关应当积极履行行政复议职责，不能通过向申请人收取费用等方式从中谋利。

与行政诉讼相比，行政复议作为行政系统内部自我纠正错误的活动，行政机关内部监督活动不宜对外收取费用。由于行政机关违法或者不当行使行政职权，而使公民、法人或者其他组织的合法权益遭到侵犯，行政相对人向行政复议机关申请行政复议，要求行政系统内部进行监督纠错，保护自己的合法权益，这是公民、法人或者其他组织的法定权利。行政复议机关理应受理行政复议申请，重新审查行政行为是否合法、适当，纠正行政机关内部所犯的错误，不应该再向申请人收取费用，所需经费应当在行政复议机关的行政经费中列支和保障。

第八十八条　行政复议期间的计算和行政复议文书的送达，本法没有规定的，依照《中华人民共和国民事诉讼法》关于期间、送达的规定执行。

本法关于行政复议期间有关"三日"、"五日"、"七日"、"十日"的规定是指工作日，不含法定休假日。

【释义】本条是对行政复议期间和送达的规定。

在行政复议中，行政复议机关、申请人、被申请人及其他行政复议参加人，参加行政复议的行为都应该在一定的时间期限内完成，这种时间期限即为行政复议期间。送达是行政复议机关按照法定的程序和方式，将依法制作的行政复议文书送交行政复议的申请人、被申请人和其他行政复议参加人的程序性活动。

一、关于期间

规定合理的行政复议期间的目的，在于保证申请人、被申请人等有关主体参与行政复议活动，行使法定权利，履行法定义务，提高行政效率，使当事人之间行政争议尽快得到解决，切实维护行政复议申请人的合法权益。按照期间是由法律直接规定，还是由行政复议机关指定为区分标准，可以将行政复议期间分为法定期间和指定期间。

法定期间是指由法律直接规定的期间，是基于某种法定事实的发生而开始。例如，本法第 20 条规定了行政复议的申请期间；第 30 条规定了行政复议机关对复议申请审查期间；第 34 条规定了申请人对行政复议机关决定不予受理、驳回申请或者受理后超过行政复议期限不作答复的，向人民法院提起行政诉讼的期间；第 48 条规定了行政复议机关将行政复议申请书副本或者行政复议申请笔录复印件发送给被申请人的期间和被申请人提出书面答复并提交当初作出具体行政行为的证据、依据和其他有关材料的期间；第 56 条、第 57 条规定了行政复议机关对申请人提出的对有关规范性文件的审查申请的处理期间；第 62 条规定了行政复议机关作出行政复议决定的期间等。

指定期间是指行政复议机关根据实际情况依职权指定进行某项具体行政复议事项的期间。例如，本法第 31 条中规定，申请人应当自收到补正通知之日起 10 日内提交补正材料。有正当理由不能按期补正的，行政复议机关可以延长合理的补正期限。这里的"合理的补正期限"即为指定期间。

本法将关于行政复议期间有关"三日"、"五日"、"七日"和"十日"的规定，明确为"是指工作日，不含节假日"。比如，本法第 30 条规定，"行政复议机关收到行政复议申请后，应当在五日内进行审查"；第 31 条规定，"行政复议机关应当自收到申请之日起五日内书面通知申请人补正"；第 32 条规定，"应当自收到行政复议申请之日起五日内转送行政复议机关"；第 51 条规定，"应当于举行听证的五日前将听证的时间、地点和拟听证事项书面通知当事人"；第 54 条规定，"被申请人应当自收到行政复议申请书副本或者行政复议申请笔录复印件之日起五日内，提出书面答复，并提交作出行政行为的证据、依据和其他有关材料"。

二、关于送达

行政复议中的送达和诉讼中的送达一样，也是一项严肃的法律行为。行政复议中的送达主要有以下几个特点：第一，送达的主体是行政复议机关。行政复议申请人、被申请人和第三人向行政复议机关递交行政复议文书或者其他文书的行为都不是送达。第二，送达的内容是行政复议的文书，如不予受理决定书、行政复议决定书、行政复议申请书副本、通知书等。第三，送达的对象是行政复议申请人、被申请人和第三人。第四，送达必须依法定的程序和方式进行，否则便不具有法律效力，达不到预期的法律效果。

行政复议中的送达不仅是把行政复议文书送交给受送达人，使其明白文书的内容，以利于其参加行政复议和行政复议的顺利进行，更重要的是，送达本身包含了一定的法律后果。根据本法第 75 条规定，行政复议机关作出行政复议决定，应当制作行政复议决定书，并加盖行政复议机关印章。行政复议决定书一经送达，即发生法律效力。关于送达的方式，从行政复议的实践来看，行政复议中的送达方式与诉讼中的送达方式基本相同，一般有六种方式。一是直接送达。即行政复议机关将行政复议文书直接送交给行政复议参加人本人或者其同住的成年家属（行政复议参加人本人不在时）、其诉讼代理人或者指定代收人。行政复议文书一般应采用直接送达的方式送交行政复议参加人。只有在无法直接送达或者直接送达有困难的，才可以考虑采用下面其他的送达方式。二是留置送达。即受送达人或者其同住的成年家属拒绝接收行政复议文书的，送达人可以邀请有关基层组织或者所在单位的代表到场，说明情况，在送达回证上记明拒收事由和日期，由送达人、见证人签名或者盖章，把行政复议文书留在受送达人的住所，即视为送达。三是委托送达。即行政复议机关委托受送达人所在地的行政机关代为送达。四是邮寄送达。即行政复议机关通过邮局，把行政复议文书用挂号信函寄送给受送达人。邮寄送达的，以挂号回执上注明的收件日期为送达日期。五是转交送达。即将行政复议文书托付给受送达人所在单位转交给受送达人。六是公告送达。即行政复议机关通过张贴公告、登报等方式，说明需要送达的行政复议文书的内容，经过一定的期限即视为送达。采用公告送达方式并不多，只有在受送达人下落不明，或者采用其他法定送达方式都无法送达的情况下才可以采用公告送达。

第八十九条　外国人、无国籍人、外国组织在中华人民共和国境内申请行政复议，适用本法。

【释义】本条是关于涉外行政复议的规定。

外国人、无国籍人、外国组织适用我国的行政复议法，是国家主权原则在行政复议中的具体体现。我国宪法第 32 条第 1 款规定："中华人民共和国保护在中国境内的外国人的合法权利和利益，在中国境内的外国人必须遵守中华人民共和国的法律。"根据这一规定，一方面外国人、无国籍人、外国组织在我国境内的合法权益受我国法律保护，这体现了国际法上"国民待遇"原则。给予外国人、无国籍人、外国组织同等权利，使他们在合法权益受到侵害时有一定的救济途径，有利于国家之间的平等、友好交往，是国际交往中的一项重要原则。另一方面在我国境内的外国人、无国籍人、外国组织应当遵守我国的法律，这体现了国际法上的国家主权原则。任何一个主权国家对在本国进行活动的外国人都规定依法享有的权利和必须履行的义务，都规定必须遵守所在国的法律，这是国家平等原则的体现，是国际上的通例。在行政复议问题上，对外国人也应当遵循平等原则，保护其权利的同时，其也必须遵守我国的法律，履行法律规定的义务。

涉外行政复议是解决涉外行政管理过程中产生行政争议的重要途径。随着我国对外开放政策的实施，外国人、无国籍人、外国组织来我国旅游、学习和工作的人数逐渐增多，我国行政机关在行政管理过程中，有可能引发行政争议。根据本条规定，外国人、无国籍人、外国组织在我国境内申请行政复议，适用本法。也就是外国人、无国籍人、外国组织在我国境内认为我国国家行政机关及其工作人员所作的行政行为侵犯其合法权益，有权依照本法的规定向行政复议机关申请行政复议，由行政复议机关受理并作出行政复议决定。涉外行政复议的特殊性主要表现在：第一，行政复议的主体的涉外性。由于行政复议的被申请人只能是我国行政机关或者法律、法规、规章授权的组织，所以只有行政复议的申请人是外国人、无国籍人或外国组织，才能形成涉外行政复议。第二，行政复议的发生地点必须是在我国境内，由我国行政复议机关受理。

第九十条　本法自 2024 年 1 月 1 日起施行。

【释义】本条是对法律开始施行时间的规定。

法律的施行日期是一部法律的重要组成部分，是法律开始实施并产生法律效力的时间，只有明确了法律的施行日期，才能使法律真正进入实施状态，使其得到执行、适用和遵守。法律施行时间，是法律开始实施并产生法律效力的时间。法律效力包括时间效力、空间效力和对人的效力三个方面。立法法第 61 条规定："法律应当明确规定施行日期。"我国法律对施行时间的规定包括两种方式：一种是由法律明确规定具体的施行日期，如行政处罚法第 86 条规定："本法自 2021 年 7 月 15 日起施行。"另一种是法律自公布之日起施行，如全国人民代表大会常务委员会议事规则第 52 条规定："本规则自公布之日起施行。"

法律施行时间是根据该法律的性质和实际需要来确定的。修改法律主要有两种形式，相对应的生效日期也有两种形式：一种是对法律进行修订，即对法律进行全面修改，重新公布法律文本以替代原法律文本。这是我国法律修改的一种重要形式。此次行政复议法修改亦采用这种形式。采用修订形式修改的法律，由于修改的内容较多，涉及法律原则、制度的修改，一般是重新规定施行日期。另一种是对法律的部分条文通过修改决定的方式予以修改，不对法律全文作修改，未修改的部分继续施行。以决定形式修改法律的，修改决定将法律修改部分逐条列出，没有修改的条款就保持原有的规定，法律的施行日期不作修改，只规定修改决定的生效日期，对原法修改的部分执行修改决定的生效日期，未修改部分执行原来的法律规定的生效日期。如行政复议法于 1999 年 10 月 1 日施行以来，分别于 2009 年、2017 年进行了两次修正。2009 年 8 月 27 日第十一届全国人民代表大会常务委员会第十次会议通过关于修改部分法律的决定规定，本决定自公布之日起施行。2017 年 9 月 1 日第十二届全国人民代表大会常务委员会第二十九次会议关于修改《中华人民共和国法官法》等八部法律的决定规定，本决定自 2018 年 1 月 1 日起施行。根据上述规定，本法未修改的部分从 1999 年 10 月 1 日起产生法律效力，经过修改的部分条文生效时间分别于 2009 年 8 月 27 日与 2018 年 1 月 1 日。

行政复议法是行政法领域中的一部重要法律，涉及面广，对行政机关和行政相对人的日常工作和生活有着重要的影响。因此，行政复议法于 2023 年 9 月 1 日修订通过，自 2024 年 1 月 1 日起施行，预留了一段时间，有助于各方面做好充分准备工作：一是涉及行政复议的各种法规、规章、办法等较多，需作出认真清理；二是本法规定的一些措施制度，需要一些配套规定进行具体化，有关部门应当抓紧制定相关配套规定；三是预留一段时间有助于做好本法的宣传培训工作，有助于有关方面深入学习了解本法的内容和精神，保证法律得到正确的贯彻实施。

第三部分

附　录

附录一

关于《中华人民共和国行政复议法（修订草案）》的说明

——2022 年 10 月 27 日在第十三届全国人民代表大会
常务委员会第三十七次会议上

司法部部长　唐一军

委员长、各位副委员长、秘书长、各位委员：

我受国务院委托，对《中华人民共和国行政复议法（修订草案）》作说明。

一、修订的必要性和工作过程

行政复议是政府系统自我纠错的监督制度和解决"民告官"行政争议的救济制度，是推进法治政府建设的重要抓手，也是维护公民、法人和其他组织合法权益的重要渠道。党中央、国务院高度重视行政复议工作。习近平总书记指出，要发挥行政复议公正高效、便民为民的制度优势和化解行政争议的主渠道作用。李克强总理强调，要持续推动法治政府建设，并对行政复议法修订工作作出重要批示。

现行《中华人民共和国行政复议法》于 1999 年施行，并于 2009 年和 2017 年分别对部分条款作了修改。截至 2021 年底，全国各级行政复议机关共办理行政复议案件 295.3 万件，其中，立案并审结 244.4 万件，纠正违法或不当行政行为 35 万件，纠错率 14.3%，在维护群众合法权益、促进社会和谐稳定、加快建设法治政府方面发挥了重要作用。随着经济社会发展，行政复议制度也暴露出一些突出问题：一是吸纳行政争议的入口偏窄，部分行政争议无法进入行政复议渠道有效解决。二是案件管辖体制过于分散，群众难以找准行政复议机关，不利于将行政争议化解在基层和萌芽状态。三是案件审理机制不够健全，审理标准不统一，影响办案质量和效率。为解决上述问题，有必要修改行政复议法。中央全面依法治国委员会印发《行政复议体制改革方案》，对构建统一、科学的行政复议体制作出部署，要求抓紧修订行政复议法，将改革方案转化为相应的法律制度，确保改革于法有据。

为贯彻落实党中央、国务院决策部署，司法部在深入调研论证、广泛听取各方面意见基础上，起草了《中华人民共和国行政复议法（修订草案）》（以下简称修订草案）。修订草案已经国务院常务会议讨论通过。

二、修订的主要内容

修订草案全面贯彻落实《行政复议体制改革方案》，强化行政复议吸纳和化解行政争议的能力，坚持复议为民，提高行政复议公信力，努力将行政复议打造成为化解行政争议的主渠道。修订草案共 7 章 86 条，修订的主要内容包括：

（一）明确行政复议原则、职责和保障。一是明确规定"行政复议工作坚持中国共产党领导"。二是完善行政复议机关及行政复议机构的规定，强化行政复议机关领导行政复议工作的法定责任。三是取消地方人民政府工作部门的行政复议职责，由县级以上地方人民政府统一行使，同时保留实行垂直领导的行政机关、税务和国家安全机关的特殊情形，并相应调整国务院部门的管辖权限。四是加强行政复议能力建设和工作保障。

（二）强化行政复议吸纳和化解行政争议的能力。一是扩大行政复议受案范围，明确对行政协议、政府信息公开等行为不服的可以申请行政复议。二是扩大行政复议前置范围，明确对依法当场作出的行政处罚决定、行政不作为不服的，应当先申请行政复议。三是明确简易程序的适用情形，并规定适用简易程序的案件应当在三十日内审结。

（三）完善行政复议受理及审理程序。一是明确行政复议的受理条件，增设申请材料补正制度，并完善对行政复议机关不作为的监督机制。二是明确行政复议机关审理案件可以按照合法、自愿原则进行调解。三是建立健全行政复议证据规则，明确申请人与被申请人的举证责任。四是在一般程序中，将办案原则由书面审查修改为通过灵活方式听取群众意见，对重大、疑难、复杂案件建立听证和行政复议委员会制度。五是完善行政复议附带审查规范性文件的程序和处理方式。

（四）加强行政复议对行政执法的监督。一是完善行政复议决定体系，细化变更、确认违法等决定的适用情形，增加确认无效、责令履行行政协议等决定类型。二是增设行政复议意见书、约谈通报、行政复议决定抄告等监督制度。

此外，修订草案在法律责任部分增加了对拒绝、阻挠行政复议调查取证行为的追责条款，健全了行政复议与纪检监察的衔接机制。

修订草案和以上说明是否妥当，请审议。

全国人民代表大会宪法和法律委员会关于《中华人民共和国行政复议法（修订草案）》修改情况的汇报

全国人民代表大会常务委员会：

现行行政复议法于 1999 年施行，并于 2009 年和 2017 年分别对部分条款作了修改。党的十八大以来，以习近平同志为核心的党中央高度重视行政复议工作。2020 年 2 月，习近平总书记主持召开中央全面依法治国委员会第三次会议，审议通过了《行政复议体制改革方案》。习近平总书记指出，要发挥行政复议公正高效、便民为民的制度优势和化解行政争议的主渠道作用。为贯彻落实习近平总书记重要指示和党中央决策部署，巩固改革成果，完善、优化行政复议制度，有效发挥行政复议化解行政争议的作用，司法部起草了行政复议法修订草案，国务院提请全国人大常委会审议。修订草案包括总则、行政复议申请、行政复议受理、行政复议审理、行政复议决定、法律责任、附则，共 7 章 86 条。

2022 年 10 月，十三届全国人大常委会第三十七次会议对修订草案进行了初次审议。会后，法制工作委员会将修订草案印发部分全国人大代表、中央有关部门和单位、地方人大和基层立法联系点征求意见；在中国人大网全文公布修订草案，征求社会公众意见。宪法和法律委员会、法制工作委员会召开座谈会听取部分全国人大代表、中央有关部门和单位、专家学者的意见，赴有关地方调研，了解情况、听取意见，并就修订草案中的主要问题与有关方面交换意见、共同研究。宪法和法律委员会于 2023 年 6 月 1 日召开会议，根据常委会组成人员的审议意见和各方面意见，对修订草案进行了逐条审议。司法部有关负责同志列席了会议。6 月 19 日，宪法和法律委员会召开会议，再次进行了审议。现将行政复议法修订草案主要问题修改情况汇报如下：

一、有些常委委员、单位、地方、基层立法联系点、专家和社会公众建议，贯彻落实习近平总书记重要指示精神和党中央决策部署，进一步完善立法目的和行政复议原则。宪法和法律委员会经研究，建议作以下修改：一是在立法目的中增加"推进法治政府建设"。二是在行政复议机关履职的原则中完整体现"公正高效、便民为民"的要求。三是发挥调解在行政复议中的作用，将修订草案第三十四条关于调解的内容移至总则中规定，明确调解向前延伸至行政复议案件审理前，将"审理"修改为"办理"。

二、有些常委委员、部门、单位、地方、基层立法联系点、专家和社会公众建议，扩大行政复议范围，完善行政复议范围有关规定，充分发挥行政复议化解行政争议的主渠道作用。宪法和法律委员会经研究，建议作以下修改：一是将行政机关作出的赔偿决定纳入行政复议范围，明确行政协议包括"政府特许经营协议、土地房屋征收补偿协议等"，明确行政机关不履行法定职责包括"拒绝履行、未依法履行或者不予答复"。二是将行政复议不受理事项中的"行政机关作出的处分或者其他人事处理决定"修改为"行政机关对行政机关工作人员的奖惩、任免等决定"。三是删去行政复议不受理事项中"对公民、法人或者其他组织权利义务不产生实际影响的行为"的规定。

三、有些常委会组成人员、部门、单位、地方、基层立法联系点、专家和社会公众建议，完善行政复议审理程序和决定体系，充分保障申请人合法权益。宪法和法律委员会经研究，建议作以下修改：一是明确行政复议机关、行政复议机构在调查取证、约谈和移送违法线索等环节中的职责。二是规定行政复议机构适用一般程序审理行政复议案件，应当听取当事人的意见；因当事人原因不能听取意见的，可以采取书面审查的办法。三是对于申请人无正当理由拒不参加听证，将"可以按照撤回行政复议申请处理"修改为"视为放弃听证权利"。四是增加规定"事实不清、证据不足，经行政复议机关调查取证后查清事实和证据"的，行政复议机关决定变更该行政行为。五是将行政复议期间有关"十日"的规定明确为工作日。

四、有些常委委员、部门、单位、地方、基层立法联系点、专家和社会公众建议，进一步明确行政复议委员会的定位、提请行政复议委员会咨询的情形以及咨询意见的作用。宪法和法律委员会经研究，建议作以下修改：一是增加规定，行政复议委员会就行政复议工作中的重大事项和共性问题进行研究，提出意见和建议。二是明确行政复议机构审理案情重大、疑难、复杂等行政复议案件，应当提请行政复议委员会提出咨询意见。三是增加规定，行政复议机构审理申请人对省、自治区、直辖市人民政府作出的行政行为不服的行政复议案件，应当提请行政复议委员会提出咨询意见。四是增加规定，提请行政复议委员会咨询的案件，行政复议机关应当将咨询意见作为作出行政复议决定的重要参考依据。

五、有些常委委员、全国人大代表、单位、地方、基层立法联系点、专家建议，增加对行政复议决定书的公开要求，以公开促公正，加强监督。宪法和法律委员会经研究，建议增加规定：行政复议机关应当根据被申请行政复议的行政行为的公开情况，按照国家有关规定将行政复议决定书向社会公开。

此外，还对修订草案作了一些文字修改。

修订草案二次审议稿已按上述意见作了修改，宪法和法律委员会建议提请本次常委会会议继续审议。

修订草案二次审议稿和以上汇报是否妥当，请审议。

全国人民代表大会宪法和法律委员会

2023 年 6 月 26 日

全国人民代表大会宪法和法律委员会关于《中华人民共和国行政复议法（修订草案）》审议结果的报告

全国人民代表大会常务委员会：

常委会第三次会议对行政复议法修订草案进行了二次审议。会后，法制工作委员会在中国人大网全文公布修订草案二次审议稿，征求社会公众意见。宪法和法律委员会、法制工作委员会召开座谈会听取有关部门和单位、专家学者和律师代表的意见，赴有关地方调研，了解情况，听取意见，并就修订草案中的主要问题与有关方面交换意见、共同研究。宪法和法律委员会于2023年7月26日召开会议，根据常委会组成人员的审议意见和各方面意见，对修订草案二次审议稿进行了逐条审议。司法部有关负责同志列席了会议。8月23日，宪法和法律委员会召开会议，再次进行了审议。宪法和法律委员会认为，为贯彻落实党中央决策部署，发挥行政复议公正高效、便民为民的制度优势和化解行政争议的主渠道作用，对行政复议法进行修订是必要的，修订草案经过两次审议修改，已经比较成熟。同时，提出以下主要修改意见：

一、有些常委委员、单位、地方、专家和社会公众建议，进一步加强行政复议履职保障，完善行政复议工作有关要求。宪法和法律委员会经研究，建议增加以下规定：一是行政复议机关应当支持和保障行政复议机构依法履行职责。二是行政复议机构应当指定行政复议人员负责办理行政复议案件。三是行政复议人员对办理行政复议案件过程中知悉的国家秘密、商业秘密和个人隐私，应当予以保密。四是行政复议委员会的组成和开展工作的具体办法，由国务院行政复议机构制定。

二、有些常委会组成人员、单位、地方、专家和社会公众建议，进一步扩大行政复议范围，完善行政复议前置范围，更好发挥行政复议解决行政纠纷和争议的功能。宪法和法律委员会经研究，建议作以下修改：一是扩大行政复议范围，将行政机关作出的不予受理工伤认定申请决定、工伤认定结论纳入行政复议范围。二是完善行政复议前置规定，将申请政府信息公开，行政机关不予公开的情形纳入行政复议前置范围；将行政复议前置其他情形的设定权限由"法律、法规"修改为"法律、行政法规"。

三、有些常委会组成人员、单位、地方、专家和社会公众建议，增加行政复议申请便民举措，更好体现行政复议便民为民的制度优势。宪法和法律委员会经研究，建议增加以下规定：一是行政机关通过互联网渠道送达行政行为决定的，应当同时提供提交行政复议申请书的互联网渠道。二是强化行政复议前置情形的告知义务，行政机关在作出行政行为时，应当告知公民、法人或者其他组织先向行政复议机关申请行政复议。三是对当场作出或者依据电子技术监控设备记录的违法事实作出的行政处罚决定不服申请行政复议的，可以通过作出行政处罚决定的行政机关提交行政复议申请。行政机关收到行政复议申请后，应当及时处理；认为需要维持行政处罚决定的，应当自收到行政复议申请之日起五日内转送行政复议机关。

四、有些常委会组成人员、单位、地方、专家和社会公众建议，进一步完善行政复议管辖制度和审理程序的上下互通渠道。宪法和法律委员会经研究，建议增加以下规定：一是对履行行政复议机构职责的地方人民政府司法行政部门的行政行为不服的，可以向本级人民政府申请行政复议，也可以向上一级司法行政部门申请行政复议。二是上级行政复议机关根据需要，可以审理下级行政复议机关管辖的行政复议案件。下级行政复议机关对其管辖的行政复议案件，认为需要由上级行政复议机关审理的，可以报请上级行政复议机关决定。

五、有些常委委员、单位、地方、专家和社会公众建议，调整优化行政复议决定体系，突出行政复议实质性化解行政争议的制度特点。宪法和法律委员会经研究，建议按照先变更、撤销或者部分撤销，后维持、驳回请求的顺序，对行政复议决定有关条文顺序进行调整。

此外，还对修订草案二次审议稿作了一些文字修改。

8 月 16 日，法制工作委员会召开会议，邀请部分全国人大代表、行政复议机关、行政复议机构、行政复议参加人、专家学者等就修订草案中主要制度规范的可行性、出台时机、实施的社会效果和可能出现的问题等进行评估。与会人员一致认为，修订草案贯彻落实党中央决策部署，积极回应社会关切，突出制度优势，发挥化解行政争议主渠道作用措施有力，制度规范结构合理、内容科学、切实可行。修订草案经过多次修改完善，充分吸收各方面意见，进一步增强了制度规范的针对性和可操作性，已经比较成熟，尽快修订出台行政复议法正当其时，有利于保护人民群众合法权益、推进法治政府建设、促进社会公平正义，将产生良好的社会效果。与会人员还对修订草案提出了一些具体修改意见，宪法和法律委员会进行了认真研究，对有的意见予以采纳。

修订草案三次审议稿已按上述意见作了修改，宪法和法律委员会建议提请本次常委会会议审议通过。

修订草案三次审议稿和以上报告是否妥当，请审议。

全国人民代表大会宪法和法律委员会
2023 年 8 月 28 日

全国人民代表大会宪法和法律委员会关于《中华人民共和国行政复议法（修订草案三次审议稿）》修改意见的报告

全国人民代表大会常务委员会：

本次常委会会议于 8 月 28 日下午对行政复议法修订草案三次审议稿进行了分组审议。普遍认为，修订草案已经比较成熟，建议进一步修改后，提请本次常委会会议表决通过。同时，有些常委会组成人员和列席人员还提出了一些修改意见和建议。宪法和法律委员会于 8 月 28 日晚召开会议，逐条研究了常委会组成人员和列席人员的审议意见，对修订草案进行了审议。司法部有关负责同志列席了会议。宪法和法律委员会认为，修订草案是可行的，同时，提出以下修改意见：

一、有的常委委员建议，通过发布指导性案例等方式，加强对行政复议案件办理的指导，进一步提升办案质量。宪法和法律委员会经研究，建议增加规定：国务院行政复议机构可以发布行政复议指导性案例。

二、有的常委委员、地方提出，实践中政府工作部门派出机构的情况比较复杂，对其行政行为不服的行政复议案件，不宜一律由派出机构所属工作部门的本级人民政府管辖，建议作出相对灵活的制度安排。宪法和法律委员会经研究，建议将第二十四条第一款第五项关于派出机构管辖的规定修改为："对县级以上地方各级人民政府工作部门依法设立的派出机构依照法律、法规、规章规定，以派出机构的名义作出的行政行为不服的行政复议案件，由本级人民政府管辖；其中，对直辖市、设区的市人民政府工作部门按照行政区划设立的派出机构作出的行政行为不服的，也可以由其所在地的人民政府管辖。"

三、有些常委委员提出，赋予申请人、第三人的委托代理人查阅、复制有关材料的权利，有利于更好实现申请人、第三人的合法权益，建议在修订草案中予以明确。宪法和法律委员会经研究，建议采纳这一意见。

四、有的常委委员和列席人员建议，对被申请人不履行或者无正当理由拖延履行行政复议决定的，加大监督力度，行政复议机关或者有关上级机关可以直接约谈被申请人的有关负责人或者予以通报批评。宪法和法律委员会经研究，建议采纳这一意见。

常委会组成人员和列席人员还就行政复议范围、完善审理程序、及时出台配套规定、加强法律实施宣传等提出了一些具体意见。宪法和法律委员会经研究认为，上述意见涉及的问题，有的已在相关法律法规中作出规定，有的涉及法律的具体执行，有的可在本法实施条例和配套规定中进一步明确，建议有关方面认真研究落实，尽快修改实施条例、完善配套规定，扎实做好法律宣传工作，切实保障法律有效贯彻实施。

经与有关部门研究，建议将修订后的行政复议法的施行时间确定为2024 年 1 月 1 日。

此外，根据常委会组成人员的审议意见，还对修订草案三次审议稿作了个别文字修改。

修订草案修改稿已按上述意见作了修改，宪法和法律委员会建议本次常委会会议审议通过。

修订草案修改稿和以上报告是否妥当，请审议。

全国人民代表大会宪法和法律委员会

2023 年 8 月 31 日

附录二

《中华人民共和国行政复议法》
修订前后对照表

（黑体部分为增加或修改，加框部分为移动，阴影部分为删去）

修　订　前	修　订　后
目　　录	**目　　录**
第一章　总　　则	第一章　总　　则
第二章　行政复议范围	**第二章　行政复议申请**
第三章　行政复议申请	第一节　行政复议范围
第四章　行政复议受理	第二节　行政复议参加人
第五章　行政复议决定	第三节　申请的提出
第六章　法律责任	第四节　行政复议管辖
第七章　附　　则	**第三章　行政复议受理**
	第四章　行政复议审理
	第一节　一般规定
	第二节　行政复议证据
	第三节　普通程序
	第四节　简易程序
	第五节　行政复议附带审查
	第五章　行政复议决定
	第六章　法律责任
	第七章　附　　则

续表

修　订　前	修　订　后
第一章　总　　则	第一章　总　　则
第一条　为了防止和纠正违法的或者不当的具体行政行为，保护公民、法人和其他组织的合法权益，保障和监督行政机关依法行使职权，根据宪法，制定本法。	**第一条**　为了防止和纠正违法的或者不当的行政行为，保护公民、法人和其他组织的合法权益，**监督和保障**行政机关依法行使职权，**发挥行政复议化解行政争议的主渠道作用，推进法治政府建设**，根据宪法，制定本法。
第二条　公民、法人或者其他组织认为具体行政行为侵犯其合法权益，向行政机关提出行政复议申请，行政机关受理行政复议申请、作出行政复议决定，适用本法。	**第二条**　公民、法人或者其他组织认为**行政机关的**行政行为侵犯其合法权益，向行政**复议**机关提出行政复议申请，行政**复议**机关**办理**行政复议**案件**，适用本法。 **前款所称行政行为，包括法律、法规、规章授权的组织的行政行为。**
第四条　行政复议机关履行行政复议职责，应当遵循合法、公正、公开、及时、便民的原则，坚持有错必纠，保障法律、法规的正确实施。	**第三条**　**行政复议工作坚持中国共产党的领导。** 行政复议机关履行行政复议职责，应当遵循合法、公正、公开、**高效**、便民、**为民**的原则，坚持有错必纠，保障法律、法规的正确实施。
第三条第一款　依照本法履行行政复议职责的行政机关是行政复议机关。行政复议机关负责法制工作的机构具体办理行政复议事项，履行下列职责： （一）受理行政复议申请； （二）向有关组织和人员调查取	**第四条**　**县级以上各级人民政府以及其他**依照本法履行行政复议职责的行政机关是行政复议机关。 行政复议机关**办理行政复议事项的机构是行政复议机构。行政复议机构同时组织**办理**行政复议机关的**行政应诉事项。

修 订 前	修 订 后
证，查阅文件和资料； 　　（三）审查申请行政复议的具体行政行为是否合法与适当，拟订行政复议决定； 　　（四）处理或者转送对本法第七条所列有关规定的审查申请； 　　（五）对行政机关违反本法规定的行为依照规定的权限和程序提出处理建议； 　　（六）办理因不服行政复议决定提起行政诉讼的应诉事项； 　　（七）法律、法规规定的其他职责。	行政复议机关应当加强行政复议工作，支持和保障行政复议机构依法履行职责。上级行政复议机构对下级行政复议机构的行政复议工作进行指导、监督。 　　国务院行政复议机构可以发布行政复议指导性案例。
	第五条　行政复议机关办理行政复议案件，可以进行调解。 　　调解应当遵循合法、自愿的原则，不得损害国家利益、社会公共利益和他人合法权益，不得违反法律、法规的强制性规定。
第三条第二款　行政机关中初次从事行政复议的人员，应当通过国家统一法律职业资格考试取得法律职业资格。	第六条　国家建立专业化、职业化行政复议人员队伍。 　　行政复议机构中初次从事行政复议工作的人员，应当通过国家统一法律职业资格考试取得法律职业资格，并参加统一职前培训。 　　国务院行政复议机构应当会同有关部门制定行政复议人员工作规范，加强对行政复议人员的业务考核和管理。

续表

修 订 前	修 订 后
第三十九条 行政复议机关受理行政复议申请，不得向申请人收取任何费用。行政复议活动所需经费，应当列入本机关的行政经费，由本级财政予以保障。	**第七条** 行政复议机关应当确保行政复议机构的人员配备与所承担的工作任务相适应，提高行政复议人员专业素质，根据工作需要保障办案场所、装备等设施。县级以上各级人民政府应当将行政复议工作经费列入本级预算。
	第八条 行政复议机关应当加强信息化建设，运用现代信息技术，方便公民、法人或者其他组织申请、参加行政复议，提高工作质量和效率。
	第九条 对在行政复议工作中做出显著成绩的单位和个人，按照国家有关规定给予表彰和奖励。
第五条 公民、法人或者其他组织对行政复议决定不服的，可以依照行政诉讼法的规定向人民法院提起行政诉讼，但是法律规定行政复议决定为最终裁决的除外。	**第十条** 公民、法人或者其他组织对行政复议决定不服的，可以依照《中华人民共和国行政诉讼法》的规定向人民法院提起行政诉讼，但是法律规定行政复议决定为最终裁决的除外。
第二章 行政复议范围	**第二章 行政复议申请**
	第一节 行政复议范围
第六条 有下列情形之一的，公民、法人或者其他组织可以依照本法申请行政复议： （一）对行政机关作出的警告、罚款、没收违法所得、没收非法财物、责令停产停业、暂扣或者吊销许	**第十一条** 有下列情形之一的，公民、法人或者其他组织可以依照本法申请行政复议： （一）对行政机关作出的行政处罚决定不服； （二）对行政机关作出的行政强

修 订 前	修 订 后
可证、暂扣或者吊销执照、行政拘留等行政处罚决定不服的；	制措施、**行政强制执行**决定不服；
（二）对行政机关作出的限制人身自由或者查封、扣押、冻结财产等行政强制措施决定不服的；	（三）**申请行政许可，行政机关拒绝或者在法定期限内不予答复，或者**对行政机关作出的有关**行政**许可的**其他**决定不服；
（三）对行政机关作出的有关许可证、执照、资质证、资格证等证书变更、中止、撤销的决定不服的；	（四）对行政机关作出的确认自然资源的所有权或者使用权的决定不服；
（四）对行政机关作出的关于确认土地、矿藏、水流、森林、山岭、草原、荒地、滩涂、海域等自然资源的所有权或者使用权的决定不服的；	（五）对行政机关作出的征收征用决定及其补偿决定不服；
（五）认为行政机关侵犯合法的经营自主权的；	（六）对行政机关作出的赔偿决定或者不予赔偿决定不服；
（六）认为行政机关变更或者废止农业承包合同，侵犯其合法权益的；	（七）对行政机关作出的不予受理工伤认定申请的决定或者工伤认定结论不服；
（七）认为行政机关违法集资、征收财物、摊派费用或者违法要求履行其他义务的；	（八）认为行政机关侵犯**其**经营自主权**或者农村土地承包经营权、农村土地经营权**；
（八）认为符合法定条件，申请行政机关颁发许可证、执照、资质证、资格证等证书，或者申请行政机关审批、登记有关事项，行政机关没有依法办理的；	（九）认为行政机关滥用行政权力排除或者限制竞争；
（九）申请行政机关履行保护人身权利、财产权利、受教育权利的法定职责，行政机关没有依法履行的；	（十）认为行政机关违法集资、摊派费用或者违法要求履行其他义务；
（十）申请行政机关依法发放抚	（十一）申请行政机关履行保护人身权利、财产权利、受教育权利**等合法权益**的法定职责，行政机关**拒绝履行、未依法履行或者不予答复**；
	（十二）申请行政机关依法**给付**抚恤金、社会保险**待遇**或者最低生活保障**等社会保障**，行政机关没有依法**给付**；

续表

修　订　前	修　订　后
恤金、社会保险金或者最低生活保障费，行政机关没有依法发放的； （十一）认为行政机关的其他具体行政行为侵犯其合法权益的。	（十三）认为行政机关不依法订立、不依法履行、未按照约定履行或者违法变更、解除政府特许经营协议、土地房屋征收补偿协议等行政协议； （十四）认为行政机关在政府信息公开工作中侵犯其合法权益； （十五）认为行政机关的其他行政行为侵犯其合法权益。
第八条　不服行政机关作出的行政处分或者其他人事处理决定的，依照有关法律、行政法规的规定提出申诉。 不服行政机关对民事纠纷作出的调解或者其他处理，依法申请仲裁或者向人民法院提起诉讼。	**第十二条**　下列事项不属于行政复议范围： （一）国防、外交等国家行为； （二）行政法规、规章或者行政机关制定、发布的具有普遍约束力的决定、命令等规范性文件； （三）行政机关对行政机关工作人员的奖惩、任免等决定； （四）行政机关对民事纠纷作出的调解。
第七条　公民、法人或者其他组织认为行政机关的具体行政行为所依据的下列规定不合法，在对具体行政行为申请行政复议时，可以一并向行政复议机关提出对该规定的审查申请： （一）国务院部门的规定； （二）县级以上地方各级人民政府及其工作部门的规定； （三）乡、镇人民政府的规定。	**第十三条**　公民、法人或者其他组织认为行政机关的行政行为所依据的下列规范性文件不合法，在对行政行为申请行政复议时，可以一并向行政复议机关提出对该规范性文件的附带审查申请： （一）国务院部门的规范性文件； （二）县级以上地方各级人民政府及其工作部门的规范性文件； （三）乡、镇人民政府的规范性

续表

修　订　前	修　订　后
前款所列规定不含国务院部、委员会规章和地方人民政府规章。规章的审查依照法律、行政法规办理。	文件； （四）法律、法规、规章授权的组织的规范性文件。 前款所列规范性文件不含规章。规章的审查依照法律、行政法规办理。
	第二节　行政复议参加人
第十条第一款、第二款　依照本法申请行政复议的公民、法人或者其他组织是申请人。 有权申请行政复议的公民死亡的，其近亲属可以申请行政复议。有权申请行政复议的公民为无民事行为能力人或者限制民事行为能力人的，其法定代理人可以代为申请行政复议。有权申请行政复议的法人或者其他组织终止的，承受其权利的法人或者其他组织可以申请行政复议。	**第十四条**　依照本法申请行政复议的公民、法人或者其他组织是申请人。 有权申请行政复议的公民死亡的，其近亲属可以申请行政复议。有权申请行政复议的法人或者其他组织终止的，其权利**义务承受人**可以申请行政复议。 有权申请行政复议的公民为无民事行为能力人或者限制民事行为能力人的，其法定代理人可以代为申请行政复议。
	第十五条　同一行政复议案件申请人人数众多的，可以由申请人推选代表人参加行政复议。 代表人参加行政复议的行为对其所代表的申请人发生效力，但是代表人变更行政复议请求、撤回行政复议申请、承认第三人请求的，应当经被代表的申请人同意。

修 订 前	修 订 后
第十条第三款 同申请行政复议的具体行政行为有利害关系的其他公民、法人或者其他组织，可以作为第三人参加行政复议。	**第十六条** 申请人以外的同被申请行政复议的行政行为或者行政复议案件处理结果有利害关系的公民、法人或者其他组织，可以作为第三人申请参加行政复议，或者由行政复议机构通知其作为第三人参加行政复议。 第三人不参加行政复议，不影响行政复议案件的审理。
第十条第五款 申请人、第三人可以委托代理人代为参加行政复议。	**第十七条** 申请人、第三人可以委托一至二名律师、基层法律服务工作者或者其他代理人代为参加行政复议。 申请人、第三人委托代理人的，应当向行政复议机构提交授权委托书、委托人及被委托人的身份证明文件。授权委托书应当载明委托事项、权限和期限。申请人、第三人变更或者解除代理人权限的，应当书面告知行政复议机构。
	第十八条 符合法律援助条件的行政复议申请人申请法律援助的，法律援助机构应当依法为其提供法律援助。
第十条第四款 公民、法人或者其他组织对行政机关的具体行政行为不服申请行政复议的，作出具体行政行为的行政机关是被申请人。 **第十五条第一款第四项、第五项** 对本法第十二条、第十三条、第十四条规定以外的其他行政机关、组	**第十九条** 公民、法人或者其他组织对行政行为不服申请行政复议的，作出行政行为的行政机关或者法律、法规、规章授权的组织是被申请人。 两个以上行政机关以共同的名义作出同一行政行为的，共同作出行政

修 订 前	修 订 后
织的具体行政行为不服的，按照下列规定申请行政复议： （四）对两个或者两个以上行政机关以共同的名义作出的具体行政行为不服的，向其共同上一级行政机关申请行政复议； （五）对被撤销的行政机关在撤销前所作出的具体行政行为不服的，向继续行使其职权的行政机关的上一级行政机关申请行政复议。	行为的行政机关是被申请人。 行政机关委托的组织作出行政行为的，委托的行政机关是被申请人。 作出行政行为的行政机关被撤销或者职权变更的，继续行使其职权的行政机关是被申请人。
	第三节　申请的提出
第九条　公民、法人或者其他组织认为具体行政行为侵犯其合法权益的，可以自知道该具体行政行为之日起六十日内提出行政复议申请；但是法律规定的申请期限超过六十日的除外。 因不可抗力或者其他正当理由耽误法定申请期限的，申请期限自障碍消除之日起继续计算。	第二十条　公民、法人或者其他组织认为行政行为侵犯其合法权益的，可以自知道或者应当知道该行政行为之日起六十日内提出行政复议申请；但是法律规定的申请期限超过六十日的除外。 因不可抗力或者其他正当理由耽误法定申请期限的，申请期限自障碍消除之日起继续计算。 行政机关作出行政行为时，未告知公民、法人或者其他组织申请行政复议的权利、行政复议机关和申请期限的，申请期限自公民、法人或者其他组织知道或者应当知道申请行政复议的权利、行政复议机关和申请期限之日起计算，但是自知道或者应当知道行政行为内容之日起最长不得超过一年。

续表

修 订 前	修 订 后
	第二十一条 因不动产提出的行政复议申请自行政行为作出之日起超过二十年，其他行政复议申请自行政行为作出之日起超过五年的，行政复议机关不予受理。
第十一条 申请人申请行政复议，可以书面申请，也可以口头申请；口头申请的，行政复议机关应当当场记录申请人的基本情况、行政复议请求、申请行政复议的主要事实、理由和时间。	第二十二条 申请人申请行政复议，可以书面申请；书面申请有困难的，也可以口头申请。 书面申请的，可以通过邮寄或者行政复议机关指定的互联网渠道等方式提交行政复议申请书，也可以当面提交行政复议申请书。行政机关通过互联网渠道送达行政行为决定书的，应当同时提供提交行政复议申请书的互联网渠道。 口头申请的，行政复议机关应当当场记录申请人的基本情况、行政复议请求、申请行政复议的主要事实、理由和时间。 申请人对两个以上行政行为不服的，应当分别申请行政复议。
第三十条第一款 公民、法人或者其他组织认为行政机关的具体行政行为侵犯其已经依法取得的土地、矿藏、水流、森林、山岭、草原、荒地、滩涂、海域等自然资源的所有权或者使用权的，应当先申请行政复议；对行政复议决定不服的，可以依法向人民法院提起行政诉讼。	第二十三条 有下列情形之一的，申请人应当先向行政复议机关申请行政复议，对行政复议决定不服的，可以再依法向人民法院提起行政诉讼： （一）对当场作出的行政处罚决定不服； （二）对行政机关作出的侵犯其已经依法取得的自然资源的所有权或

续表

修 订 前	修 订 后
	者使用权的**决定不服；** （三）认为行政机关存在本法第十一条规定的**未履行法定职责情形；** （四）申请政府信息公开，行政机关不予公开； （五）法律、行政法规规定应当先向行政复议机关申请行政复议的其他情形。 对前款规定的情形，行政机关在作出行政行为时应当告知公民、法人或者其他组织先向行政复议机关申请行政复议。
	第四节　行政复议管辖
第十二条第一款　对**县级以上地方各级人民政府工作部门的具体**行政行为不服的，**由申请人选择，可以向该部门的本级人民政府申请行政复议，也可以向上一级主管部门申请行政复议。** **第十三条**　对地方各级人民政府的**具体**行政行为不服的，**向上一级地方人民政府申请行政复议。** 对省、自治区人民政府依法设立的派出机关**所属的县级地方人民政府的具体行政行为不服的，向该派出机关申请行政复议。** **第十四条**　对国务院部门或者省、自治区、直辖市人民政府的**具体**行政行为不服的，向作出该具体行政行为的国务院部门或者省、自治区、	**第二十四条**　县级以上地方各级人民政府管辖下列行政复议案件： （一）对**本级**人民政府工作部门**作出**的行政行为不服的； （二）对**下一级**人民政府**作出**的行政行为不服的； （三）对**本级**人民政府依法设立的派出机关**作出**的行政行为不服的； （四）对**本级**人民政府**或者其工作部门管理**的法律、法规、**规章**授权的组织**作出**的行政行为不服的。 **除前款规定外，省、自治区、直辖市人民政府同时管辖对本机关作出的行政行为不服的行政复议案件。** 省、自治区人民政府依法设立的派出机关**参照设区的市级人民政府的职责权限，管辖相关行政复议案件。**

修 订 前	修 订 后
直辖市人民政府申请行政复议。对行政复议决定不服的，可以向人民法院提起行政诉讼；也可以向国务院申请裁决，国务院依照本法的规定作出最终裁决。 **第十五条第一款第一项、第二项、第三项** 对本法第十二条、第十三条、第十四条规定以外的其他行政机关、组织的具体行政行为不服的，按照下列规定申请行政复议： （一）对县级以上地方人民政府依法设立的派出机关的具体行政行为不服的，向设立该派出机关的人民政府申请行政复议； （二）对政府工作部门依法设立的派出机构依照法律、法规或者规章规定，以自己的名义作出的具体行政行为不服的，向设立该派出机构的部门或者该部门的本级地方人民政府申请行政复议； （三）对法律、法规授权的组织的具体行政行为不服的，分别向直接管理该组织的地方人民政府、地方人民政府工作部门或者国务院部门申请行政复议； **第十五条第二款** 有前款所列情形之一的，申请人也可以向具体行政行为发生地的县级地方人民政府提出行政复议申请，由接受申请的县级地方人民政府依照本法第十八条的规定办理。	对**县级以上地方各级人民**政府工作部门依法设立的派出机构依照法律、法规、规章规定，以**派出机构**的名义作出的行政行为不服的**行政复议案件，由本级人民政府管辖；其中，对直辖市、设区的市人民政府工作部门按照行政区划设立的派出机构作出的行政行为不服的，也可以由其所在地的人民政府管辖。**

续表

修 订 前	修 订 后
第十四条　对国务院部门或者省、自治区、直辖市人民政府的具体行政行为不服的，向作出该具体行政行为的国务院部门或者省、自治区、直辖市人民政府申请行政复议。对行政复议决定不服的，可以向人民法院提起行政诉讼；也可以向国务院申请裁决，国务院依照本法的规定作出最终裁决。 第十五条第一款第二项、第三项　对本法第十二条、第十三条、第十四条规定以外的其他行政机关、组织的具体行政行为不服的，按照下列规定申请行政复议： （二）对政府工作部门依法设立的派出机构依照法律、法规或者规章规定，以自己的名义作出的具体行政行为不服的，向设立该派出机构的部门或者该部门的本级地方人民政府申请行政复议； （三）对法律、法规授权的组织的具体行政行为不服的，分别向直接管理该组织的地方人民政府、地方人民政府工作部门或者国务院部门申请行政复议；	第二十五条　国务院部门管辖下列行政复议案件： （一）对本部门作出的行政行为不服的； （二）对本部门依法设立的派出机构依照法律、行政法规、部门规章规定，以派出机构的名义作出的行政行为不服的； （三）对本部门管理的法律、行政法规、部门规章授权的组织作出的行政行为不服的。
第十四条　对国务院部门或者省、自治区、直辖市人民政府的具体行政行为不服的，向作出该具体行政行为的国务院部门或者省、自治区、直辖市人民政府申请行政复议。对行	第二十六条　对省、自治区、直辖市人民政府依照本法第二十四条第二款的规定、国务院部门依照本法第二十五条第一项的规定作出的行政复议决定不服的，可以向人民法院提起

续表

修 订 前	修 订 后
政复议决定不服的，可以向人民法院提起行政诉讼；也可以向国务院申请裁决，国务院依照本法的规定作出最终裁决。	行政诉讼；也可以向国务院申请裁决，国务院依照本法的规定作出最终裁决。
第十二条第二款 对海关、金融、国税、外汇管理等实行垂直领导的行政机关和国家安全机关的具体行政行为不服的，向上一级主管部门申请行政复议。	**第二十七条** 对海关、金融、外汇管理等实行垂直领导的行政机关、税务和国家安全机关的行政行为不服的，向上一级主管部门申请行政复议。
	第二十八条 对履行行政复议机构职责的地方人民政府司法行政部门的行政行为不服的，可以向本级人民政府申请行政复议，也可以向上一级司法行政部门申请行政复议。
第十六条 公民、法人或者其他组织申请行政复议，行政复议机关已经依法受理的，或者法律、法规规定应当先向行政复议机关申请行政复议、对行政复议决定不服再向人民法院提起行政诉讼的，在法定行政复议期限内不得向人民法院提起行政诉讼。 　　公民、法人或者其他组织向人民法院提起行政诉讼，人民法院已经依法受理的，不得申请行政复议。	**第二十九条** 公民、法人或者其他组织申请行政复议，行政复议机关已经依法受理的，在行政复议期间不得向人民法院提起行政诉讼。 　　公民、法人或者其他组织向人民法院提起行政诉讼，人民法院已经依法受理的，不得申请行政复议。
第三章　行政复议申请	**第三章　行政复议受理**
第十七条 行政复议机关收到行政复议申请后，应当在五日内进行审	**第三十条** 行政复议机关收到行政复议申请后，应当在五日内进行审

续表

修 订 前	修 订 后
查，对不符合本法规定的行政复议申请，决定不予受理，并书面告知申请人；对符合本法规定，但是不属于本机关受理的行政复议申请，应当告知申请人向有关行政复议机关提出。 除前款规定外，行政复议申请自行政复议机关负责法制工作的机构收到之日起即为受理。	查。对符合下列规定的，行政复议机关应当予以受理： （一）有明确的申请人和符合本法规定的被申请人； （二）申请人与被申请行政复议的行政行为有利害关系； （三）有具体的行政复议请求和理由； （四）在法定申请期限内提出； （五）属于本法规定的行政复议范围； （六）属于本机关的管辖范围； （七）行政复议机关未受理过该申请人就同一行政行为提出的行政复议申请，并且人民法院未受理过该申请人就同一行政行为提起的行政诉讼。 对不符合前款规定的行政复议申请，行政复议机关应当在审查期限内决定不予受理并说明理由；不属于本机关管辖的，还应当在不予受理决定中告知申请人有管辖权的行政复议机关。 行政复议申请的审查期限届满，行政复议机关未作出不予受理决定的，审查期限届满之日起视为受理。
第十八条 依照本法第十五条第二款的规定接受行政复议申请的县级地方人民政府，对依照本法第十五条第一款的规定属于其他行政复议机关	删去

续表

修　订　前	修　订　后
受理的行政复议申请，应当自接到该行政复议申请之日起七日内，转送有关行政复议机关，并告知申请人。接受转送的行政复议机关应当依照本法第十七条的规定办理。	
	第三十一条　行政复议申请材料不齐全或者表述不清楚，无法判断行政复议申请是否符合本法第三十条第一款规定的，行政复议机关应当自收到申请之日起五日内书面通知申请人补正。补正通知应当一次性载明需要补正的事项。 申请人应当自收到补正通知之日起十日内提交补正材料。有正当理由不能按期补正的，行政复议机关可以延长合理的补正期限。无正当理由逾期不补正的，视为申请人放弃行政复议申请并记录在案。 行政复议机关收到补正材料后，依照本法第三十条的规定处理。
	第三十二条　对当场作出或者依据电子技术监控设备记录的违法事实作出的行政处罚决定不服申请行政复议的，可以通过作出行政处罚决定的行政机关提交行政复议申请。 行政机关收到行政复议申请后，应当及时处理；认为需要维持行政处罚决定的，应当自收到行政复议申请之日起五日内转送行政复议机关。

续表

修　订　前	修　订　后
	第三十三条　行政复议机关受理行政复议申请后，发现该行政复议申请不符合本法第三十条第一款规定的，应当决定驳回申请并说明理由。
第十九条　法律、法规规定应当先向行政复议机关申请行政复议、对行政复议决定不服再向人民法院提起行政诉讼的，行政复议机关决定不予受理或者受理后超过行政复议期限不作答复的，公民、法人或者其他组织可以自收到不予受理决定书之日起或者行政复议期满之日起十五日内，依法向人民法院提起行政诉讼。	**第三十四条**　法律、**行政**法规规定应当先向行政复议机关申请行政复议、对行政复议决定不服再向人民法院提起行政诉讼的，行政复议机关决定不予受理、**驳回申请**或者受理后超过行政复议期限不作答复的，公民、法人或者其他组织可以自收到决定书之日起或者行政复议期**限届**满之日起十五日内，依法向人民法院提起行政诉讼。
第二十条　公民、法人或者其他组织依法提出行政复议申请，行政复议机关无正当理由不予受理的，上级行政机关应当责令其受理；必要时，上级行政机关也可以直接受理。	**第三十五条**　公民、法人或者其他组织依法提出行政复议申请，行政复议机关无正当理由不予受理、**驳回申请或者受理后超过行政复议期限不作答复的，申请人有权向上级行政机关反映**，上级行政机关应当责令其**纠正**；必要时，上级行政**复议**机关可以直接受理。
第四章　行政复议受理	**第四章　行政复议审理**
	第一节　一般规定
	第三十六条　行政复议机关受理行政复议申请后，依照本法适用普通程序或者简易程序进行审理。行政复议机构应当指定行政复议人员负责办理行政复议案件。

修 订 前	修 订 后
	行政复议人员对办理行政复议案件过程中知悉的国家秘密、商业秘密和个人隐私,应当予以保密。
	第三十七条　行政复议机关依照法律、法规、规章审理行政复议案件。 行政复议机关审理民族自治地方的行政复议案件,同时依照该民族自治地方的自治条例和单行条例。
	第三十八条　上级行政复议机关根据需要,可以审理下级行政复议机关管辖的行政复议案件。 下级行政复议机关对其管辖的行政复议案件,认为需要由上级行政复议机关审理的,可以报请上级行政复议机关决定。
	第三十九条　行政复议期间有下列情形之一的,行政复议中止: (一)作为申请人的公民死亡,其近亲属尚未确定是否参加行政复议; (二)作为申请人的公民丧失参加行政复议的行为能力,尚未确定法定代理人参加行政复议; (三)作为申请人的公民下落不明; (四)作为申请人的法人或者其他组织终止,尚未确定权利义务承受人;

修　订　前	修　订　后
	（五）申请人、被申请人因不可抗力或者其他正当理由，不能参加行政复议； 　　（六）依照本法规定进行调解、和解，申请人和被申请人同意中止； 　　（七）行政复议案件涉及的法律适用问题需要有权机关作出解释或者确认； 　　（八）行政复议案件审理需要以其他案件的审理结果为依据，而其他案件尚未审结； 　　（九）有本法第五十六条或者第五十七条规定的情形； 　　（十）需要中止行政复议的其他情形。 　　行政复议中止的原因消除后，应当及时恢复行政复议案件的审理。 　　行政复议机关中止、恢复行政复议案件的审理，应当书面告知当事人。
	第四十条　行政复议期间，行政复议机关无正当理由中止行政复议的，上级行政机关应当责令其恢复审理。
第二十五条　行政复议决定作出前，申请人要求撤回行政复议申请的，经说明理由，可以撤回；撤回行政复议申请的，行政复议终止。	第四十一条　行政复议期间有下列情形之一的，行政复议机关决定终止行政复议： 　　（一）申请人撤回行政复议申请，行政复议机构准予撤回； 　　（二）作为申请人的公民死亡，没有近亲属或者其近亲属放弃行政复议权利；

续表

修 订 前	修 订 后
	（三）作为申请人的法人或者其他组织终止，没有权利义务承受人或者其权利义务承受人放弃行政复议权利； （四）申请人对行政拘留或者限制人身自由的行政强制措施不服申请行政复议后，因同一违法行为涉嫌犯罪，被采取刑事强制措施； （五）依照本法第三十九条第一款第一项、第二项、第四项的规定中止行政复议满六十日，行政复议中止的原因仍未消除。
第二十一条 行政复议期间具体行政行为不停止执行；但是，有下列情形之一的，可以停止执行： （一）被申请人认为需要停止执行的； （二）行政复议机关认为需要停止执行的； （三）申请人申请停止执行，行政复议机关认为其要求合理，决定停止执行的； （四）法律规定停止执行的。	**第四十二条** 行政复议期间行政行为不停止执行；但是有下列情形之一的，**应当**停止执行： （一）被申请人认为需要停止执行； （二）行政复议机关认为需要停止执行； （三）申请人、**第三人**申请停止执行，行政复议机关认为其要求合理，决定停止执行； （四）法律、**法规、规章**规定停止执行的**其他情形**。
	第二节 行政复议证据
	第四十三条 行政复议证据包括： （一）书证； （二）物证； （三）视听资料； （四）电子数据；

修　订　前	修　订　后
	（五）证人证言； （六）当事人的陈述； （七）鉴定意见； （八）勘验笔录、现场笔录。 　　以上证据经行政复议机构审查属实，才能作为认定行政复议案件事实的根据。
	第四十四条　被申请人对其作出的行政行为的合法性、适当性负有举证责任。 　　有下列情形之一的，申请人应当提供证据： 　　（一）认为被申请人不履行法定职责的，提供曾经要求被申请人履行法定职责的证据，但是被申请人应当依职权主动履行法定职责或者申请人因正当理由不能提供的除外； 　　（二）提出行政赔偿请求的，提供受行政行为侵害而造成损害的证据，但是因被申请人原因导致申请人无法举证的，由被申请人承担举证责任； 　　（三）法律、法规规定需要申请人提供证据的其他情形。
	第四十五条　行政复议机关有权向有关单位和个人调查取证，查阅、复制、调取有关文件和资料，向有关人员进行询问。 　　调查取证时，行政复议人员不得

续表

修 订 前	修 订 后
	少于两人，并应当出示行政复议工作证件。 被调查取证的单位和个人应当积极配合行政复议人员的工作，不得拒绝或者阻挠。
第二十四条 在行政复议过程中，被申请人不得自行向申请人和其他有关组织或者个人收集证据。	**第四十六条** 行政复议期间，被申请人不得自行向申请人和其他有关单位或者个人收集证据；自行收集的证据不作为认定行政行为合法性、适当性的依据。 行政复议期间，申请人或者第三人提出被申请行政复议的行政行为作出时没有提出的理由或者证据的，经行政复议机构同意，被申请人可以补充证据。
第二十三条第二款 申请人、第三人可以查阅被申请人提出的书面答复、作出具体行政行为的证据、依据和其他有关材料，除涉及国家秘密、商业秘密或者个人隐私外，行政复议机关不得拒绝。	**第四十七条** 行政复议期间，申请人、第三人及其委托代理人可以按照规定查阅、复制被申请人提出的书面答复、作出行政行为的证据、依据和其他有关材料，除涉及国家秘密、商业秘密、个人隐私或者可能危及国家安全、公共安全、社会稳定的情形外，行政复议机构应当同意。
	第三节 普通程序
第二十三条第一款 行政复议机关负责法制工作的机构应当自行政复议申请受理之日起七日内，将行政复议申请书副本或者行政复议申请笔录	**第四十八条** 行政复议机构应当自行政复议申请受理之日起七日内，将行政复议申请书副本或者行政复议申请笔录复印件发送被申请人。被申

续表

修 订 前	修 订 后
复印件发送被申请人。被申请人应当自收到申请书副本或者申请笔录复印件之日起十日内，提出书面答复，并提交当初作出具体行政行为的证据、依据和其他有关材料。	请人应当自收到**行政复议**申请书副本或者**行政复议**申请笔录复印件之日起十日内，提出书面答复，并提交作出行政行为的证据、依据和其他有关材料。
第二十二条　行政复议原则上采取书面审查的办法，但是申请人提出要求或者行政复议机关负责法制工作的机构认为有必要时，可以向有关组织和人员调查情况，听取申请人、被申请人和第三人的意见。	第四十九条　适用普通程序审理的行政复议案件，行政复议机构应当当面或者通过互联网、电话等方式听取当事人的意见，并将听取的意见记录在案。因当事人原因不能听取意见的，可以书面审理。
	第五十条　审理重大、疑难、复杂的行政复议案件，行政复议机构应当组织听证。 　　行政复议机构认为有必要听证，或者申请人请求听证的，行政复议机构可以组织听证。 　　听证由一名行政复议人员任主持人，两名以上行政复议人员任听证员，一名记录员制作听证笔录。
	第五十一条　行政复议机构组织听证的，应当于举行听证的五日前将听证的时间、地点和拟听证事项书面通知当事人。 　　申请人无正当理由拒不参加听证的，视为放弃听证权利。 　　被申请人的负责人应当参加听证。不能参加的，应当说明理由并委托相应的工作人员参加听证。

续表

修　订　前	修　订　后
	第五十二条　县级以上各级人民政府应当建立相关政府部门、专家、学者等参与的行政复议委员会，为办理行政复议案件提供咨询意见，并就行政复议工作中的重大事项和共性问题研究提出意见。行政复议委员会的组成和开展工作的具体办法，由国务院行政复议机构制定。 　　审理行政复议案件涉及下列情形之一的，行政复议机构应当提请行政复议委员会提出咨询意见： 　　（一）案情重大、疑难、复杂； 　　（二）专业性、技术性较强； 　　（三）本法第二十四条第二款规定的行政复议案件； 　　（四）行政复议机构认为有必要。 　　行政复议机构应当记录行政复议委员会的咨询意见。
	第四节　简易程序
	第五十三条　行政复议机关审理下列行政复议案件，认为事实清楚、权利义务关系明确、争议不大的，可以适用简易程序： 　　（一）被申请行政复议的行政行为是当场作出； 　　（二）被申请行政复议的行政行为是警告或者通报批评； 　　（三）案件涉及款额三千元以下；

修　订　前	修　订　后
	（四）属于政府信息公开案件。 　　除前款规定以外的行政复议案件，当事人各方同意适用简易程序的，可以适用简易程序。
	第五十四条　适用简易程序审理的行政复议案件，行政复议机构应当自受理行政复议申请之日起三日内，将行政复议申请书副本或者行政复议申请笔录复印件发送被申请人。被申请人应当自收到行政复议申请书副本或者行政复议申请笔录复印件之日起五日内，提出书面答复，并提交作出行政行为的证据、依据和其他有关材料。 　　适用简易程序审理的行政复议案件，可以书面审理。
	第五十五条　适用简易程序审理的行政复议案件，行政复议机构认为不宜适用简易程序的，经行政复议机构的负责人批准，可以转为普通程序审理。
	第五节　行政复议附带审查
第二十六条　申请人在申请行政复议时，一并提出对本法第七条所列有关规定的审查申请的，行政复议机关对该规定有权处理的，应当在三十日内依法处理；无权处理的，应当在七日内按照法定程序转送有权处理	第五十六条　申请人依照本法第十三条的规定提出对有关规范性文件的附带审查申请，行政复议机关有权处理的，应当在三十日内依法处理；无权处理的，应当在七日内转送有权处理的行政机关依法处理。

续表

修　订　前	修　订　后
的行政机关依法处理，有权处理的行政机关应当在六十日内依法处理。处理期间，中止对具体行政行为的审查。	
第二十七条　行政复议机关在对被申请人作出的具体行政行为进行审查时，认为其依据不合法，本机关有权处理的，应当在三十日内依法处理；无权处理的，应当在七日内按照法定程序转送有权处理的国家机关依法处理。处理期间，中止对具体行政行为的审查。	第五十七条　行政复议机关在对被申请人作出的行政行为进行审查时，认为其依据不合法，本机关有权处理的，应当在三十日内依法处理；无权处理的，应当在七日内转送有权处理的国家机关依法处理。
	第五十八条　行政复议机关依照本法第五十六条、第五十七条的规定有权处理有关规范性文件或者依据的，行政复议机构应当自行政复议中止之日起三日内，书面通知规范性文件或者依据的制定机关就相关条款的合法性提出书面答复。制定机关应当自收到书面通知之日起十日内提交书面答复及相关材料。 　　行政复议机构认为必要时，可以要求规范性文件或者依据的制定机关当面说明理由，制定机关应当配合。
	第五十九条　行政复议机关依照本法第五十六条、第五十七条的规定有权处理有关规范性文件或者依据，认为相关条款合法的，在行政复议决定书中一并告知；认为相关条款超越

修　订　前	修　订　后
	权限或者违反上位法的，决定停止该条款的执行，并责令制定机关予以纠正。
	第六十条　依照本法第五十六条、第五十七条的规定接受转送的行政机关、国家机关应当自收到转送之日起六十日内，将处理意见回复转送的行政复议机关。
第五章　行政复议决定	第五章　行政复议决定
第二十八条第一款　行政复议机关负责法制工作的机构应当对被申请人作出的具体行政行为进行审查，提出意见，经行政复议机关的负责人同意或者集体讨论通过后，按照下列规定作出行政复议决定：	第六十一条　行政复议机关依照本法审理行政复议案件，由行政复议机构对行政行为进行审查，提出意见，经行政复议机关的负责人同意或者集体讨论通过后，以行政复议机关的名义作出行政复议决定。
（一）具体行政行为认定事实清楚，证据确凿，适用依据正确，程序合法，内容适当的，决定维持；	经过听证的行政复议案件，行政复议机关应当根据听证笔录、审查认定的事实和证据，依照本法作出行政复议决定。
（二）被申请人不履行法定职责的，决定其在一定期限内履行；	提请行政复议委员会提出咨询意见的行政复议案件，行政复议机关应当将咨询意见作为作出行政复议决定的重要参考依据。
（三）具体行政行为有下列情形之一的，决定撤销、变更或者确认该具体行政行为违法；决定撤销或者确认该具体行政行为违法的，可以责令被申请人在一定期限内重新作出具体行政行为：	
1.主要事实不清、证据不足的；	
2.适用依据错误的；	
3.违反法定程序的；	

续表

修　订　前	修　订　后
4. 超越或者滥用职权的； 5. 具体行政行为明显不当的。 　　（四）被申请人不按照本法第二十三条的规定提出书面答复、提交当初作出具体行政行为的证据、依据和其他有关材料的，视为该具体行政行为没有证据、依据，决定撤销该具体行政行为。	
第三十一条第一款　行政复议机关应当自受理申请之日起六十日内作出行政复议决定；但是法律规定的行政复议期限少于六十日的除外。情况复杂，不能在规定期限内作出行政复议决定的，经行政复议机关的负责人批准，可以适当延长，并告知申请人和被申请人；但是延长期限最多不超过三十日。	**第六十二条**　**适用普通程序审理的行政复议案件，**行政复议机关应当自受理申请之日起六十日内作出行政复议决定；但是法律规定的行政复议期限少于六十日的除外。情况复杂，不能在规定期限内作出行政复议决定的，经行政复议**机构**的负责人批准，可以适当延长，并**书面**告知**当事人；**但是延长期限最多不**得**超过三十日。 　　**适用简易程序审理的行政复议案件，行政复议机关应当自受理申请之日起三十日内作出行政复议决定。**
第二十八条第一款第三项　行政复议机关负责法制工作的机构应当对被申请人作出的具体行政行为进行审查，提出意见，经行政复议机关的负责人同意或者集体讨论通过后，按照下列规定作出行政复议决定： 　　（三）具体行政行为有下列情形之一的，决定撤销、变更或者确认该具体行政行为违法；决定撤销或者确	**第六十三条**　行政行为有下列情形之一的，**行政复议机关**决定变更该行政行为： 　　（一）事实清楚，证据确凿，适用依据正确，程序合法，但是内容不适当； 　　（二）事实清楚，证据确凿，程序合法，但是未正确适用依据； 　　（三）事实不清、证据不足，经

修　订　前	修　订　后
认该具体行政行为违法的，可以责令被申请人在一定期限内重新作出具体行政行为： 　　1. 主要事实不清、证据不足的； 　　2. 适用依据错误的； 　　3. 违反法定程序的； 　　4. 超越或者滥用职权的； 　　5. 具体行政行为明显不当的。	行政复议机关查清事实和证据。 　　行政复议机关不得作出对申请人更为不利的变更决定，但是第三人提出相反请求的除外。
第二十八条第一款第三项　行政复议机关负责法制工作的机构应当对被申请人作出的具体行政行为进行审查，提出意见，经行政复议机关的负责人同意或者集体讨论通过后，按照下列规定作出行政复议决定： 　　（三）具体行政行为有下列情形之一的，决定撤销、变更或者确认该具体行政行为违法；决定撤销或者确认该具体行政行为违法的，可以责令被申请人在一定期限内重新作出具体行政行为： 　　1. 主要事实不清、证据不足的； 　　2. 适用依据错误的； 　　3. 违反法定程序的； 　　4. 超越或者滥用职权的； 　　5. 具体行政行为明显不当的。 　　**第二十八条第二款**　行政复议机关责令被申请人重新作出具体行政行为的，被申请人不得以同一的事实和理由作出与原具体行政行为相同或者基本相同的具体行政行为。	**第六十四条**　行政行为有下列情形之一的，**行政复议机关**决定撤销**或者部分撤销**该行政行为，**并**可以责令被申请人在一定期限内重新作出行政行为： 　　（一）主要事实不清、证据不足； 　　（二）违反法定程序； 　　（三）适用**的**依据**不合法**； 　　（四）超越**职权**或者滥用职权。 　　行政复议机关责令被申请人重新作出行政行为的，被申请人不得以同一事实和理由作出与**被申请行政复议**的行政行为相同或者基本相同的行政行为，但是行政复议机关以违反法定程序为由决定撤销或者部分撤销的除外。

续表

修 订 前	修 订 后
第二十八条第一款第三项　行政复议机关负责法制工作的机构应当对被申请人作出的具体行政行为进行审查，提出意见，经行政复议机关的负责人同意或者集体讨论通过后，按照下列规定作出行政复议决定： （三）具体行政行为有下列情形之一的，决定撤销、变更或者确认该具体行政行为违法；决定撤销或者确认该具体行政行为违法的，可以责令被申请人在一定期限内重新作出具体行政行为： 1. 主要事实不清、证据不足的； 2. 适用依据错误的； 3. 违反法定程序的； 4. 超越或者滥用职权的； 5. 具体行政行为明显不当的。	**第六十五条**　行政行为有下列情形之一的，行政复议机关不撤销该行政行为，但是确认该行政行为违法： （一）依法应予撤销，但是撤销会给国家利益、社会公共利益造成重大损害； （二）程序轻微违法，但是对申请人权利不产生实际影响。 行政行为有下列情形之一，不需要撤销或者责令履行的，行政复议机关确认该行政行为违法： （一）行政行为违法，但是不具有可撤销内容； （二）被申请人改变原违法行政行为，申请人仍要求撤销或者确认该行政行为违法； （三）被申请人不履行或者拖延履行法定职责，责令履行没有意义。
第二十八条第一款第二项　行政复议机关负责法制工作的机构应当对被申请人作出的具体行政行为进行审查，提出意见，经行政复议机关的负责人同意或者集体讨论通过后，按照下列规定作出行政复议决定： （二）被申请人不履行法定职责的，决定其在一定期限内履行；	**第六十六条**　被申请人不履行法定职责的，行政复议机关决定被申请人在一定期限内履行。
	第六十七条　行政行为有实施主体不具有行政主体资格或者没有依据等重大且明显违法情形，申请人申请确认行政行为无效的，行政复议机关确认该行政行为无效。

续表

修 订 前	修 订 后
第二十八条第一款第一项 行政复议机关负责法制工作的机构应当对被申请人作出的具体行政行为进行审查，提出意见，经行政复议机关的负责人同意或者集体讨论通过后，按照下列规定作出行政复议决定： （一）具体行政行为认定事实清楚，证据确凿，适用依据正确，程序合法，内容适当的，决定维持；	**第六十八条** 行政行为认定事实清楚，证据确凿，适用依据正确，程序合法，内容适当的，**行政复议机关决定维持该行政行为。**
	第六十九条 行政复议机关受理申请人认为被申请人不履行法定职责的行政复议申请后，发现被申请人没有相应法定职责或者在受理前已经履行法定职责的，决定驳回申请人的行政复议请求。
第二十八条第一款第四项 行政复议机关负责法制工作的机构应当对被申请人作出的具体行政行为进行审查，提出意见，经行政复议机关的负责人同意或者集体讨论通过后，按照下列规定作出行政复议决定： （四）被申请人不按照本法第二十三条的规定提出书面答复、提交当初作出具体行政行为的证据、依据和其他有关材料的，视为该具体行政行为没有证据、依据，决定撤销该具体行政行为。	**第七十条** 被申请人不按照本法**第四十八条**、**第五十四条**的规定提出书面答复、提交作出行政行为的证据、依据和其他有关材料的，视为该行政行为没有证据、依据，**行政复议机关**决定撤销、**部分撤销**该行政行为，**确认该行政行为违法、无效或者**决定被申请人在一定期限内履行，但是行政行为涉及第三人合法权益，第三人提供证据的除外。

修 订 前	修 订 后
	第七十一条 被申请人不依法订立、不依法履行、未按照约定履行或者违法变更、解除行政协议的，行政复议机关决定被申请人承担依法订立、继续履行、采取补救措施或者赔偿损失等责任。 被申请人变更、解除行政协议合法，但是未依法给予补偿或者补偿不合理的，行政复议机关决定被申请人依法给予合理补偿。
第二十九条 申请人在申请行政复议时可以一并提出行政赔偿请求，行政复议机关对符合国家赔偿法的有关规定应当给予赔偿的，在决定撤销、变更具体行政行为或者确认具体行政行为违法时，应当同时决定被申请人依法给予赔偿。 申请人在申请行政复议时没有提出行政赔偿请求的，行政复议机关在依法决定撤销或者变更罚款，撤销违法集资、没收财物、征收财物、摊派费用以及对财产的查封、扣押、冻结等具体行政行为时，应当同时责令被申请人返还财产，解除对财产的查封、扣押、冻结措施，或者赔偿相应的价款。	**第七十二条** 申请人在申请行政复议时一并提出行政赔偿请求，行政复议机关**对依照《中华人民共和国国家赔偿法》的有关规定应当不予赔偿的，在作出行政复议决定时，应当同时决定驳回行政赔偿请求；对符合《中华人民共和国**国家赔偿法》的有关规定应当给予赔偿的，在决定撤销**或者部分撤销**、变更行政行为或者确认行政行为违法、**无效时，应当同时决定被申请人依法给予赔偿；确认行政行为违法的，还可以同时责令被申请人采取补救措施。** 申请人在申请行政复议时没有提出行政赔偿请求的，行政复议机关在依法决定撤销或者**部分撤销**、变更罚款，撤销**或者部分撤销**违法集资、没收财物、征收**征用**、摊派费用以及对财产的查封、扣押、冻结等行政行为时，应当同时责令被申请人返还财产，解除对财产的查封、扣押、冻结措施，或者赔偿相应的价款。

修　订　前	修　订　后
	第七十三条　当事人经调解达成协议的，行政复议机关应当制作行政复议调解书，经各方当事人签字或者签章，并加盖行政复议机关印章，即具有法律效力。 调解未达成协议或者调解书生效前一方反悔的，行政复议机关应当依法审查或者及时作出行政复议决定。
	第七十四条　当事人在行政复议决定作出前可以自愿达成和解，和解内容不得损害国家利益、社会公共利益和他人合法权益，不得违反法律、法规的强制性规定。 当事人达成和解后，由申请人向行政复议机构撤回行政复议申请。行政复议机构准予撤回行政复议申请、行政复议机关决定终止行政复议的，申请人不得再以同一事实和理由提出行政复议申请。但是，申请人能够证明撤回行政复议申请违背其真实意愿的除外。
第三十条第二款　根据国务院或者省、自治区、直辖市人民政府对行政区划的勘定、调整或者征收土地的决定，省、自治区、直辖市人民政府确认土地、矿藏、水流、森林、山岭、草原、荒地、滩涂、海域等自然资源的所有权或者使用权的行政复议决定为最终裁决。	删去

修　订　前	修　订　后
第三十一条第二款、第三款　行政复议机关作出行政复议决定，应当制作行政复议决定书，并加盖印章。 　　行政复议决定书一经送达，即发生法律效力。	**第七十五条**　行政复议机关作出行政复议决定，应当制作行政复议决定书，并加盖**行政复议机关**印章。 　　行政复议决定书一经送达，即发生法律效力。
	第七十六条　行政复议机关在办理行政复议案件过程中，发现被申请人或者其他下级行政机关的有关行政行为违法或者不当的，可以向其制发行政复议意见书。有关机关应当自收到行政复议意见书之日起六十日内，将纠正相关违法或者不当行政行为的情况报送行政复议机关。
第三十二条　被申请人应当履行行政复议决定。 　　被申请人不履行或者无正当理由拖延履行行政复议决定的，行政复议机关或者有关上级行政机关应当责令其限期履行。	**第七十七条**　被申请人应当履行行政复议决定**书、调解书、意见书**。 　　被申请人不履行或者无正当理由拖延履行行政复议决定**书、调解书、意见书**的，行政复议机关或者有关上级行政机关应当责令其限期履行，**并可以约谈被申请人的有关负责人或者予以通报批评**。
第三十三条　申请人逾期不起诉又不履行行政复议决定的，或者不履行最终裁决的行政复议决定的，按照下列规定分别处理： 　　（一）维持**具体**行政行为的行政复议决定，由作出**具体**行政行为的行政机关依法强制执行，或者申请人民法院强制执行；	**第七十八条**　申请人、**第三人**逾期不起诉又不履行行政复议决定**书、调解书**的，或者不履行最终裁决的行政复议决定的，按照下列规定分别处理： 　　（一）维持行政行为的行政复议决定**书**，由作出行政行为的行政机关依法强制执行，或者申请人民法院强

续表

修　订　前	修　订　后
（二）变更**具体**行政行为的行政复议决定，由行政复议机关依法强制执行，或者申请人民法院强制执行。	制执行； （二）变更行政行为的行政复议决定**书**，由行政复议机关依法强制执行，或者申请人民法院强制执行； （三）行政复议调解书，由行政复议机关依法强制执行，或者申请人民法院强制执行。
	第七十九条　行政复议机关根据被申请行政复议的行政行为的公开情况，按照国家有关规定将行政复议决定书向社会公开。 县级以上地方各级人民政府办理以本级人民政府工作部门为被申请人的行政复议案件，应当将发生法律效力的行政复议决定书、意见书同时抄告被申请人的上一级主管部门。
第六章　法律责任	第六章　法律责任
第三十四条　行政复议机关**违反**本法规定，无正当理由不予受理依法提出的行政复议申请或者不按照规定转送行政复议申请的，或者在法定期限内不作出行政复议决定的，对**直接**负责的主管人员和**其他**直接责任人员依法给予警告、记过、记大过的**行政**处分；经责令受理仍不受理或者不按照规定转送行政复议申请，造成严重后果的，依法给予降级、撤职、开除的**行政**处分。	第八十条　行政复议机关**不依照**本法规定**履行行政复议职责**，对**负有责任的领导**人员和直接责任人员依法给予警告、记过、记大过的处分；**经有权监督的机关督促仍不改正或者**造成严重后果的，依法给予降级、撤职、开除的处分。

续表

修 订 前	修 订 后
第三十五条 行政复议机关工作人员在行政复议活动中,徇私舞弊或者有其他渎职、失职行为的,依法给予警告、记过、记大过的行政处分;情节严重的,依法给予降级、撤职、开除的行政处分;构成犯罪的,依法追究刑事责任。	**第八十一条** 行政复议机关工作人员在行政复议活动中,徇私舞弊或者有其他渎职、失职行为的,依法给予警告、记过、记大过的处分;情节严重的,依法给予降级、撤职、开除的处分;构成犯罪的,依法追究刑事责任。
第三十六条 被申请人违反本法规定,不提出书面答复或者不提交作出具体行政行为的证据、依据和其他有关材料,或者阻挠、变相阻挠公民、法人或者其他组织依法申请行政复议的,对直接负责的主管人员和其他直接责任人员依法给予警告、记过、记大过的行政处分;进行报复陷害的,依法给予降级、撤职、开除的行政处分;构成犯罪的,依法追究刑事责任。	**第八十二条** 被申请人违反本法规定,不提出书面答复或者不提交作出行政行为的证据、依据和其他有关材料,或者阻挠、变相阻挠公民、法人或者其他组织依法申请行政复议的,对负有责任的领导人员和直接责任人员依法给予警告、记过、记大过的处分;进行报复陷害的,依法给予降级、撤职、开除的处分;构成犯罪的,依法追究刑事责任。
第三十七条 被申请人不履行或者无正当理由拖延履行行政复议决定的,对直接负责的主管人员和其他直接责任人员依法给予警告、记过、记大过的行政处分;经责令履行仍拒不履行的,依法给予降级、撤职、开除的行政处分。	**第八十三条** 被申请人不履行或者无正当理由拖延履行行政复议决定书、调解书、意见书的,对负有责任的领导人员和直接责任人员依法给予警告、记过、记大过的处分;经责令履行仍拒不履行的,依法给予降级、撤职、开除的处分。
	第八十四条 拒绝、阻挠行政复议人员调查取证,故意扰乱行政复议工作秩序的,依法给予处分、治安管理处罚;构成犯罪的,依法追究刑事责任。

续表

修　订　前	修　订　后
第三十八条　行政复议机关负责法制工作的机构发现有无正当理由不予受理行政复议申请、不按照规定期限作出行政复议决定、徇私舞弊、对申请人打击报复或者不履行行政复议决定等情形的，应当向有关行政机关提出建议，有关行政机关应当依照本法和有关法律、行政法规的规定作出处理。	第八十五条　行政机关及其工作人员违反本法规定的，行政复议机关可以向监察机关或者公职人员任免机关、单位移送有关人员违法的事实材料，接受移送的监察机关或者公职人员任免机关、单位应当依法处理。
	第八十六条　行政复议机关在办理行政复议案件过程中，发现公职人员涉嫌贪污贿赂、失职渎职等职务违法或者职务犯罪的问题线索，应当依照有关规定移送监察机关，由监察机关依法调查处置。
第七章　附　　则	第七章　附　　则
第三十九条　行政复议机关受理行政复议申请，不得向申请人收取任何费用。	第八十七条　行政复议机关受理行政复议申请，不得向申请人收取任何费用。
第四十条　行政复议期间的计算和行政复议文书的送达，依照民事诉讼法关于期间、送达的规定执行。 　　本法关于行政复议期间有关"五日"、"七日"的规定是指工作日，不含节假日。	第八十八条　行政复议期间的计算和行政复议文书的送达，**本法没有规定的**，依照《中华人民共和国民事诉讼法》关于期间、送达的规定执行。 　　本法关于行政复议期间有关"**三日**"、"**五日**"、"**七日**"、"**十日**"的规定是指工作日，不含**法定休**假日。

续表

修　订　前	修　订　后
第四十一条　外国人、无国籍人、外国组织在中华人民共和国境内申请行政复议，适用本法。	**第八十九条**　外国人、无国籍人、外国组织在中华人民共和国境内申请行政复议，适用本法。
第四十二条　本法施行前公布的法律有关行政复议的规定与本法的规定不一致的，以本法的规定为准。	**删去**
第四十三条　本法自1999年10月1日起施行。1990年12月24日国务院发布、1994年10月9日国务院修订发布的《行政复议条例》同时废止。	**第九十条**　本法自2024年1月1日起施行。